新 セルフスタディ

IELTS

International English Language Testing System

完全攻略

第2版

Anthony Allan 著

片岡みい子 訳

無料音声
DLつき

the japan times 出版
アプリ対応

the japan times 出版

MP3 音声のご利用方法

＜スマートフォン＞

1. 音声再生アプリ「OTO Navi」をインストール

2. OTO Navi で本書を検索
3. OTO Navi で音声をダウンロードし、再生

３秒早送り・早戻し、繰り返し再生などの便利機能つき。学習にお役立てください。

＜パソコン＞

1. ブラウザから BOOK CLUB にアクセス

   https://bookclub.japantimes.co.jp/book/b493098.html
2. 「ダウンロード」ボタンをクリック
3. 音声をダウンロードし、iTunes などに取り込んで再生

※音声は zip ファイルを展開（解凍）してご利用ください。

本書は、2010 年に弊社より発行された『新セルフスタディ IELTS 完全攻略』を
試験実施科目の順序変更に合わせて改訂したものです。

はじめに

　私の母国語である英語は、私の人生、とくに日本に住むようになってからの私に数々の機会を与えてくれました。そのお返しとして、私は、海外で教育を受けるため、または新しい生活を始めるために、日本で英語を学んでいる方のお役に立ちたいと考えていました。こうした動機と目的から生まれた本書『新セルフスタディ IELTS 完全攻略』は、おかげさまで版を重ね、多くの方々の IELTS 対策書として選ばれていることを、大変喜ばしく思います。

　本書の執筆にあたっては、単純かつ明快、しかも包括的に IELTS の詳細を説明したいと考えました。4技能のテストについて、それぞれを丁寧に解説し、学習の手引きを示し、例題を多数盛り込みました。また、出題される可能性のある問題のタイプをできるだけ網羅しました。この点が、ほかの IELTS 対策書にはない特長です。

　そして、このたび、主に試験実施科目の順序変更にともない改訂を行い、第2版として刊行することになりました。

　本書を利用される皆様が目標のスコアを獲得し、一人ひとりが選んだ道で、夢や望みを叶えられるようにと願っています。

　また、この場を借りて、私がこれまで指導してきたさまざまな年代の生徒の皆さんにお礼を申し述べたいと思います。私にとって母国語である英語を、どのように教えたらよいのかを、彼らが教えてくれました。彼らの存在なしには、私は、本書の執筆に至る教育経験を積むことができなかったでしょう。アフィニティ・ランゲージと、そこで学んでいるすべての人たちに謝意を表します。私と学んだ生徒の多くは、IELTS で目指すスコアを達成し、今は海外で勉強したり仕事をしたりしています。

　さらに、執筆の機会を与えていただいたジャパンタイムズにもお礼を申し上げます。翻訳を手がけてくださった片岡みい子さんの労力とプロ意識にも深く感謝の意を示したいと思います。最後に、いつも支えてくれる家族に心から感謝します。

　なお、本書の執筆には正確を期していますが、明らかな誤りがある場合や情報の変更が必要な場合は、出版社にご一報ください。適宜訂正いたします。

Anthony Allan

Contents

翻訳	片岡みい子
編集協力	堀内友子
カバーデザイン	清水裕久（Pesco Paint）
本文レイアウト・DTP	朝日メディアインターナショナル株式会社
ナレーション	Steven Ashton　Nadia McKechnie
	Jack Merluzzi　Sorcha Chisholm
音声収録・編集	ELEC 録音スタジオ

IELTS の概要

Introduction

IELTS とは？

　IELTS とは、International English Language Testing System の略で、日本では「IELTS テスト」や「IELTS 試験」と呼ばれています。コミュニケーションが主に英語で行われている世界中の地域で、勉学や就職を目指す人の英語能力を測る試験制度です。

　IELTS は、英語能力評価の国際基準に合致するよう作成されています。IELTS では、ライティング、リーディング、リスニング、スピーキングの４分野のテストを実施し、受験者の英語運用スキルを評価します。ケンブリッジ大学英語検定機構と、ブリティッシュ・カウンシル、IDP:IELTS オーストラリアが、合同で IELTS を運営しています。日本では（財）日本英語検定協会とブリティッシュ・カウンシルが共同で運営しています。

　IELTS は、世界各国の大学や企業によって認められています。代表的な国は、オーストラリア、カナダ、ニュージーランド、英国、アメリカ合衆国です。さらに、多くの専門家団体、移民管理局、そのほかの政府機関も認めています。IELTS の受験者数は、年々増加しています。　なお、受験年度で満 16 歳以上であることが望ましいとされています。

「アカデミック版」と「ジェネラル・トレーニング版」

　IELTS には２つのフォーマットがあります。１つはアカデミック版、もう１つはジェネラル・トレーニング版です。

　現在、IELTS 受験者の約 80 パーセントがアカデミック版を受け、20 パーセントがジェネラル・トレーニング版を受けています。本書は、主にアカデミック版を受験する人たちに向けて書かれています。しかし、アカデミック版とジェネラル・トレーニング版のリスニングとスピーキングのテスト内容はまったく同じです。

　アカデミック版は、受験者が、英語を使用する環境下で、大学あるいは大学院レベルの訓練や勉学に従事するに十分な言語スキルを身につけているかを評価します。大学や専門学校への入学の可否は、テスト結果によります。アカデミック版テストは、すべてのテストセンターで実施されています。

　ジェネラル・トレーニング版は、アカデミック版で要求されるようなスキル全般を評価するテストではありません。むしろ、より広範な社会・教育環境で役に立つ基本的なサバイバルスキルを判定するように作られています。ジェネラル・トレーニング版は、すべてのテストセンターで実施されているわけではありません。

IELTS for UKVI と IELTS Life Skills

　2015年からIELTS for UKVI（英国ビザ申請のためのIELTS。アカデミック版とジェネラル・トレーニング版がある）とIELTS Life Skills（A1、B1レベルがある。スピーキングとリスニングのみ）が導入されました。IELTS for UKVIは、テストの内容や形式、難易度、採点基準において、IELTSとの違いはありません。

　IELTS for UKVIとIELTS Life Skillsについては、ブリティッシュ・カウンシルのWebサイトにてご確認ください。

IELTS for UK Visa and Immigration
https://www.britishcouncil.jp/exam/ielts-uk-visa-immigration/about

IELTSの試験分野と試験の流れ

　IELTSは、ライティング、リーディング、リスニング、スピーキングの4分野でテストを行います。4つの分野すべてを受験し、テストが完了します。リスニングとスピーキングの2分野は、全受験者共通です。リーディングとライティングは、アカデミック版とジェネラル・トレーニング版で異なります。

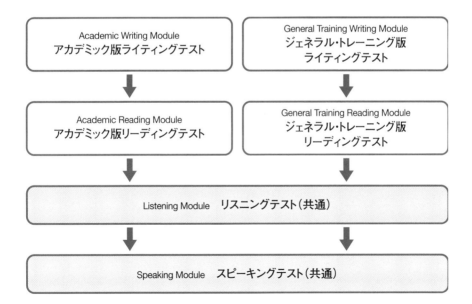

ライティング、リーディング、リスニングの3つのテストは、同じ日に受験します。テストはこの順番で行われ、休憩の時間はありません。日本では通常、3つのテストは土曜日に実施され、午前8時45分から15分間の説明の後、9時に始まります。そして通常、スピーキングテストはその前後1週間以内（たいていの場合、翌日）に設定されます。

　ただし、実際の日程は受験者の数や状況で変わることがあり、スピーキングを含めてすべてのテストが同じ日に実施される場合もあります。

アカデミック版テストの内容と所要時間

アカデミック版IELTSの各テストの特徴を紹介します。

アカデミック版 ライティングテスト 時間：60分	タスクが2つあります。 　タスク1では、150語以上のエッセイを書きます。チャートや表、グラフや図や調査結果などで提示された情報を、エッセイで説明します。受験者は、タスクの要求に応え、情報を示し、趣旨を要約するなど、文章で説明する能力を発揮しなければなりません。タスク1は、20分で書き上げるとよいでしょう。 　タスク2では、250語以上のエッセイを書きます。提示された主張や問題に対して、自らの立場を明確にし、持論を展開し、抽象的な問題を筋道を立てて文章で説明する能力を発揮しなければなりません。タスク2は、40分で書き上げるとよいでしょう。
アカデミック版 リーディングテスト 時間：60分	テストでは、3つのパッセージ（問題文）が提示され、それぞれにタスク問題が出題されます。3つのパッセージは、本や雑誌、新聞から引用された、非専門家向けに書かれたものです。3つのうち少なくとも1つは、詳細な議論を扱った内容です。
リスニングテスト 時間：約30分 （ほかに転記のための10分）	録音された英文をいくつか聞きます。録音内容には会話やアナウンス、さまざまな国の発音のなまりや方言の英語が含まれています。録音の再生は1回限りです。 　受験者には、設問を読むための時間が与えられます。その後、録音を聞きながら答えを問題冊子に書きます。テストの最後に与えられる10分間で、すべての答えを解答用紙に書き写します。
スピーキングテスト 時間：11～14分	1人の試験官と対面で行われ、やりとりは録音されます。ここでは、受験者の英語で話す能力が評価されます。テストでは、短い質問に答えたり、身近な話題で簡単なトークをしたり、課題のテーマで試験官とディスカッションします。

コンピューターで受験する IELTS（Computer-delivered IELTS ＝ CDI）

IELTSは、紙ベースでの受験だけでなく、試験会場はまだ限られていますが、コンピューターでも受験することができます。試験の内容や採点基準、試験時間は、紙ベースの試験とまったく同じです。リスニング、リーディング、ライティングの3つのテストはコンピューターを使用して行われますが、スピーキングのテストは、紙と鉛筆で受験したときと同様に、試験官との1対1の対面形式で行われます。

▶ CDI の主な利点

・試験日が多く、会場が混んでいない。
・試験結果がわかるのは5～7日後で、紙ベースの13日より早い。
・タイピングが慣れている人にとっては入力がしやすい。

▶ 4技能ごとのキーポイント

＜ライティング　Writing ＞

大前提として、コンピューターでの文字入力に慣れていない人にはおすすめしません。コンピューターを日常的に使い、手書きより速く文字を入力できる人なら、カット＆ペーストの機能を使って文章を構成し直すこともできるCDIの方が快適に感じられるでしょう。手書きではなく文字入力したことで早く終わり、余った時間で、文章チェックをすることができます。また、画面上に時間と文字数が表示されているのでペース配分に便利です。

＜リスニング　Listening ＞

紙ベースのリスニングと違い、CDIのリスニングでは最初（Q 1 の直前）に例題と解答例がありません。また、設問によって、解答をクリックするものやドラッグするもの、聞いた通りの単語をタイプするものがあり、問題を解きながら入力していきます。そのため、紙ベースの試験では、リスニング問題終了後に10分間の転記時間がありますが、CDIではありません。ですから、問題を聞きながら、素早く正確に文字を入力しなければなりません。10分間の転記時間の代わりに、CDIでは2分間の見直し時間が与えられます。

＜リーディング　Reading ＞

　画面の左にリーディングの文章、右に設問が同時に表示され、上下にスクロールして読んでいきます。リーディング（とリスニング）テストでは、強調したい部分をドラッグして右クリックで「ハイライト」を選ぶと黄色になるハイライト機能があります。また、答えとなる単語をコピー＆ペーストすることができるので、スペルミスを減らすことができます。

＜スピーキング　Speaking ＞

　紙ベースのテストと変わらず、試験官との対面形式で行われます。

※日本での紙ベースのIELTS筆記テストは、ライティング→リーディング→リスニングの順で行われますが、コンピューターで受験する場合は、リスニング→リーディング→ライティングの順で行われます。

イギリス英語のテストか、アメリカ英語のテストか？

　イギリス英語圏のテストというイメージの強いIELTSですが、特定の英語での解答を要求されることはありません。答えに、イギリス英語やアメリカ英語、英語が第一言語である国々の特徴（主に綴りの違い）が含まれていても、得点に影響しません。

Scoring System
採点方法

　IELTS では、受験者は 1 〜 9 のバンドスケール（得点帯）上のスコアを受け取ります。4つのテストそれぞれに、「バンドスコア」が与えられます。バンドスコアは、4.5 / 5.0 / 5.5 / 6.0 / 6.5 / 7.0 など、0.5 刻みです。4つのテストのスコアを加算平均し、「総合バンドスコア」(Overall Band Score) を出します。それがあなたの最終的な IELTS レベルです。

バンドスコアの判定基準

　各テストのバンドスコアの判定基準は次のように決まっています。

9	Expert user	英語を十分に、自在に操ることができる。表現を完全に理解し、適切、正確、流暢に使うことができる。
8	Very good user	英語を十分に操ることができるが、散発的に不正確・不適切な表現が発現。不慣れな（馴染みのない）状況下での誤解も散見されるが、複雑で細かい議論もよくこなせる。
7	Good user	英語を操ることができるが、ときどき不正確・不適切な表現が発現。状況によっては誤解がある。おおむね、複雑な表現もよく使いこなし、細かい筋道も理解する。
6	Competent user	おおむね、通用する程度に英語を操ることができるが、不正確・不適切・誤解がある。馴染みのある状況下では、複雑な表現を使うことも、理解することもできる。
5	Modest user	限定的に英語を使うことができるが、ほとんどの場合だいたいの意味を汲みとることができる程度で、たくさんミスをする。得意な領域で、基本的なコミュニケーションができる。
4	Limited user	馴染みのある状況にかぎって、基本的な英語を使うことができる。理解することも自らを表現することも難しい。複雑な言葉や表現を使うことができない。
3	Extremely limited user	きわめて馴染みのある状況下で、おおまかな意味を伝え、理解する。頻繁にコミュニケーション不能に陥る。
2	Intermittent user	馴染みのある状況下で、単語や短い決まり文句で簡単なことを伝える以外、実質的なコミュニケーションができず、すぐに対応もできない。話された英語や書かれた英語の理解が困難。
1	Non user	2つ3つ単語を知っているだけで、基本的に英語を使う能力がない。

次の表で、左のバンドスコアを得るために必要な、40点満点中の得点の目安を下に示しました。

ライティングとスピーキングには、このような表がありません。この2つのテストは、個別の設問に点数を与える方法では採点されていないからです。

リスニング	
バンドスコア	得点
5.0	16
6.0	23
7.0	30
8.0	35

リーディング	
バンドスコア	得点
5.0	15
6.0	23
7.0	30
8.0	35

総合バンドスコア

各テストのバンドスコアの合計を4で割り、0.5区切りで総合バンドスコアを算出します。端数は、.0 か .5 の近いほうに切り上げまたは切り下げます。以下に、算出例を示します。

〈切り上げられる場合〉

①リスニング＝ 6.0 / リーディング＝ 6.5 / ライティング＝ 5.5 / スピーキング＝ 7.0
［バンドスコアの合計］6.0 ＋ 6.5 ＋ 5.5 ＋ 7.0 ＝ 25
［総合バンドスコア］25 ÷ 4 ＝ 6.25 ⇒ 6.5

②リスニング＝ 4.0 / リーディング＝ 3.5 / ライティング＝ 4.0 / スピーキング＝ 4.0
［バンドスコアの合計］4.0 ＋ 3.5 ＋ 4.0 ＋ 4.0 ＝ 15.5
［総合バンドスコア］15.5 ÷ 4 ＝ 3.875 ⇒ 4.0

〈切り下げられる場合〉

①リスニング＝ 6.5 / リーディング＝ 6.0 / ライティング＝ 5.5 / スピーキング＝ 6.5
［バンドスコアの合計］6.5 ＋ 6.0 ＋ 5.5 ＋ 6.5 ＝ 24.5
［総合バンドスコア］24.5 ÷ 4 ＝ 6.125 ⇒ 6.0

②リスニング＝ 5.0 / リーディング＝ 6.5 / ライティング＝ 5.0 / スピーキング＝ 6.0
［バンドスコアの合計］5.0 ＋ 6.5 ＋ 5.0 ＋ 6.0 ＝ 22.5
［総合バンドスコア］22.5 ÷ 4 ＝ 5.625 ⇒ 5.5

Test Comparison Table

ほかの英語能力検定試験との比較

IELTS とほかの試験とのスコア相関関係

IELTS とそれ以外の主な英語力検定テストとのスコアの相関関係の目安は、以下のとおりです。

IELTS	TOEFL iBT	TOEIC	英検
8.0 ～ 9.0	119	990	1 級
7.5	110		
7	100	810	
6.5	86		準1 級
6	71	660	
5.5	61		2 級

大学などの入学時に必要な IELTS の標準スコアは、以下のとおりです。

- Postgraduate level（大学院レベル）　　＝ 6.5 ～ 7.0
- Undergraduate level（大学学部レベル）＝ 6.0 ～ 6.5
- Vocational course（専門学校）　　　　 ＝ 5.5 ～ 6.0
- Foundation course（一般教養課程）　　 ＝ 4.5 ～ 5.5

受験の申し込みから受験当日まで

IELTS のテスト会場と試験実施日

　IELTS テストは、札幌・仙台・埼玉・東京・横浜・長野・金沢・静岡・名古屋・京都・大阪・神戸・岡山・広島・福岡・熊本の 16 の都市で実施されています。

　実施日はテスト会場によって異なります。日本英語検定協会のウェブサイトで確認できます。

https://www.eiken.or.jp/ielts/

受験申し込みのための準備

　申し込みは定員制となっています。受験希望日の 19 日前の 12：00（正午）までに、上記日本英語検定協会のウェブサイトから申し込みをしてください。申し込みと受験には、受験日当日に有効なパスポートが必要です。

〈問い合わせ先〉

IELTS 東京テストセンター

（東京・横浜・埼玉・札幌・仙台・長野・金沢・静岡会場）

〒 162-8055　東京都新宿区横寺町 55

TEL: 03-3266-6852　FAX: 03-3266-6145

E-mail: jp500ielts@eiken.or.jp

（土・日・祝日・年末年始を除く 9:30 〜 17:30）

IELTS 大阪テストセンター

（大阪・京都・神戸・名古屋・広島・岡山・福岡・熊本会場）

〒 530-0002　大阪市北区曽根崎新地 1-3-16 京富ビル 4F

TEL: 06-6455-6286　FAX:06-6455-6287

E-mail: jp512ielts@eiken.or.jp

（土・日・祝日・年末年始を除く 9:30 〜 17:30）

受験申請手続きから結果の受け取りまで

① 問い合わせ

- 日本英語検定協会のサイトで確認する。もしくは、前記IELTSテストセンターに問い合わせる。

② 申し込み

- 日本英語検定協会のサイトでIELTS IDを取得して申し込む。
- パスポートの画像データ（カラー）のアップロードが必要。

③ 確認

- テスト実施日15日前の19：00からサイト内の「マイページ」に受験確認書がアップされる。
- テストは、ライティング、リーディング、リスニングの筆記テストとスピーキングテストが1日のうちに実施される。ただし、東京・大阪会場では、筆記テストの翌日にスピーキングテストが実施される場合がある。

④ テスト当日

- 受付後、本人審査のために指紋の登録と顔写真の撮影がある。
- 試験会場に持ち込めるものは以下のとおり。
  - ・申請時に提出したものと同一のパスポート（本人確認のため）
  - ・鉛筆（シャープペンシル、キャップは不可）
  - ・カバーを外した消しゴム
  - ・透明なボトルに入った水（ラベルは外す）
- 財布などのそのほかの持ち物は、荷物置き場に置いておく。
- テストを実施する部屋には、鉛筆削り器、ティッシュペーパーが用意されている。
- 試験問題と解答用紙の持ち出しは不可。

⑤ 結果の受け取り

- 筆記試験の13日後に成績証明書（Test Report Form）が郵送される。また、13日後13：00以降、オンラインのマイページで自分の結果を確認できる。
- テスト結果の有効期間は2年間。

• 受験者の要請により各機関へ提出するための追加成績証明書は、最初の成績証明書の発行日から30日以内の場合、5通まで無料。6通目以降、あるいは発行日から31日以上経っている場合は、1通につき手数料が1,100円必要。

手続きの方法などは変わることがありますので、申し込み時にウェブサイトにて、最新の情報を必ず確認してください。

IELTS に向けた受験勉強

語学学校のガイドラインなどには、IELTSのスコアを0.5上げるには3カ月間、週に15時間ずつ勉強する必要があると書かれています。計算すると約180時間の勉強です。これは、かなりの長時間のように思えますが、押し並べると3カ月かけて1つの技能当たりわずか45時間です。

今あなたが英語を話す国に滞在していると想像してみてください。1日の活動時間を朝8時〜夜10時までとすると、180時間は、英語に浸っている期間としては2週間を少し超える程度です。決して長いとはいえません。

▶学習プラン

受験準備に万全を期すには、学習プランが必要です。「気が向いたら」とか「時間ができたら」といった無計画な勉強は、ベストとはいえません。組織的かつ明快な学習プランを立てましょう。いつ、どこで、どのように、何を勉強すべきか、しっかりと認識して取り組みましょう。

1. 自習スケジュール

まず、定期的に勉強するスケジュールを決め、それを守ることです。少なくとも1日おきには、IELTSのための英語の勉強をしましょう。1人で勉強することは、たいへん難しいことです。それでも、自分が決めたスケジュールを厳守しましょう。自分自身との「約束」を破ってはなりません。勉強を続けるには、たまに長時間勉強するより、少しずつでも定期的に勉強するほうがよいことを忘れないようにしましょう。

2. 語学学校などでの勉強

勉強の一環として、経験豊富な教師が教えるIELTSのクラスに参加してみましょう。ネイティヴが話す英語を聞く絶好の機会ですし、もっと大事なのは、学校では、目標とするスコアを得るためには何が要求されているのか学べることです。ま

た、スピーキングやライティングを添削してもらい、その場で反応や意見を聞くことができるという利点もあります。こうしたことは独学ではなかなかできません。

3. IELTS用のテキスト

　語学学校に通っている場合は、授業で使用しているものとは別のテキストを使って勉強するとよいでしょう。IELTSの問題とそれを解くために必要な技術を習得できるような情報が盛り込まれた、適切なテキストを選んでください。どの本がよいかわからない場合は、教わっている教師にお勧めのテキストをたずねるとよいでしょう。

　本書には、ライティング、リーディング、リスニング、スピーキングの全技能について自分で勉強できるよう、全タイプの問題の傾向と攻略法が記してあります。例題もできるだけ多く掲載しました。巻末のPractice Test（模擬テスト）を含め、とくに苦手な分野を中心に何度も読み返して徹底的に活用していただければと思います。

　そのうえでさらに万全を期したい場合は、すべて英語で書かれている 'Test Practice' Book（模擬テスト本）がお勧めです。模試が丸ごと数セット収録されているので、時間配分なども含めて試験に慣れることができます。

4. 学習素材

　IELTSの準備勉強以外にも、あいた時間で英語を楽しみましょう。英語を読んだり、聞いたり、書いたりを、「勉強」としてでなく、「楽しみながら」するのです。たとえば、やさしい小説や雑誌を気楽に読むとか、有名人とのインタビューを聞くとか、友だちにEメールを書くのはどうでしょう。英語でこうした活動をすることで、勉強がいい方向で補われます。また、プレッシャーの少ないやり方で楽しむことで、もっと英語を学びたいという意欲につながります。IELTSで成果を上げるには真剣に勉強に打ち込むべきですが、すべての時間を机上での勉強に費やす必要はありません。

　スピーキング、リスニング、リーディング、ライティングのスキル増強のため、手に入る素材はできるだけ活用しましょう。英語圏で日本語を勉強しようと思うと、情報を見つけるのは難しいです。しかし日本では、英語を学ぶための素材は簡単に見つかります。インターネット、テレビ、ラジオ、DVDを活用し、手に入る教材を購入して勉強しましょう。以下に推薦素材をあげます。

・ウェブサイト

　IELTS：　　　　　https://www.ielts.org

British Council： https://www.britishcouncil.jp
Cambridge English： https://www.cambridgeenglish.org
BBC： https://www.bbc.com

・テレビ・ラジオ
　テレビ：NHKニュース（19時および21時からのバイリンガル放送）
　ラジオ：BBCラジオ／インターネットのBBCラジオ（BBCのウェブサイトを参照）

▶テスト前日

　前日にテスト勉強は必要ありません。テストの前日ぎりぎりまで勉強をすると、翌日は疲れて力が発揮できないかもしれません。テストを受けるときは、リフレッシュして、リラックスして、頭の働きをよくしておくことが大切なのです。休養し、夕食には好物を食べ、お風呂にゆっくり入り、いつもより少し早めに就寝しましょう。

▶テスト当日

　当日は、英語でスタートしましょう。起きた瞬間から英語を聞くのです。テスト中にお腹がすいては集中できませんので、朝食はしっかりとること。ライティング、リーディング、リスニングの3つのテストが、連続して約2時間40分続くことを忘れずに。
　衣服は、楽なものを着用することをお勧めします。気に入っている服で、寒い季節なら暖かく、暖かい季節なら涼しい服装がよいでしょう。
　テストは朝9時に始まります。テストセンターには8時30分までに到着し、登録を済ませ、指示された席に着きましょう。
　テスト中、受験者への指示や注意は英語だけで行われ、日本語は使われません。

▶テスト終了後

　ほかのテストと同様IELTSも、スコアを上げるために繰り返し受験することができます。2度以上テストを受ける場合、前に受けたテストの経験から学ぶことによってスコアを改善することが大事です。何が簡単で、何が難しかったか？　どうすればもっといい点数がとれたか？　お勧めしたいのは、テスト終了後、すぐに静かな場所を探し、テストの内容や自分の解答など覚えていることを書いておくことです。いいことも悪いこともすべて書くのです。テスト直後なら記憶は新鮮です。そのノートは貴重な財産となり、再びテストを受けるときに大いに役立つはずです。

IELTS 分野別攻略法

Listening

Overview

概要

IELTS Listening Module
リスニングテストとは

　　リスニングテストは、IELTSの4分野のテストのうち、日本では3番目のテストです。本書では、世界の多くの国で実施されているIELTSテストの順で解説していますが、自分のやりやすい分野から始めてくださって結構です。リスニングテストでは、音声は一度しか放送されないので、もう一度聞いて答えを探すチャンスはありません。それでも、話される内容には流れがあり、答えは互いに関連があるので、放送を聞き逃しても前後関係から答えを推測できる場合もあります。

　　ナレーションは、英国、オーストラリア、ニュージーランド、アメリカ、カナダなど、さまざまな国のスピーカーたちによるものです。

　　また、IELTSテスト全般にいえることですが、リスニングの問題もテストが進むにつれ、言葉や表現が難しくなり、要求も高度になります。

　　リスニングテストで成果を出すには、普段からできるだけ英語を聞いて、慣れておくこととともに、どんな問題がどんな順番で出題されるのか、テストの構成をあらかじめ知っておくことが重要です。

リスニングテストの構成

　　テストは4つのセクションで成り立っています。セクション1とセクション2では、一般生活における場面設定、セクション3とセクション4では、学術的な話や教育場面でのスキットが英語で語られます。設問は各セクションごとに10問、全部で40問出題されます。40問を30分で解き、その後与えられる10分ですべての答えを解答用紙に書き写します。設問は前半と後半に分かれます（セクション4のみ分かれていないこともあるようです）。

　　まず、前半の設問に目を通す（プレヴュー）時間が約30秒与えられます。そして、スキットの前半を聞き、まずは5問解きます。次に、後半の設問に目を通すため20～30秒が与えられた後、後半のスキットが流れ、残りの5問に答えていきます（前半4問、後半6問などの場合もあり）。各セクションの最後に、30秒が与え

られるので、セクション全体の解答をチェックします。なお、セクション1の初め
のみ、1問だけ例題が読まれ、解答例が示されます。

　音声は最初の例題を除き、一度しか放送されません。また、対面でのコミュニケ
ーションと異なり、唇の動きや仕草を見ることもできません。内容を聞き逃さない
ように、中級レベルの語彙をなるべくたくさん覚えておきましょう。

	出題と解答の流れ	内容・出題例
セクション1 (6〜8分)	例題と解答例の放送 ⇩ プレヴュー（20〜30秒） ⇩ 英文の放送　前半5問 ⇩ プレヴュー（20〜30秒） ⇩ 英文の放送　後半5問 ⇩ 解答のチェック（30秒）	社会・生活場面（話し手2人） 　—放送を聞き、特定・具体的な事実情報を拾う。 • ホテルの予約 • 空港でのチェックイン • 不動産屋での交渉 • ショッピングの会話 • 学校の学生課での会話 • 友人同士の会話
セクション2 (6〜8分)	プレヴュー（20〜30秒） ⇩ 英文の放送　前半5問 ⇩ プレヴュー（20〜30秒） ⇩ 英文の放送　後半5問 ⇩ 解答のチェック（30秒）	社会・生活場面（話し手1〜2人） 　—放送を聞き、特定・具体的な事実情報を拾う。 • ラジオ番組 • 留守番電話 • 発表や告知 • 旅行ガイドの案内 • 大学課程の説明
セクション3 (6〜8分)	プレヴュー（20〜30秒） ⇩ 英文の放送　前半5問 ⇩ プレヴュー（20〜30秒） ⇩ 英文の放送　後半5問 ⇩ 解答のチェック（30秒）	学術・教育場面（話し手2〜4人） 　—放送を聞き、話し手の具体的な情報や、主張、 　見解を拾う。 • 授業や研究課題など学生同士の会話 • 学生に指導教官からのアドバイス • プロジェクトの進め方 • 学生と学校職員との会話 • 勉強方法のアドバイス
セクション4 (6〜8分)	プレヴュー（20〜30秒） ⇩ 英文の放送　前半5問 ⇩ プレヴュー（20〜30秒） ⇩ 英文の放送　後半5問 ⇩ 解答のチェック（30秒）	学術・教育場面（話し手1人） 　—放送を聞き、議論の趣旨、特定の情報、姿勢や 　見解を拾う。 • 教授によるアカデミックな講義 • ゲストによるトーク
転記 (10分)		40問の答えを解答用紙に書き写す

バンドスコアと評価基準

　IELTSのほかのすべての分野と同様、リスニングテストのバンドスコアは、1から9まで0.5刻みで採点されます。すなわち、4.0 / 4.5 / 5.0 / 5.5 / 6.0 / 6.5といった点がつきます。リスニングテストの評価は、きわめて単純で明快です。

　テストは40問から成り、1問正解につき1点をもらいます。個々の解答の採点では、0.5点はありません。問題の中には、2つまたは3つの答えを書き入れることで1点を与えられるものもあります。答えは、読みやすい字で、正しい綴りで書きましょう。イギリス式綴りでもアメリカ式綴りでもかまいません。40問であなたが獲得した最終的な得点は、変換表を使って、1から9までの0.5点刻みのバンドスコアに換算されます。このリスニングのバンドスコアと、ほかの3分野のテストの得点を合計して平均を出し、それが最終的にあなたのIELTSバンドスコアになるのです。

　40問中の得点を、9までのバンドスコアに変換するために、変換表が使われます。下に示したのは大まかな目安ですが、練習で獲得した点数がバンドスコアだと何点になるか、評価する参考にしてください。もちろん、テストによって換算は異なりますし、実際のテストがこのとおりに行われる保証はありませんが、勉強の進み具合を測る指針として役に立つはずです。

バンドスコア	40点中の得点
5.0	16
6.0	23
7.0	30
8.0	35

6つの問題タイプとタイプ別解答指示文

　リスニングテストには、問題のタイプが6つあります。もっとも、実際のテストには、すべての問題タイプが含まれているとはかぎりません。それぞれの問題については、追って実践問題を解きながら詳しく説明します。

　また、問題文には解答指示文が併記されています。指示どおりに書かないと得点できないので、しっかり読みましょう。とくにNO MORE THANという表現には

注意が必要です。たとえば、

*Write **NO MORE THAN TWO WORDS AND/OR A NUMBER** for each answer.*
（それぞれ、2語以内か数字1つ、あるいはその両方で答えを書きなさい）

とある場合、答えとして書いてよい最大限は、「単語＋単語＋数字」です。答え
は、単語か数字、あるいは単語と数字の組み合わせになります。以下に、6つの問
題タイプと問題タイプ別指示文の例をあげます。

① 多項選択式
(Multiple-Choice)

*Choose the correct letter, **A, B** or **C**.*
（A，B，Cから正しい文字を選びなさい）

*Choose **TWO** letters **A-E**.*
（A〜Eから2つの文字を選びなさい）

*Circle the correct letters **A-C**.*
（A〜Cのうち正しい文字に丸をつけなさい）

*Circle **THREE** letters **A-E**.*
（A〜Eのうち3つの文字に丸をつけなさい）

② 組み合わせる
(Matching)

When did the following events take place?
（以下のイベントはいつ開催されましたか）
*Write the correct letter, **A, B** or **C** next to questions 1-4.*
（A，B，Cのうち正しい文字を問題1〜4の解答欄に書きなさい）
*Write the appropriate letters **A-C** against questions 1-4.*
（A〜Cのうち該当する文字を問題1〜4の解答欄に書きなさい）

What does the lecturer say about ...?
（講師は…について何と言っていますか）
*Choose your answers from the box and write the correct letter **A-G** next to questions 21-24.*
（囲みの中から答えを選び、問題21〜24の解答欄にA〜Gのうち正しい文字を書きなさい）

③ 図面・地図・図表を完成させる
(Plan/Map/Diagram Labelling)

Label the map below.
（下の地図を完成させなさい）

*Choose **FOUR** answers from the box and write the correct letter **A-G** next to questions 17-20.*
(囲みの中から4つの答えを選び、問題17～20の解答欄にA～Gのうち正しい文字を書きなさい)

Label the map below.
(下の地図を完成させなさい)

*Write **NO MORE THAN ONE WORD** for each answer.*
(それぞれ1語で答えを書きなさい)

④ 書式・メモ・表・フローチャート・要約を完成させる
(Form/Note/Table/Flow-Chart/Summary Completion)

*Complete the application form using **NO MORE THAN TWO WORDS**.*
(2語以内を使って申請書を完成させなさい)

Complete the table below.
(下の表を完成させなさい)

*Write **NO MORE THAN TWO WORDS AND/OR A NUMBER** for each answer.*
(それぞれ、2語以内か数字1つ、あるいはその両方で答えを書きなさい)

⑤ 文を完成させる
(Sentence Completion)

Complete the sentences below.
(下の文を完成させなさい)

*Write **NO MORE THAN THREE WORDS** for each answer.*
(それぞれ1問につき、3語以内で答えを書きなさい)

⑥ 短く答える問題
(Short-Answer Questions)

Answer the question below.
(下の問題に答えなさい)

*Write **NO MORE THAN TWO WORDS or A NUMBER** for each answer.*
(それぞれ2語以内か数字1つで答えを書きなさい)

*List **THREE** things ...*
(3つをリストアップしなさい)

*Write **NO MORE THAN THREE WORDS** for each answer.*
(それぞれ3語以内で答えを書きなさい)

Strategies for the Listening Module
解答のための戦略

戦略1　2〜3秒かけて、問題用紙全体にざっと目を通す。
各セクションの問題をざっと見ますが、かけられる時間はせいぜい2〜3秒。初見で驚いて緊張しないようにするためです。見出しや写真、図表や問題をあらかじめ見ておけば、各セクションのトピックも大まかにつかむことができます。

戦略2　指示文中のキーワードに丸をつける。
リスニングテストでは、1〜3つの単語や1つの数字を書いて答えを完成させたり、A, B, Cなどの記号1つを選んで答える問題が多くあります。問題文に併記されている指示文には、答えるべき形式が記されています。1点をとるために2項目以上書いたり選んだりしなければならない問題もあるので注意しましょう。

戦略3　放送の最初に流れるアナウンスも注意して聞く。
各セクションでは、放送の最初に内容紹介が流れ、話し手たちがどこにいて、会話の目的は何かといった説明がなされます。この説明で大まかな情報が得られ、場面を想像することができます。トピックと状況を把握することができれば、関連した言葉を聞き取りやすくなり、答えも見つけやすくなります。

戦略4　空欄の周辺や問題文中のキーワードに丸をつける。
放送では、キーワード、およびその同義語を聞き逃さないようにしましょう。キーワードとは、答えを見つけるために必要な単語です。たとえば、空欄を埋める問題では、空欄の直前と直後のキーワードに丸をつけます。表が出題されている場合は、表の見出しに丸をつけます。

戦略5　要求されている単語タイプは何か？
空欄を埋める問題や、文を完成させる問題では、空欄の前後の単語をチェックします。語彙を増やすときは、語根、接頭辞、接尾辞を意識しましょう。求められている単語のタイプがわかったら、解答欄の端に、数字なら#、名詞（noun）ならn、動詞（verb）ならv、形容詞（adjective）ならadjと素早く書いておきます。こうしておけば、探すべき単語タイプを判断する目安になります。また、必ずしも本文中にある単語を使う必要はありません。たとえ

ば、本文でseatという単語が使われていて、答えにchairと書いても問題あ
りません。

戦略 6　答えはこうかもしれないと予測してみる。

まず、問題文からトピックの内容を想像し、要求されている答えのタイプがわ
かれば、正解の予測が可能です。答えを予測することによって、放送される音
声を積極的に聞こうという意欲が増し、必要な情報をうまく聞き取ることがで
きます。

戦略 7　問題文に小見出しがあったら要チェック。

たとえば、「要約を完成させる」問題で、囲みの上に小見出しがついていた
ら、小見出し中の単語そのものや同義語、言い換え表現が音声に登場しない
か、注意して聞きましょう。通常、小見出しの単語が出てきたら、次に答えが
くる合図です。

戦略 8　放送内容についていけなくなっても、あわてない。

放送内容についていけなくなったり、次の問題がどれだかわからなくなって
も、あわててはいけません。つねに平静を保ち、自分で丸をつけた問題文中の
キーワードを探りながら、放送内容のフォローに復帰しましょう。

戦略 9　テストはチャレンジだと思って楽しむ。

放送を聞くときは、一心に答えを探し、素早く書きとめたら、すぐに次の答え
を探すことに集中しましょう。だれにとってもテストは楽しいものではありま
せん。でも、「おもしろい」ことであるかのように、どの部分にも耳を傾け、
答えを探すことを楽しみましょう。

戦略 10　プレヴュータイムを活用する。

放送が流れる前の、約30秒のプレヴュータイムで設問を読みます。セクショ
ンとセクションの間の時間も、次の設問を読むのに使います。各セクションの
最後に、そのセクションの答えをチェックします。

戦略 11　話し手たちのキャラクターをイメージする。

セクション3で話し手が3人になると、会話内容のフォローが難しくなると
思う人は、キャラクターイメージ・トレーニング法を試しましょう。最初に声
を聞いたときに、それぞれの話し手をイメージし、性格づけをするのです。た

とえば、1人目は赤毛の少女、2人目の男性は眼鏡をかけている、3人目の男性はブロンドの短髪、といった具合です。このテクニックを使えば、それぞれの話し手の会話内容を追うのが容易になるでしょう。

戦略12　強く発音されている単語をしっかり聞き取る。

テストで重要なのは、主題と、会話の「意味」を担っている単語です。答えとなる単語は強く発音され、反復されます。とくに、難しい答えの場合にそれが顕著です。逆に、比較的答えが見つかりやすい場合、単語は1度しか登場しません。それでも、たいてい強く発音されます。

戦略13　単語の音をカタカナで書いておく。

答えの単語を書こうとしても、スペルが思い浮かばないことがあります。そういうときは、とりあえずカタカナで書いておき、プレヴュータイムで英語に直しましょう。スペルに気をとられて、録音を聞き逃してはいけません。カタカナでメモをとっても減点されることはありません。

戦略14　口調の変化は何か重要なことが語られるきざし。

語り口の変化は、これまでと違う何かが話されていることを示しています。これが、多くの場合、答えを見つけるヒントになります。語り口の変化に気づいたら、キーワードをメモしておきましょう。

戦略15　絶対に消しゴムを使わない。

書いた単語を消しゴムで消すには、鉛筆を置いて、消しゴムをとって消して、また鉛筆をとりますから、2～3秒かかります。間違った答えに1本線をひくのは一瞬です。リスニングテストでは聞き続けることが大事です。単語の1つや2つを消す作業に時間を使っている余裕はありません。

戦略16　答えに自信がなくても、類推する。

答えに自信がなくても、類推する癖をつけましょう。求められている単語のタイプがわかるなら、そのセクションのトピックに密接なかかわりのある単語を書いておきます。答えが単語の場合、よく使われる単語が答えになることが多くあります。めったに使われない単語や複雑な単語が答えとして求められることはありません。

戦略 17　メモするときは単語だけを書き、文章は書かない。

テスト中、問題冊子にメモをとることは許されていますが、重要な単語だけにし、文章を書かないように。なるべく英語でメモするのが理想的ですが、日本語で書き、あとで英語に直してもよいので、まずは聞くことに専念しましょう。答えを見つけることを最優先し、メモは二次的な作業であることを忘れずに。

戦略 18　名詞と動詞、スペリングをチェックする。

複数の s をつけ忘れたり、単純なスペルミスで失点しないでください。解答用紙に答えを書き写すとき、名詞は複数にすべきか、動詞に s はいらないかチェックしましょう。ほとんどの場合、答えの名詞は複数形ですが、不可算名詞や単数形が混じることもあります。

戦略 19　問題文中に印刷されている単語や記号は、解答用紙に書かない。

たとえば、問題文に [5] $ .... とあったら、解答用紙に $ 記号を書いてはいけません。

戦略 20　答えを書き写すときに解答欄を間違えない。

解答用紙に答えを書き写すとき、正しい位置か確認しましょう。とくに空欄を埋める場合、答えと解答欄がずれないよう細心の注意が必要です。答えがわからなくても、解答欄をそのまま残してはいけません。解答欄をあけたままにしておくと、その後すべての解答を 1 つずつずれたまま書く危険性があるからです（そもそも答えがわからないからといって、空欄にすべきではありません。何とか推測して答えを書きましょう）。

Language Usage
リスニングテストで役立つ語彙と表現

リスニングテストに頻繁に登場する単語や表現について情報を提供することは困難ですが、いくつか特徴をあげることはできます。リスニングテストならではのポイントを以下に説明します。

言い間違いや、言い直し、話し手の心変わりに惑わされない

リスニングテストでは、受験者を惑わせるために、言い間違いが故意に使われる

ことがあります。もっとも、普段の会話でも言い間違いはつきものです。

1）数字

"My number is 123-654-0978. Oh, I'm sorry, that's my old number. My new one is 123-456-7890."

「私の番号は 123-654-0978。あら、ごめんなさい、それは古い番号だわ。新しい番号は 123-456-7890 よ」

〈正解は「123-456-7890」〉

2）時間

"The train leaves at 8:30 a.m., so we have to be at the station 15 minutes before that."

「列車は午前 8 時 30 分に出発するので、私たちは 15 分前には駅に行っていなければなりません」

〈正解は「8:15 a.m.」〉

3）スペル

A : So that's Forrest with two 'R' s.
　　「R を 2 つ綴るフォレストですね」

B : No, only one.
　　「いいえ、1 つだけです」〈正解は「Forest」〉

A : Is that Sharpe with an 'e' on the end?
　　「Sharpe は、最後に e がつくのですね?」

B : Yes.
　　「そうです」〈正解は Sharpe〉

4）決心

"Great! I'll take the red one. No, on second thoughts, the green one looks better."

「素敵！　私、赤いのにするわ。いえ、やっぱり緑のほうがいいみたい」〈正解は「green」〉

文法規則に合致するよう表現を変える

　ノートやフローチャート（工程図）、文章や要約を完成させるタスクでは、放送で聞いた単語を、文法に合うように語形を変えて答えなければなりません。たとえば、以下のような場合です。会話や講義の中に次のような文が出てきたとして、例題に答えてください。

　They find it easy to interact with other people.
　（彼らは、ほかの人たちと〈交流するのが容易であると〉わかった）

For them, it is easy to interact with other people.
（彼らにしてみれば、ほかの人たちと〈交流することは容易〉である）

Interacting with others is easy for these people.
（ほかの人たちと〈交流することは〉、この人たちにとっては〈容易〉である）

[例題]（　　）に適当な２語を入れ、答えを完成させなさい。

This type of person can (　　　　) with others.
（このタイプの人は、ほかの人たちと〈容易に交流〉できる）

　答えは interact easily ですね。この種の問題では、単語を見つけ、語形を変えて、書くという作業をほとんど同時に行わなければならず、かなり難しいといえます。そのため、こうした問題はごくわずかしか出題されません。以下に、変換の例を示します。

変換の種類	もとの英文	答え
形容詞→名詞	I'm going on a two-week course.	The course lasts [two weeks].
単数名詞→複数名詞	They usually become computer experts.	These people often become experts in [computers].
名詞→動詞	For you, good communication is very important.	You should be able to [communicate] well.
	Have another drink.	You can [drink] more if you want.
動名詞→名詞	She worked in nursing for a few years or so.	Helen was a [nurse] for several years.
	Teaching is quite satisfying for most of them.	[Teachers] are usually satisfied with their jobs.
動名詞→動詞	He's good at writing reports.	Mark can [write] reports well.
動詞の原形→三人称単数	This can help animals.	This sometimes [helps] animals.
形容詞＋名詞→動詞＋副詞	You've got to make a quick application.	You must [apply quickly].
形容詞＋動詞→動詞＋副詞	It's easy for them to finish it.	They can [finish] it [easily].

話の流れや変化を示す言葉や表現

　リスニングテストでは、放送される英文の１語１語を理解する必要はありませ

ん。そろそろ答えが出てきそうだと教えてくれるフレーズがあるので、それを聞き逃さないよう練習しておきましょう。however、first、further など、話の流れを変えたり、前後をつなぐ言葉やフレーズで、答えの登場を知ることができます。これらのフレーズは、Writing の章の「エッセイで役立つ表現」（194 ページ）にまとめてありますので、参照してください。

　接続語やフレーズに注意を向けると、話し手が複数の会話では、話の流れが変わったことがわかります。話し手が 1 人のスピーチでは、話の構成を理解する助けになります。

類義語と類似フレーズ

　設問で使われている単語やフレーズの多くは、放送される英文にも出てきます。しかし、単語によっては、類似したフレーズや表現に置き換えられていることもあります。ですから、問題文中のキーワードとともに、類似の表現やフレーズにも気をつけて放送を聞きましょう。以下に、類似表現の例をいくつか紹介します。

free（無料）: no cost, at no charge, don't have to pay anything, no entrance charge, no admission charge
start（始める）: begin, commence, the first ...
have to（しなければならない）: must, need to, it is necessary to
You must remember to ...（…することを覚えておかなければならない）:
　　Don't forget to ..., Make sure you ...

肯定的な表現か否定的な表現か

　言葉や表現が肯定的か否定的であるかに気づくことも重要です。とくに否定的な表現は頻繁に出てきます。たとえば、「～でなかったのは何か」に対する答えが要求される場合、否定的なフレーズに気づくことができれば、たいてい答えはその表現の最後に登場するので、容易に見つけることができます。以下に、否定的な情報を導くフレーズを紹介します。

I couldn't ...	私は…できなかった
She wasn't able to ...	彼女は…する能力がなかった
It was really hard (for him) to ...	…することは、（彼にとって）本当に難しかった
We found it very difficult to ...	…することがとても難しいと気づいた

It wasn't easy to	…することは簡単ではなかった
The worst thing was ...	最悪だったことは…
The hardest part was ...	最も困難だったのは…
The biggest problem was ...	一番大きな問題だったのは…
... was too 〜	…は〜すぎた
It was impossible to ...	…することは不可能だった
There isn't enough ...	十分に…がない
There's a lack of ...	…が欠けている
There was a shortage of ...	…が足りなかった
I'm supposed to ... but 〜	…だと思ったが、しかし〜
... was the greatest challenge of all	…は一番の大仕事だった

忠告する表現・勧める表現

　また、よく使われるのは忠告したり勧めたりする言葉や表現です。教師や学校職員が学生にアドバイスしたり、友人同士で勧めたりする設定です。この場合、答えを導くフレーズは肯定的だったり否定的だったり、両方あります。以下にいくつか例をあげましょう。

Don't ... / Never ...	…してはいけない／決して…してはいけない
You can ... / It's okay to ...	…してもよろしい／…してもかまわない
You should ... / You shouldn't ...	…すべきだ／…すべきでない
You'd better ...	…したほうがよい
You don't need/have to ...	…しなくてよい／する必要がない
It's not necessary for you to ...	…は必要でない
It's a good idea to ... / It's not a good idea to ...	…するのはいい考え／ いい考えとはいえない
Be sure to ... / Make sure (that) you ...	確実に［必ず］…しなさい
You have to try and ...	…しようとしなければなりません
You should never ... / You should always ...	決して…してはいけません／ いつも…しなければなりません
It's better to ... than 〜	〜するより…のほうがよいでしょう
Try to avoid ...ing	…するのを避けるようにしなさい
If I were you, I would ...	私があなたなら、きっと…
I advise you to ...	あなたに…するよう忠告する
I recommend that you ...	あなたが…するよう勧める

Listening Practice
リスニング基本練習

練習1　さまざまな種類の単語を聞き取る

会話音声を聞いて、下に指示されているタイプの語句を書き取りなさい。

A　名前（綴り）　🔊 1-01

1. _____
2. _____
3. _____
4. _____
5. _____

6. _____
7. _____
8. _____
9. _____
10. _____

B　数、値段、時間、日にち　🔊 1-02

1. _____
2. _____
3. _____
4. _____
5. _____

6. _____
7. _____
8. _____
9. _____
10. _____

C　数と単語／文字／単位の組み合わせ　🔊 1-03

1. _____
2. _____
3. _____
4. _____
5. _____
6. _____
7. _____
8. _____

9. _____
10. _____
11. _____
12. _____
13. _____
14. _____
15. _____

D　名詞　🔊 1-04

1. _____
2. _____

3. _____
4. _____

5. _____		8. _____	
6. _____		9. _____	
7. _____		10. _____	

E 動詞　◁») 1-05

1. _____	6. _____
2. _____	7. _____
3. _____	8. _____
4. _____	9. _____
5. _____	10. _____

F 形容詞　◁») 1-06

1. _____	6. _____
2. _____	7. _____
3. _____	8. _____
4. _____	9. _____
5. _____	10. _____

練習2　会話からさまざまなタイプの答えを聞き取る　◁») 1-07

会話を聞き、聞き取った単語で空欄を埋めなさい。答えやすいように、単語のタイプが示されています。答えをチェックする前に、必要なだけ何度も聞きましょう。

Clerk :　Good afternoon, Prime Central Hotel. How may I help you?

Caller :　Hello. I'm calling from America, and I would like to make a reservation.

Clerk :　Certainly, sir. For how long, and when for?

Caller :　Three nights, from ① (日付) _____ . I have some business
　　　　meetings there in London.

Clerk :　Well, we are close to the city centre, so it is very convenient. What type
　　　　of room did you have in mind?

Caller :　I need a ② (形容詞) _____ room as my wife will be
　　　　accompanying me on my trip. While I'm working, I guess she'll be
　　　　shopping. And it is our wedding anniversary at that time, too.

Clerk :　I see. That's fine, sir. We do have a room available. The rate is 112
　　　　pounds per night. This figure includes tax. If you would like

③ (単数名詞) _____ the charge will be extra, I'm afraid. However, you may use the exercise area and relaxation room free of charge. Oh, there's also a sauna, too.

Caller : Okay. So that makes a total of ④ (価格) _____ for the three nights.

Clerk : Yes, that's right, sir. However, in order to process the reservation I do need some information from you. It will only take a minute or two.

Caller : That's no problem. Go ⑤ (副詞) _____ .

Clerk : First, could I have your name, sir?

Caller : Yes. It's XXXX, XXXX XXXX.

Clerk : Could you spell that for me, sir.

Caller : XXXX is ⑥ (名前) _____ , and XXXX is _____ .

Clerk : And your address and phone number, please.

Caller : Apartment 3, 55 XXXX XXXX, New Jersey.

Clerk : I'm sorry. Did you say XXXX Port, or ⑦ (地名) _____ ?

Caller : XXXX, as in 'to XXXX a finger'.

Clerk : And could I have your contact details, sir.

Caller : My phone number is XXXX, and my e-mail address is ⑧ (Eメールアドレス) _____ . Oh, and if you could fax me a map I'd really appreciate it—my printer's broken at the moment so a fax would be helpful. The number is the same as my phone number except the last part is XXXX.

Clerk : I can fax you a map—that's no problem. Could I just confirm those details: your phone number is XXXX, your e-mail address is ⑧ _____ and your fax number is ⑨ (ファクス番号) _____ .

Caller : Yes, that's right.

Clerk : As you and your wife are non-British, sir, I will need to know both of your passport numbers. And if you've booked your ⑩ (複数名詞) _____ , could you please tell me the number?

Caller : No problem. One moment, ah yes, that number is ⑪ (数字と文字) _____ . And, um, my passport number is D762 530 N. My wife's is ⑫ (数字と文字) _____ . Do you need to know anything else?

Clerk : No, that's fine, sir. By the way, from the airport, you can send your

⑬(不可算名詞) .... directly to the hotel if you wish. I've made the reservation for your double room for next month, that's the 24th to the 26th. Thank you for choosing Prime Central Hotel. I hope you have a safe journey to Britain, sir.

Caller : Thank you. And please don't forget to fax the map.

Clerk : I'll do it right away.

正解

練習 1

A
1. Greene
2. Gill (Hunter)
3. Ellena
4. (David) Cartwright
5. Barrister
6. Field
7. Simon Smith
8. Finaera
9. Parkleigh
10. Wavertree

B
1. £200
2. £34
3. 408-92-0051
4. 0779-815-6244
5. 7391-2627
6. 7:15 pm
7. 8:30
8. June 1st / 1st June
9. 1987, 1986
10. 2004

C
1. 89%
2. BA 212
3. 40 kilometres an hour (k/p/h)
4. Platform 6
5. BLG251 892W
6. Terminal 2
7. PS218-574
8. 25 kilos (kg)
9. WR78-55AEH
10. www.home-safepr2.gv.co.uk
11. 3,300 metres (m)
12. Version 10.5
13. 2/3 (two-thirds)
14. 2 times (two times) a year
15. 3 minutes (three minutes)

D
1. pair of shoes
2. shirt
3. CDs
4. printer
5. jogging, health
6. airplane / aeroplane
7. Denmark
8. train
9. lawyer
10. fridge

E **1**. visited
   2. cleaned
   3. go diving
   4. (going to) send
   5. finished

   6. go surfing
   7. (going to) move
   8. grown
   9. joined
   10. was explaining

F **1**. cloudy
   2. tired
   3. cheaper
   4. exciting
   5. uncommon

   6. faster
   7. deepest
   8. ripe
   9. gentle
   10. inconvenient

[トランスクリプト]

A **1**. *A:* Could I have your last name, please?
   B: Yes, it's Greene—with an 'e' on the end.

2. *A:* What's your name, please?
   B: Gill Hunter.
   A: Is that Jill with a 'J' or a 'G.'
   B: A 'G.'

3. *A:* I need your first name, please.
   B: Okay. It's Ellena.
   A: Is that with one or two 'l's?
   B: Two. E-double L-E-N-A.

4. *A:* Mr. David Cartwright—is that correct?
   B: Yes, and Cartwright is spelt C-A-R-T-W-R-I-G-H-T.

5. *A:* How do you spell your family name?
   B: It's B-A-double R-I-S-T-E-R.

6. *A:* You'll have to give me your surname as well.
   B: It's Field.
   A: As in where grass grows?
   B: Yes.

7. *A:* It's a pleasure to meet you.
   B: It's a pleasure to meet you, too. My name's Smith, Simon Smith.

8. *A:* Who do you work for?
   B: Well, it's an electronics company called Finaera.
   A: Finaera? I've never heard of it—how is it spelt?
   B: F-I-N-A-E-R-A, it's only a small company.

9. *A:* I live on Parkleigh Road.

    B: Is that P-A-R-K-L-A-Y?

    A: No. P-A-R-K-L-E-I-G-H.

10. *A:* And what secondary school did you go to?

    B: Wavertree. That's W-A-V-E-R-T-R-double E.

B   **1.** *A:* Was the ticket expensive?

    B: No, not really. Only £200 return.

2. *A:* How much was the bag?

    B: The original price was £44, but they gave me £10 off!

3. *A:* Could I have your home number?

    B: Sure. It's 408-92-0051

4. *A:* What's your mobile phone number?

    B: 0779-815-6243. Oh sorry. I made a mistake—the last part's 6244.

    A: So that's 0779-815-6244.

5. *A:* You'll need to give me your phone number.

    B: Here it's 7391-2627. And in my home country it's 104-337-2801.

    A: I only need your number here.

6. *A:* So let's meet at just after seven tonight, say a quarter past?

    B: Sounds great.

7. *A:* Why don't we meet here at around nine?

    B: Can we make it a little earlier, maybe half eight?

    A: No problem at all.

8. *A:* When does your new job begin?

    B: Well, I finish this one on May 31st, and start the new one the next day.

9. *A:* What year were you born in?

    B: 1987. How about you?

    A: The year before.

10. *A:* When did you move back here?

    B: Well, I left Japan in, let me see, 2001, and stayed for three years. Then came back.

C   **1.** *A:* How were your marks in the history test?

    B: Not bad, 89%.

2. *A:* Do you know your flight number?

B: Yes. It's BA 212.

3. *A:* How fast were you driving?

   B: Around 40 kilometres an hour.

4. *A:* Excuse me. Where does the train for Edinburgh leave from?

   B: Platform 6.

5. *A:* And your driving licence number is?

   B: Er ... one moment, okay BLG251 892W.

6. *A:* Here's your ticket. The bus leaves from Terminal 2.

   B: Thank you.

7. *A:* Do you have the policy number?

   B: Yes, it's PS218-574

8. *A:* It looks very heavy. How much does it weigh?

   B: About 25 kilos.

9. *A:* I'll need your membership number.

   B: Here it is, WR78-55AEH.

10. *A:* What's the website address?

    B: It's www.home-safepr2.gv.co.uk.

11. *A:* How high is the mountain?

    B: I think it's around 3,300 metres.

12. *A:* Does your computer have the latest system software?

    B: Of course, Version 10.5.

13. *A:* How many people finished the race?

    B: Oh, about two-thirds.

14. *A:* How often do you visit your grandparents in a year?

    B: I'd say about two times.

15. *A:* How long should I heat it for?

    B: It says 3 minutes on the packet.

D 1. *A:* What's in the box?

   B: Just an old pair of shoes.

2. *A:* How was shopping?

   B: Everywhere was crowded but I managed to buy the shirt I wanted.

3. *A:* What do you want for your birthday?

   B: Uh, that's difficult to decide ... um ... just some CDs.

4. *A:* What's wrong?

B: It looks like my printer's broke. I think I need a new one.

5. *A:* Do you think I should start jogging?

 B: Yes. You need to take care of your health more.

6. *A:* What would you buy if you could choose anything you wanted?

 B: Hmm, not a boat, not a big house, not a car. An airplane! Yes, an airplane.

7. *A:* Which country do you want to go to next?

 B: Denmark.

8. *A:* How will we get there?

 B: We were going to go by bus, but the train will be quicker.

9. *A:* What do you want to become in the future?

 B: I'd like to be a lawyer, actually.

10. *A:* Do you need anything else for your new flat?

 B: Well, I really have to get a new fridge.

E 1. *A:* Did you go out last night?

 B: Yes, I visited my friend's house.

2. *A:* Did you go out last night?

 B: No. I cleaned my flat.

3. *A:* What do you plan to do when you go there?

 B: Just go diving.

4. *A:* Have you decided what to do about it?

 B: Yes. I'm going to send her a letter.

5. *A:* You look tired.

 B: I've just finished my homework.

6. *A:* What do you usually do on Sundays?

 B: When the weather's good, I usually go surfing at the beach.

7. *A:* When are you going to move house?

 B: Next month.

8. *A:* Have you ever grown tomatoes?

 B: Yes. Last summer.

9. *A:* So how was the new sports centre?

 B: Good. I joined for six months.

10. *A:* What were you doing?

 B: I was explaining the problem.

F **1**. *A:* How's the weather there?

    B: So-so, a bit cloudy.

2. *A:* Why didn't you come out with us?

    B: I was just too tired.

3. *A:* Do you think I should buy it now?

    B: No. You should wait. It'll be cheaper next week.

4. *A:* Did you enjoy your trip last weekend?

    B: Yes, it was really exciting.

5. *A:* I've never seen one of these before.

    B: Well, they are pretty uncommon these days.

6. *A:* So that's the bike you got for your birthday?

    B: Yes, it's much faster than the one I had before.

7. *A:* Do you know anything about that area?

    B: I heard it has the deepest river in the country.

8. *A:* Is this peach ripe?

    B: Yes. You can eat it.

9. *A:* What kind of a person is he?

    B: He has a gentle heart.

10. *A:* How do you like your new house?

    B: Actually, it's in a very inconvenient location.

練習 2

① August 24th to 26th
② double
③ breakfast
④ £336
⑤ ahead
⑥ Matthew Jardine
⑦ Lakeside Point
⑧ projam1@proed.co.us
⑨ 010-3762-4713
⑩ flights
⑪ VA526
⑫ E846 221 UJ
⑬ luggage

［会話の全訳］

Clerk： はい、プライム・セントラル・ホテルでございます。ご用命のむきは？

Caller： もしもし、アメリカから電話をしています。予約したいのですが。

Clerk： かしこまりました。ご宿泊はどのくらい、いつからでしょうか？

Caller： 3泊で、①8月24日から26日までです。ロンドンでビジネスの会合があるもので。

Clerk： さようでございますか。私どもは都心に近いですので、大変に便利かと存じます。どのようなお部屋をお考えでしょうか？

Caller： ②ダブルルームをお願いします、妻が同行するものですから。私が仕事をしているあ

43

いだ、妻はショッピングをすることになるでしょう。ちょうど、私たちの結婚記念の時期にもあたるんです。

Clerk : それは、結構なことで。お部屋はご用意できます。料金はご1泊112ポンドです。これは税込みのお値段です。③朝食をご希望ですと、別途料金をいただくことになりますが、それでエクササイズ・エリアやリラクゼーション・ルームを無料でご利用になれます。サウナもございます。

Caller : オーケー。ということは、3泊で合計④336ポンドになるね。

Clerk : はい、さようでございます。ご予約いただけるようでしたら、いくつかおたずねしなければなりません。1～2分で済みますが。

Caller : 問題ないよ。⑤進めて。

Clerk : まず、お名前をちょうだいできますでしょうか?

Caller : ああ、マシュー・ジャーディンです。

Clerk : スペルをおっしゃっていただけますか?

Caller : マシューは、⑥Matthew、そしてジャーディンはJardine。

Clerk : では、ご住所とお電話番号をお願いします。

Caller : アパートメント3、55　レイクサイド・ポイント、ニュージャージー。

Clerk : おそれいります。レイクサイド・ポートとおっしゃいましたか、それとも⑦レイクサイド・ポイントでしょうか?

Caller : ポイント、'ポイント・ア・フィンガー（指をさす)' のポイント。

Clerk : では、ご連絡先をお願いいたします。

Caller : 電話番号は010-3762-4983、Eメールアドレスは⑧projam1@proed.co.us。そうだ、地図をファクスしてもらえるとありがたいんだが——今プリンターが壊れていて、ファクスだと助かるんだ。ファクス番号は電話番号と同じで、最後だけ4713です。

Clerk : ファクスで地図をお送りいたします——問題ありません。では、確認させていただきます。お電話番号が010-3762-4983、Eメールアドレスはprojam1@proed.co.us、ファクス番号が⑨010-3762-4713でございますね。

Caller : ああ、そのとおりだ。

Clerk : お客様と奥様はイギリス人でいらっしゃらないので、おふたりのパスポート番号もお聞きしなければなりません。もし、⑩フライトもお決まりでしたら、便名もちょうだいできますか?

Caller : わかった。少し待って、そうそう、フライトナンバーは⑪VA526。そして、え～と、僕のパスポートナンバーがD762 530N。妻のが⑫E846 221UJだ。ほかに、まだ知りたいことは?

Clerk : いえ、結構です。ところで、もしご希望でしたら、⑬お荷物を空港から直接ホテルに配送することもできます。では、ダブルルーム、来月、24日から26日までのご予約、承りました。このたびは、プライム・セントラル・ホテルをお選びいただき、ありがとうございました。イギリスまでご無事でご到着、お待ちいたしております。

Caller : ありがとう。それから、地図をファクスするのを忘れないでください。

Clerk : すぐにお送りします。

Listening Module Skills Practice
リスニング解答練習

　ここからは、リスニングテストのセクション1からセクション4まで、実際の出題形式と同様の練習問題を解いていきます。実際のテストで出題されるのは40問ですが、問題タイプを紹介する関係で、ここでは46問です。p.25 〜 p.26で紹介した6つの問題タイプが、ランダムに登場します。

- セクション1前半（問題1 〜 5）
    - ④ 書式・メモ・表・フローチャート・要約を完成させる
- セクション1後半（問題6 〜 10）
    - ① 多項選択式
    - ③ 図面・地図・図表を完成させる
- セクション2前半（問題11 〜 15）
    - ④ 書式・メモ・表・フローチャート・要約を完成させる
- セクション2後半（問題16 〜 27）
    - ④ 書式・メモ・表・フローチャート・要約を完成させる
    - ⑥ 短く答える問題
    - ② 組み合わせる
    - ① 多項選択式
- セクション3前半（問題28 〜 31）
    - ① 多項選択式
- セクション3後半（問題32 〜 36）
    - ④ 書式・メモ・表・フローチャート・要約を完成させる
- セクション4前半（問題37 〜 41）
    - ② 組み合わせる
- セクション4後半（問題42 〜 46）
    - ⑤ 文を完成させる

　ただし、実際のテストでは、6つすべての問題タイプが出題されるとはかぎりません。
　それでは、次の手順を参考にしながら問題を解いてみましょう。

★スタディ・ステップ
①問題をよく読む。
②問題の後のアンサー・エイドを読む。
③音声を聞き、聞きながら答えを書いてみる。
④答えがわからなかったら、トランスクリプトを読んで答えを見つける。
⑤答え合わせをする。

Section 1 Questions 1 - 5

セクション 1 前半　練習問題

Questions 1-5 ━━━━━━━━━━━━━━━━━━━━━━━━━━━ 🔊 1-08

Complete the notes with **NO MORE THAN TWO WORDS AND/OR a NUMBER.**

Example	Answer
Helen : cousins from _____	Canada

1 Helen : going to Australia for _____

2 James : collects _____

3 _____ collected in total from various countries

4 Address : 35 _____
    Cambridge _____

5 Helen : will send James pictures of _____ scenery

●問題タイプ④ 書式・メモ・表・フローチャート・要約を完成させる

　このタイプの問題では、会話や話を聞いてメモの空欄を埋めていきます。このメモは、会話や語の主要テーマに焦点をあてたものです。空欄に入る単語の数は、タスクによって異なります。

　通常、会話や話の中から該当する単語を拾って空欄に書き入れます。1つの情報から次へと変わるシグナルとなる単語を聞き逃さないようにしましょう。問題は、必ずしも会話や話の中のすべての情報に関連しているとはかぎりません。ですから、空欄を埋めるのに必要な情報だけに集中して聞けばよいのです。ただし、話し手が一度言った情報を変更したり修正したりするときは、要注意です。

◆アンサー・エイド

　例題：例題はセクション1の初めにだけ与えられます。ほかのセクションに例題はありません。

1　for の後なので、目的や根拠（面接に行くなど）、あるいは継続期間がくることがわかります。理由や時間の長さを聞き逃さないようにしましょう。

2 collects の後に冠詞がありませんから、名詞の複数形か、不可算名詞がくるはずだと予想できます。ときどき、次の問題（ここでは第3問）がヒントになります。いろいろな国から集めるものといったら、何でしょうか？

3 名前が出てこないので、これと次の問題の答えは、ジェームズに関連したものになります。in total とあるからには、答えとして要求されているのは数字です。速く書けるので、数字でメモ書きすること。

4 答えは通りの名前で、1行目には2語必要です。そして、2行目は1つの単語でなく1つの数字が求められています。指示には、NO MORE THAN TWO WORDS AND/OR a NUMBER（2語以内か、数字1つ、あるいはその両方）とあります。番号、たとえば免許証の番号などには数字と文字が含まれますね。この問題で点を得るには、2行とも正確に書かなければなりません。

5 ヘレンに関する情報を聞き取ります。答えには形容詞がきます。問題文中の pictures という単語が、前出の問題（第2問や第3問）に答えるヒントになっています。

トランスクリプト

James : Oh, hi Helen. I haven't seen you in a while. I think the last time was about a month ago.

Helen : Hello James. Yes, I've been quite busy—my cousins came to visit from Canada and I haven't had much free time. They stayed at our house for a few weeks and I took them everywhere. They went back yesterday, though.

James : You seem to have relatives everywhere. Well, surely you must have some free time now?

Helen : Yes, I have now. And actually, I'm going to Australia for a three-week holiday with my family.

James : Really! I'm so jealous. Don't forget to send me a postcard.

Helen : A postcard? How about an e-mail with a photo—would that be okay?

James : I'd really prefer a postcard because I collect them. I put them on my bedroom walls and like to look at them and imagine I'll go to each place one day. Altogether, I've got about 55 I think, from different countries all over the world.

Helen : Ah, I see. Then I'll send you the most interesting one I can find. You'll have to give me your address, though. I've only got your old one, the one before your family moved.

James : No problem. It's er ... 35 Barrington Road, Cambridge.

Helen : Barrington—does it have one or two R's?

James : Two. It's spelt B-A- double R, I-N-G-T-O-N.

Helen : I'll need the postcode, too.

James : Erm ... hold on a moment, I've got it written down here somewhere ... okay it's CL2 8TD. No, that can't be right. I'm sorry, it seems I can't read my own handwriting. The last part's 8DT.

Helen : By the way, do you collect any particular kind of postcards?

James : No, not really. Anything's fine—oh, except buildings. And if you go to Ayer's Rock, I'd really like one of the rock itself. I much prefer pictures of landscapes and nature, you know, in the wild.

Helen : OK. In that case, I'll only send you pictures of natural scenery, not modern man-made stuff. Anyway, first we'll stay with my aunt in Sydney, but after that I don't know exactly where we'll be going, I mean which cities we're going to, but I promise to send you a card. Who knows—I may even send you two!

James: Great!

トランスクリプトの全訳

James： ハイ、ヘレン。しばらくぶりだね。最後に会ったのは1カ月ほど前かな。

Helen： こんにちは、ジェームズ。そうなの、とても忙しかったの。従兄弟たちがカナダから来ていて、時間がとれなくて。2週間ほど家に滞在していて、ほうぼうへ連れていったの。昨日帰ったんだけど。

James： きみは、あちこちに親戚がいるようだね。じゃあ、今、ようやく時間ができたってわけだ。

Helen： そうなの。それで私、3週間の休暇で家族と一緒にオーストラリアへ行くのよ。

James： 本当かい。うらやましいな。じゃあ、むこうから絵はがき送ってくれよ。

Helen： 絵はがき？ 写真つきのメールではどう？ それでいい？

James： 絵はがきのほうがいいなあ。僕、集めているんだ。寝室の壁に貼ってあって、それを見ながら、そこを訪れたときのことを想像するのが好きなんだ。今全部で55枚くらいかな、世界中いろんな国からのなんだ。

Helen： わかったわ。じゃあ、一番おもしろそうな絵はがきを送るわ。でも、あなたの住所をくれなくちゃ。私は、古いのしか持ってないもの、あなたの家族が引っ越す前の住所だから。

James： いいよ。えーと……ケンブリッジ、バーリントン・ロードの35だよ。

Helen:	バーリントンね、Ｒは１つ？　それとも２つ？
James:	２つ。スペルは B-A-R が２つ -I-N-G-T-O-N だよ。
Helen:	郵便番号もお願い。
James:	うーん、ちょっと待って。たしかどこかに書いておいたんだけど……あった、CL2 8TD だ。いや、違った。ごめん。自分で書いた字が読めないな……後ろのほうは 8DT。
Helen:	ところで、特別な種類の絵はがきを集めているの？
James:	いや、そうでもない。何でもいいんだ……でも、建物以外で頼むよ。そうだ、もしエアーズ・ロックに行くようだったら、ぜひ、そこの絵はがきが１枚欲しいな。自然物や風景の写真のほうが好きなんだ、つまり、人の手が触れていない自然のままの……。
Helen:	わかった。それじゃ、近代的な人工物じゃなく、自然の景色の写真だけを送ることにするわ。さしあたって、私たちはまずシドニーの叔母のところに泊まるの。でも、そのあとどこへ行くかは、はっきりわからないの。つまり、どの都市へ向かうかってことだけど。でも、絵はがきを送ることは約束する。２枚送ってもかまわないわけだしね！
James:	うれしいよ！

正解

1 three / 3 weeks **2** postcards **3** 55
4 Barrington Road, CL2 8DT **5** natural

Section 1 Questions 6 -10
セクション１後半　練習問題

◁ 》 **1-09**

Questions 6-7 ─────────────────────

*Circle the correct letter, **A**, **B** or **C**.*

6　The working hours on Saturday are ...

　　A　7 pm to 12 am

　　B　6 pm to 11 pm

　　C　8 pm to 11 pm

7　One possible benefit of working at the video shop is that James ...

　　A　will only have to pay a little for renting any videos.

　　B　will be allowed to watch videos and DVDs at the shop for free.

　　C　can borrow DVDs and videos to watch at home for free.

● **問題タイプ① 多項選択式（答えは１つ）**

◆ **アンサー・エイド**

6　時間に関する問題では、この問題のように何時から何時までと「きちんとした時間」が選択肢で与えられるとはかぎりません。話し手たちは、時間について曖昧な言い方をしたり、不満だったり、最終的に合意する前に変えたりします。ですから、会話の中で最後に言った時間が正解になることが多いです。また、何分少ないとか何時間多くとあれば「時間を計算」しなければならない場合もあります。

7　「特典」についてたずねていますから、肯定的な情報をキャッチしましょう。何かよいことについて語るとき、往々にして話し手の声の調子が上がります。しかし、どの選択肢にも同じ単語が出てくるので、注意が必要です。ときどき、会話に登場するキーワードが不正解の選択肢に入っていたり、類似表現に置き換えられているものが正解だったりするので、慎重に選びましょう。

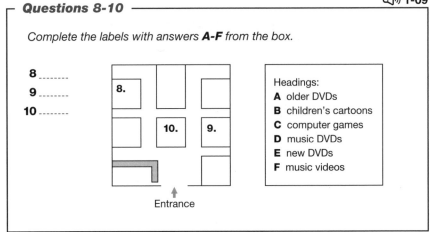

Questions 8-10 ━━━━━━━━━━━━━━━━━━━━━━━ 🔊)) 1-09

Complete the labels with answers **A-F** from the box.

8 ┄┄┄┄┄

9 ┄┄┄┄┄

10 ┄┄┄┄┄

8.

10.　9.

↑
Entrance

Headings:
A older DVDs
B children's cartoons
C computer games
D music DVDs
E new DVDs
F music videos

●問題タイプ③ 図面・地図・図表を完成させる（配置図にラベルを貼る）

◆アンサー・エイド

8 お気づきのように、囲みの選択肢に同じ単語が含まれていて、混乱するかも
しれません。こういうときは、答えが聞き取れたら問題番号の横にイニシャ
ルを書いておくとよいでしょう。答えと同時に該当する選択肢を探すのは大
変だからです。もちろん、イニシャルを正しい答えに書き換えるときは、慎
重に確認しなければなりません。たとえば、もし第8問の答えがcomputer
gamesだと思ったら、とりあえず「CG」と書いておくほうが早いし簡単で
す。あとで「C」と書き換えればいいのです。また、話し手はいろいろな表
現をします。同じ場所を説明するのに、at the back of the shop on the left
side（店内左手奥）と言うかもしれず、in the back left-hand corner（奥の
左側の角）と言うかもしれません。

9 方向を示すフレーズをよく聞いて、答えを見つけましょう。on the right（右
に）、on the right-hand side（右側に）、in the middle（中央に）、by the
centre of the right wall（右の壁の中ほどに）といったようなフレーズです。

10 middle（中央）やcentre（中ほど）といった単語の聞き取りが重要です。
directly in front of the entrance（入口を入ってすぐのところ）や、facing
the door/entrance（ドア／入口に面して）といったフレーズもヒントです。
facing（面して）という単語は、方向を示すときにもよく使われます。問題
としてこの場所が最後なので、答えは最後に聞いた選択肢になる可能性が高
くなります。

トランスクリプト

Helen : What about you, James? What are your plans for the summer?

James : Well, I've got a part-time job.

Helen : A part-time job?

James : Yes. I'll be working at my local video rental shop. Just five evenings a week: Monday to Thursday, and Saturdays.

Helen : I see. How many hours will you have to work?

James : Well, during the week I'll start at 7 in the evening and work until 11 at night. The weekends are different, though. I have to be there one hour earlier and I'll finish at the same time.

Helen : How about the pay?

James : Well, it's pretty good compared to my part-time job last summer. I was working in a supermarket stocking shelves and that only paid £4 an hour. This one pays £6.50. Oh, and my friend, Gary, worked there last year—he said the boss and staff were really friendly and he could take some videos and DVDs home to watch without having to pay anything!

Helen : Do you think you'll have time to watch them?

James : I hope so. But before starting the job I do have to go in for one day's training. I've got to learn a few things like how to use the till and how the rental system works. Oh, and I also have to memorise where all the DVDs and videos are located in the shop, but I've already done that part—I know where each type is.

Helen : You do? Okay, then tell me.

James : Um ... all right. Well, as you enter the shop the counter is to the left. But immediately on the right, in the near corner is the section for computer games. It's always crowded with teenagers. Anyway, on the left-hand side of the shop along the wall there are the videos—two types: film videos are closest to the counter and next to them at the back of the left wall are the music videos. And ... um ... opposite, in the far right-hand corner are the new DVDs. The older ones are also on the right side, I mean along the right wall, but they're in the middle. Then there are more DVDs along the centre aisle—music DVDs at the back and children's cartoons at the front, so basically the kid's stuff is facing the front door. I think that's about it.

Helen : Well, I'm very impressed. It sounds as though you do know where everything is!

トランスクリプトの全訳

Helen: ところで、あなたはどうするの？　夏の予定は？

James: あぁ、僕はパートタイムの仕事をもらったんだ。

Helen: アルバイトをするの？

James: そうなんだ。地元のレンタルビデオショップで働くことになってる。1週間に5日間、夜だけど。月曜から木曜までと土曜日。

Helen: そうなの。何時間働かなくちゃいけないの？

James: 平日は、夕方7時に始めて夜の11時まで。週末は違うんだ。1時間早く出勤して、終わる時間は同じ。

Helen: お給料はどう？

James: 去年の夏のアルバイトに比べるとかなりいいよ。スーパーの商品補充の仕事をしていて、時給4ポンドだったんだ。今度のは6.5ポンドもらえる。それに、友だちのギャリーがそこで去年働いていたんだけど、彼の話だと上司やスタッフがとても親切で、ビデオやDVDを無料で自宅に持ち帰って見ることもできたって。

Helen: あなた、それを見ている時間があると思う？

James: あるといいけどね。でも、仕事を始める前に、1日研修に行かなくちゃいけないんだ。いくつか覚えておかないといけないことがあって。レジの使い方だとか、レンタルシステムとか。それに、店のどこにどんなDVDやビデオが置いてあるかとかね。でも、それはもう覚えたよ。どのタイプのものがどこにあるか、もうわかってるんだ。

Helen: あら、じゃあ、言ってみて。

James: えーと……、店に入ると、左手にカウンター。入ってすぐ右手の、近くの角はコンピュータ・ゲームのコーナーで、いつも10代の子どもたちで混んでいる。店の左手の壁に沿ってビデオが置いてある。ビデオは2種類で、映画はカウンターに一番近いところにあって、その隣、左の壁の奥に音楽ビデオ。反対側、右手奥の角が新しいDVDで、旧作も右側、つまり右の壁の真ん中あたりにある。中央の島にもDVDが置いてあって、音楽DVDが奥側、子ども向けアニメは手前にあるんだ。つまり、基本的に子ども向け商品が入口に向くように置いてある。そんなところかな。

Helen: へぇ、すごいわ。もう全部どこにあるか知っているみたいね。

正解

6 B　　**7** C　　**8** F　　**9** A　　**10** B

54

セクション2前半　練習問題

Questions 11-15 ━━━━━━━━━━━━━━━━━━━ 🔊 **1-10**

Complete the summary using **NO MORE THAN ONE WORD OR A NUMBER.**

The cruiser is named **11** ＿＿＿＿＿＿＿of the Sea. On the boat trip, the

tourists can eat while they **12** ＿＿＿＿＿＿＿around the island.

The lighthouse, which they will sail to first, was built in **13** ＿＿＿＿＿.

It is one of the **14** ＿＿＿＿＿＿＿ in the world. In order to **15** ＿＿＿＿＿＿＿

the scenic beauty, the town buildings are limited to three floors.

●問題タイプ④ 書式・メモ・表・フローチャート・要約を完成させる
◆アンサー・エイド

11　named は called や is known as と同じ意味です。これらの類義フレーズや named を聞き取りましょう。次にくるのが答えです。

12　答えは動詞1つを求めています。状況を考えると、どんな動詞がきますか？ 選択肢はかなり限られます。

13　前置詞 in の後に続くのは、場所の名前か、時間の長さ、日付です。

14　It は lighthouse（灯台）のことです。ですから、「灯台は、one of the ＋答え」ですね。one of the という表現では、たいてい後ろに形容詞の最上級がきます。

15　In order to の直後なので、答えは動詞の原形しかありません。町の建物は3階が限度とありますが、制限している目的を考えてみましょう。それは、景観を○○するためですね。答えの動詞はかなり絞られます。

━━ トランスクリプト ━━━

Good morning everyone. Can I just count to make sure we aren't missing any passengers? Okay ... 12. That seems to be correct. My name is Annabel, and I will be your guide today. Thank you for choosing Golden Tours. First of all, I'd like to say 'Welcome aboard' our small cruiser, which is called Heart of the Sea. Now, in a few minutes we will be leaving the harbour, but before that, I just want to give you some information about today.

Our boat and bus trip will last about six hours which means we'll return to the pier at around four o'clock this afternoon. Lunch is included on the trip, and you can enjoy eating it as we sail around the island. It won't be necessary to stop and eat as the boat ride will be very smooth—the water is very calm today. Lunch will be served at around 12 noon and we do have a choice of beef or chicken with rice or potatoes, and for vegetarians, we have pasta. Oh, and salad as well as fresh juice is included with the meal.

After leaving the harbour, first we'll head out to sea a little, to a place called Fern's Rock. The rock is famous for its lighthouse, which was built in 1958. It's one of the tallest lighthouses in the world, in fact, standing at a height of 120 metres! After that, we'll head back towards the island and then follow the coastline passing the main beach, which is of course in front of the main resort town area. From the sea you will find the view amazing. Behind the beachfront and hotels, which in case you didn't notice, are no higher than three floors—this is done to preserve the beauty of the scenery—you'll see beautiful Nelson's Mountain. This can be confusing because, as I'm sure many of you know, the fountain in the town centre is called Nelson's Fountain. Yes, he was an important person in the history of this island.

トランスクリプトの全訳

皆様、おはようございます。乗客全員おそろいか念のため数えさせていただきます。確かに……12名いらっしゃいますね。間違いないようです。私はアナベルと申しまして、本日のガイドを務めます。「ゴールデン・ツアー」をお選びいただきありがとうございます。まずは、私どもの小さなクルーザーに「ようこそご乗船くださいました」。名前は「ハート・オブ・ザ・シー」といいます。これより2、3分で船は港を出ますが、その前に本日の行程についてご説明させていただきます。

私どもの船とバスの旅は、約6時間を予定しており、埠頭に帰ってくるのは午後4時頃になります。この旅には昼食が含まれておりまして、島をまわっている間に召し上がっていただけます。航行はきわめてスムーズですので、ランチのために船を停める必要はありません。今日は海がとても穏やかです。昼食は、昼の12時ごろにお出しいたします。ビーフかチキン、ライスかポテトをお選びいただけますし、ベジタリアンの方にはパスタをご用意しております。それに、サラダとフレッシュジュースもつきます。

港を出ますと、少し沿岸から離れ、ファーンズ・ロックという場所を目指します。その岩山は灯台があることで有名です。灯台は1958年に建てられました。世界で最も高い灯台の1つ

で、実に120メートルもあります。その後、島のほうへ戻り、岸辺に沿ってメインビーチを遊覧します。ご存じのようにリゾート・タウン・エリア前のビーチです。船上から、素晴らしい景色をご覧いただけます。ビーチフロントとホテルの後ろには、ちなみに、3階以上の建物はありません――美しい景観を保つためにそういうことになっているのです――美しいネルソンズ・マウンテンをご覧になれます。これは、紛らわしいかもしれませんね。それというのも、きっと多くの方がご存じかと思うのですが、町の中央にある噴水はネルソンズ・ファウンテンと呼ばれているのです。ネルソンは確かに、この島の歴史上、重要な人物だったのです。

正解

11 Heart **12** sail **13** 1958 **14** tallest **15** preserve

セクション2後半　練習問題

Questions 16-18 ━━━━━━━━━━━━━━━━━━━━━━━━━━━ 🔊》1-11

*Fill in the table using **NO MORE THAN TWO WORDS AND/OR A NUMBER**.*

Fruit	・Local people **16** .... and sell fruit	・Bananas, coconuts papayas, pineapples
Monkeys	・Shy ・Avoid human contact	・Might be scared by the boat's **17** ....
Grand Falls	・Minor Falls: 60 metres	・Major Falls: **18** ....

●**問題タイプ④ 書式・メモ・表・フローチャート・要約を完成させる**

◆**アンサー・エイド**

16　fruit という単語やフルーツの種類を聞き取りましょう。答えには sell と同じく動詞の原形がきます。つながりを考えると、売る前にフルーツをどうするかです。聞き取って答えを書いたら、すぐに monkeys に集中しましょう。

17　答えは名詞1つ、ボートに属する何か、ボートがつくる何かです。猿たちはボートの何でおびえるのでしょうか。

18　左欄の項目の完成形を見れば、要求されている答えの形がわかります。ここでは一目瞭然、数字が求められています。左欄にならって、'○○ metres' と書かなければなりません。

🔊 1-11

> **Questions 19-21**
>
> *Answer each question using **NO MORE THAN THREE WORDS OR A NUMBER.***
>
> **19** Who lived on the island for 30 years?
>
> ---
>
> **20** What did they like about the west coast?
>
> ---
>
> **21** What time should the tourists be outside the museum before the bus leaves?
>
> ---

●問題タイプ⑥ 短く答える問題
◆アンサー・エイド

19 この設問に答えるためには、島に住んでいるのがどういう人々なのか、特定のタイプやグループの名前を聞き取らなければなりません。答えは for 30 years の前か後ろにくるはずです。また、動詞の be はしばしば live と同じ意味で使われます。

20 動詞 like を聞き逃さないようにしますが、英語では別の表現に言い換えられることがよくあります。like を意味するほかの動詞は？ ここでも、欲しい情報は、They liked the west coast because of ..../ They liked the ... of the west coast. といった意味の文章の前後にきます。They は何かが好きだったのですから、答えには名詞が1つ入ります。名詞1つを書くときはいつも、「形容詞も必要ではないか？」と考えましょう。

21 話し手が最初からわかりやすく情報を与えてくれれば、解答はごく簡単です。以前にも述べましたが、問題を少し難しくするために曖昧な情報が盛り込まれていることがあります。その場合はたいてい、最後の情報が正解になります。また、答えを出すために時間を計算しなければならない場合もあります。この設問がバスが出発する「前」の時間をたずねていることに注目しましょう。つまり、バスはその少しあとに出発することになるわけです。バスが実際に出発する時間を書いてはいけません。

*Write the appropriate letters **A-F** against questions **22-25.***

How will the tourists see each of the sights and places?

22 Monkeys ----------------------
23 Waterfalls ---------------------
24 Pangau Town --------------
25 Countryside ----------------

A by canoe   **D** on foot
B by bus   **E** by boat
C by bicycle   **F** by airplane

● 問題タイプ② 組み合わせる
◆ アンサー・エイド

22 まず、ナレーションに最初に登場する移動手段を聞き、問題の最初にくる monkeys についても聞き逃さないようにしましょう。とくに前置詞を伴った表現に注意しましょう。輸送手段をつきとめるヒントになるからです。たとえば、in front of our boat we ... や、from the bus we... や、on our bicycle ride we ... といったようなフレーズです。

23 waterfalls はナレーションでは2番目に出てきます。「輸送手段を教えてくれる」名詞に注意しましょう。on foot は walk と言い換えられているかもしれません。もし、あなたが輸送手段が変わったことを示す単語やフレーズを聞かなかったら、答えは直前の問題と同じになるでしょう。

24 注意しましょう！ AやEは答えとしてありえないと即除外してはいけません。水辺の建物であれば、カヌーや船から見ることだってありえます。

25 countryside を通るのは、その日のツアーでどこに行くときなのか、注意してナレーションを聞けば答えがわかります。

◁)) 1-11

Questions 26-27 ─────────────

Circle **TWO** letters **A-E**.

What does the guide mention about the jungle?

    A local people plant food there
    B birds eat near the water
    C local people don't live there
    D it has many squares
    E fruit from the jungle is sold

●問題タイプ① 多項選択式（話し手は1人、答えは2つ以上）
◆アンサー・エイド

26 & 27 話し手は、選択肢に出てくるどの単語についても触れています。そこで、「ジャングル」に適合する2つの選択肢を選ばなければなりません。Dは消去できます。実際意味をなさないからです。名詞に注目しましょう。動詞にも注目です。この2つは、実際にジャングルで何が起きたか語ってくれます。この問題は、「真・偽・該当なし」を選ぶタイプのタスクと考えてもよいでしょう。

──── 多項選択式問題で迷ったら ────

  A apples, oranges, (peanuts)
  B peanuts, (pineapple), (oranges)
  C pears, oranges, pineapple

  選択肢には、断片的でよく似た情報が並んでいます。たとえば、「スーパーで会話をしながら買い物をする2人」という設定で、「最終的に買った物の組み合わせとして正しいものを選ぶ」という問題の場合。放送を聞きながら、peanutsを買ったことがわかった時点で、まず、A、B、Cのどこでもよいので、目についたpeanutsという単語1つに丸をつけます。次に、orangesとpineappleも買ったことが聞き取れたら、やはりどこでもよいので、目についたoranges1つとpineapple1つにも丸をつけます。丸をつけたアイテムすべてを含んでいるBが答えとして浮かび上がってきます。

After passing the main beach, we'll be going around the northern peninsula and heading towards the small tropical jungle on the other side of the island. It's about 10 kilometres square and some local people do live there. They harvest and sell the fruit that naturally grows in the area—fruit such as bananas, papayas, pineapples and erm ... coconuts. They're all very delicious. As we pass the jungle on our cruise we should be able to see plenty of tropical birdlife feeding in the trees by the edge of the water. And if we're lucky, we might even see a monkey or two but you'll have to look hard. These creatures are a little shy and tend to avoid any kind of contact with humans. The noise of the boat may also scare them away.

After the jungle, you'll be able to see one of the most spectacular sights of the island—the Grand Falls. There are actually two: the Minor Falls which drop 60 metres, and the Major Falls which are 110 metres. Make sure you have your cameras ready when we get there—the waterfalls are never a disappointment. The view from the boat is really breathtaking.

The final point on our boat trip along the coast is the town of Pangau, which is the largest town on the island with a population of about 2,800 people. Here, you'll be able to spend some time wandering around the streets and the market. Pangau has many old French-style buildings. It was a long time ago but yes, the French were actually on the island for about 30 years. It is interesting that they only built their houses in Pangau so you won't find them on any other part of the island. Apparently, this was because they preferred the cool sea winds of the west coast. You'll all have about two hours in the town so make good use of your time. Our bus back will leave at 3 pm sharp from outside the museum on Market Square, so please try to be there 15 minutes early so that we can all be counted, seated and ready to go. As we come back towards the harbour, we'll travel through the countryside and even parts of the jungle that you will see from the boat. Well, that's the outline of today's trip—I do hope you all enjoy yourselves.

トランスクリプトの全訳

　メインビーチを通過した後、船は北側の半島をまわり、島の反対側にある小さな熱帯ジャングルに向かいます。そこは、およそ10平方キロメートルの広さがあり、地元の人々が暮らしています。彼らはフルーツを採って売っています。フルーツはその地域で自生しているもの

で、バナナやパパイヤ、パイナップル、ココナツなど、どれもとてもおいしいです。クルーズでジャングルのわきを通るときには、水辺の木々の中でたくさんの熱帯の鳥たちがえさをとっている様子を見ることができるでしょう。運がよければ、猿に会えるかもしれません。よーく見なければなりませんが。この生き物たちは少し臆病で、人間との接触を避けようとします。また、船の音で、驚いて逃げてしまうかもしれません。

　ジャングルの後は、この島で最も壮大な景観の1つを見ることになります。グランド・フォールズです。実際には滝は2つありまして、「小滝」は60メートルの高さから流れ落ち、「大滝」は110メートルの瀑布です。そこへ着いたら、カメラをしっかり準備してください。滝は決して皆様をがっかりさせることはありません。船からの眺めは、実に壮大なものです。

　私たちの船旅の沿岸での最終ポイントは、パンガウの町です。パンガウは島で一番大きな町で、人口がおよそ2,800人です。ここでは、しばらく通りや市場の散策をお楽しみください。パンガウにはたくさんのフランス風の建物があります。それはずっと昔ですが、約30年にわたって実際にフランス人が島にいたからです。おもしろいことに、彼らは家をパンガウにだけ建てました。島のほかの場所にはないのです。明らかに、これは彼らが西海岸に吹く涼しい海風を好んだからです。町では2時間ほど時間をとってありますので、有効にお使いください。帰りのバスは、午後3時きっかりに、マーケット広場の博物館の外から出発しますので、15分前にお集まりください。人数を確認し、席についていただき、出発する準備を整えるためです。港へ帰りながら、田舎、そして船からご覧になるジャングルの一部も通ります。以上、本日の船旅をざっとご紹介いたしました。どうぞ、皆様、お楽しみくださいますよう。

正解

16 harvest	**17** noise	**18** 110 metres/meters/m
19 the French / French people	**20** cool sea winds	**21** 2:45 pm
22 E	**23** E	**24** D
25 B	**26** B	**27** E

セクション3前半　練習問題

🔊 1-12

Questions 28-31

Choose the correct letter, A, B or C.

28 What is Stephen studying?
    A Art management
    B Computer science
    C Journalism

29 In Sarah's first lecture, she felt ...
    A uncomfortable, and thought the lecture was difficult.
    B it was easy to find a place to sit in the lecture room.
    C the seats were not comfortable like school.

30 The problem for Bill was that ...
    A he got embarrassed because he was late and a student asked him for a pencil.
    B he became lost on the campus because it was so big, and wasn't able to find his pen.
    C he couldn't find the correct building, wasn't on time for his lecture, and forgot his pen.

31 Both Sarah and Bill ...
    A couldn't get enough books to read.
    B had a lack of time to read at the weekend.
    C found it difficult to read the books in time.

●**問題タイプ① 多項選択式（話し手は複数、答えは1つ）**

◆**アンサー・エイド**

28　まず、スティーヴンが語る内容に集中しましょう。ただ、スティーヴン自身が答えをいうとはかぎりません。ほかの話し手が専攻科目についてたずねて、スティーヴンが同意したり、確認するだけかもしれません。あるいは、

スティーヴンの専攻科目についてだれかが簡単にコメントをする場合もあります。

29 主にサラの話に集中しましょう。これらの選択肢には多くの情報が入っており、サラ自身が答えにつながる発言をしている可能性が高いからです。否定表現にも注意しましょう。uncomfortable は not comfortable という意味です。

30 主にビルの発言に集中しましょう。ビルの声の調子を聞くのです。困った話をするのですから、声は落ち込んでいるでしょう。答えの選択肢には多くの情報が入っているので、キーワードを慎重に聞き取り、事実とマッチする答えを選びます。

31 多項選択式問題の最後には、複数の話し手に関する問題が出題されます。ここまで聞いてくると、話し手それぞれの声に慣れ、識別することができているはずです。サラとビルの共通点について聞き取るようにしましょう。一致点については、ごく短く言及することが多いです。

トランスクリプト

Sarah :　Hi, Stephen.

Stephen :　Oh, hello Sarah. I haven't seen you for a few days. What have you been up to?

Sarah :　Actually, I've been moving all my things into my student accommodation. It was hard work getting everything into my room, but even harder sorting it all out! Anyway, it's done now so I can concentrate on my studies.

Stephen :　Art management, isn't it?

Sarah :　Yes, that's right.

Stephen :　By the way, this is my friend, Bill.

Sarah :　It's nice to meet you, Bill. What are you studying?

Bill :　Nice to meet you too, Sarah. Er, computer science.

Sarah :　For a minute I thought it might be journalism, the same as Stephen.

Stephen :　So how was your first lecture, Sarah?

Sarah :　I found it quite tough, actually. It's not like school at all and it was hard to understand everything. I was so nervous and I didn't know where to sit in the lecture room. How about you, Bill? How was your first lecture?

Bill :　Terrible actually. It's quite a big campus and I got lost. I went to the wrong building by mistake and ended up being five minutes late. I also forgot to take something to write with and had to borrow a pen from another student. I was so embarrassed.

Stephen : Well, I'm sure you're not the only person to have experienced that feeling today. When I got to my lecture room I felt a bit overwhelmed, and well, you know, it's difficult when you don't know anyone there. But that'll change in time, of course. Oh, and I forgot my notebook.

Bill : You forgot your notebook, Stephen? And I thought you were a very organised person! Anyway, another thing for me was that I got the pre-lecture handout from Professor Williams on Friday, but I didn't have time to read the two books that were listed on it. I mean, how can you read two books in two days. It's impossible. They both had just over 300 pages each! And on top of that, I had to finish moving my stuff into my flatshare.

Sarah : Yes, I know what you mean, Bill. It was the same for me, but I only had one book to read and that took ages. I had to stay up late on Saturday and Sunday night just to finish it. By the time Monday morning and my first lecture came, I was feeling pretty tired. Maybe that's the reason why I couldn't take very good notes. Or, perhaps I'm just a slow writer.

トランスクリプトの全訳

Sarah： ハイ、スティーヴン。

Stephen： やあ、こんにちは、サラ。2、3日見なかったね。何してたの？

Sarah： 学生寮の部屋に荷物を移していたのよ。部屋に全部入れるのは大変だったけど、それを整理するのはもっと大変！ でも、何とか終わったので、ようやく勉強に集中できるわ。

Stephen： たしか、アート・マネジメントだったね。

Sarah： ええ、そうよ。

Stephen： ところで、こちらは友だちのビル。

Sarah： 会えてうれしいわ、ビル。何を勉強しているの？

Bill： こちらこそ、サラ。僕はコンピュータ・サイエンスさ。

Sarah： 一瞬、スティーヴンと同じ、ジャーナリズムだと思ったわ。

Stephen： ところで、サラ、最初の講義、どうだった？

Sarah： 結構、大変だったわ。全然、高校と違うのね。全部を理解するのは難しいってわ

かったわ。とても緊張したし、講義室でどこに座ったらいいのかもわからなかっ
たし。ビル、あなたはどうだった？

Bill： 実際、ひどかったよ。キャンパスが広いんで、迷っちゃった。間違って違う建物
に行って、結局5分遅刻。筆記用具も忘れていったので、ほかの学生からペンを借
りなくちゃならなくて。恥をかいたよ。

Stephen： 今日、同じ思いを経験した人はきみだけじゃないと思うよ。僕も講義室に入って、
ちょっと圧倒されたよ。知った顔が全然ないって、困っちゃうよね。でも、そのう
ち変わるよ、もちろん。そうだ、僕なんか、ノートを持っていくのを忘れたし。

Bill： ノートを忘れたって？　きみはきちんとした人だと思ってたのに。もうひとつ、金曜
日にウィリアムズ教授から予習用のプリントをもらっていたんだけど、そこのリスト
に載っていた2冊の本を読む時間がなかったんだ。だいたい、2日間でどうやって2
冊の本が読める？　無理だよ。2冊とも、300ページ以上あるんだよ。それに、自分
の荷物をシェアしているフラットに運び終えなくちゃいけなかったし。

Sarah： わかるわ、ビル。それは私も同じよ。課題図書は1冊だけだったけど、とても時間
がかかったわ。読み終えるだけで、土曜と日曜、夜遅くまで起きているはめにな
ったの。月曜の朝、最初の講義が始まるころには、すっかりくたびれちゃった。
ちゃんとしたノートがとれなかったのは、きっとそのせいよ。でなければ、私、
書くのが遅いんだわ。

正解

28 C　　**29** A　　**30** C　　**31** C

Section 3 Questions 32-36

セクション3後半　練習問題

Questions 32-36　🔊 1-13

Complete the flow chart below.
Write **NO MORE THAN TWO WORDS** for each answer.

STEPHEN'S ADVICE

Find out what **32** _____ to read.

⬇

Skim for general content noting **33** _____ headings and illustrations.

⬇

34 _____ for important words.

⬇

Stephen calls his way of reading **35** '_____' .

⬇

36 _____ with another student after the lecture.

●問題タイプ④ 書式・メモ・表・フローチャート・要約を完成させる
◆アンサー・エイド

32　フローチャートの見出しに、「スティーヴンのアドバイス」とあります。通常アドバイスをするときにはどんなタイプの言葉が使われますか？　考えながら問題に取り組みましょう。what は read の意味上の目的語となる名詞1つを要求しています。その名詞は単数でも複数でもありえます。to read でわかることは、「読むことができる何か」だということです。

33　noting は taking into account という意味です。解答欄には、headings and illustrations がすでに与えられており、リストを完成させるためのもう1アイテムが要求されています。リストの順番はしばしば変わります。問題文では最初にきていても、会話では2つ目や3つ目にくることがあります。

34　この答えは動詞1つ、しかも前置詞 for を伴う動詞を要求しています。また、important という単語の近くにくる動詞を聞き取りましょう。ただ、キーワードは言い換えられていることもあるので注意が必要です。実際、この問題

68

では、話し手は important でなく key と言っています。

35 'I call it …' というスティーヴンの発言を聞き取りましょう。答えはそのすぐ後にきます。この構文を使って、「それを何と呼んでいるかというと……」と言うとき、話し手は名前の前にポーズを置きます。少し強調するためです。おかげで、答えを聞き逃さずにすみます。しかも、名前は話し手にとって重要なことなので、強く発音されます。

36 after … や before … があったら、前後の文章はひっくり返すことができます。たとえば、会話では After the lecture … の後に答えが続いているかもしれません。答えには動詞1つが必要ですが、注意しなければならないのは、目的語（名詞）が後ろに続くかどうかという点です。

トランスクリプト

Stephen : I'm glad I don't have a problem with reading quickly or even taking notes. Although I do wish I could organise my study time and prepare for classes a little more effectively.

Sarah : Reading quickly? What's your secret?

Stephen : Well, there's no real secret, Sarah. You just have to follow two steps. First, you have to know how to read, and second, what to read.

Bill : What do you mean?

Stephen : Okay. Take the two books you were supposed to read. I'm sure you didn't have to read everything in them, I mean word-for-word. Probably, the handout from Professor Williams would have indicated somewhere that you only had to read about certain topics, so you should find out which chapters contain the topics and read them. That's more efficient.

Sarah : Yes, but that still might be a lot of reading.

Stephen : Well, you still don't have to read every word in a chapter. First, you should skim through it to find out a little more about the overall content, not forgetting to take note of things like headings, illustrations and diagrams. That'll give you an overall picture of the content really quickly.

Bill : Yes, but that isn't much good as we won't know any of the real details of the chapter, you know, the main points—the ones that'll come up in the actual lecture.

Stephen : Ah, you don't just skim. As I said, that's only the first of two steps.

Next, you should scan the chapter for key words like names, dates, or words that just seem important. You'll probably find that they're usually connected to the main points. And I always make notes of the key words, as well as summarising each paragraph. Pretty quickly, you do build up a lot of information. And this way, you don't have to read everything—only what you need to. I call it 'intelligent searching'.

Sarah : Well, after listening to you, I do remember learning about skimming, scanning and note-taking techniques for reading when I was in secondary school. But in lectures, note-taking is still a difficult one. Often I just can't keep up.

Bill : Yeah, me too.

Stephen : Why don't you record the lessons onto a voice recorder—usually it's okay. Or, try doing what I usually do: I find a partner and we both take notes. Then, after the lecture we compare our notes. We often find that things one of us missed, the other got.

Sarah : That's a good idea.

Bill : Yes, and the reading skills, too. I'd forgotten about all that. Thanks for the advice, Stephen.

Stephen : Well, now it's your turn, both of you—I need some advice on how to make more good friends like you!

トランスクリプトの全訳

Stephen： ありがたいことに、僕は速く読むのは大丈夫なんだ。ノートをとるのも速いんだ。でも、勉強時間の配分というか、授業の準備をもうちょっと効率的にしたいと思っている。

Sarah： 速く読めるの？　秘訣は何？

Stephen： 秘訣なんかとくにないよ、サラ。2つのステップを踏むだけさ。第1に、「どうやって」読むかを知ること、第2に、「どこを」読むかだね。

Bill： どういう意味？

Stephen： OK。たとえば、きみが読まなければならなかった2冊だけど、そこに書かれている全部を、つまり1語1語読む必要はなかったはずだよね。おそらく、ウィリアムズ教授からのプリントには、どこかに、いくつかのトピックについてだけ読めばいいとあったはずだ。そしたら、そのトピックを含んでいる章を探して、それを読めばいい。そのほうが効率的だよ。

Sarah： ええ。それでも、まだたくさん読まなくちゃならないかもしれないわ。

Stephen：	章の中の一字一句を読む必要はない。まずはざっと目を通して（skim）、全体の内容について少し理解を深める。見出しやイラストや図表などに注意することを忘れないようにしながらね。これで、内容の全体像がわかるはずだ。きわめて速くね。
Bill：	なるほど。でも、それでいいのかな。その章の実際の細部を知ることにならないよね。つまり、重要な点というか、実際に講義に出てくることをさ。
Stephen：	もちろん目を通すだけじゃない。初めに言ったように、これは2つのステップの最初のほうだけだからね。次にすることは、その章のキーワードを探す（scan）こと。名前や日付や重要そうな単語をね。そうした単語はたいてい重要な点とつながっていることにきっと気がつくと思うよ。それに、僕はいつもキーワードに注意して、各パラグラフの要約もする。そうすれば短時間で、たくさんの情報を集めることができるよ。このやり方なら、全部を読まなくていい。必要なことだけでいいんだ。僕はこのやり方を「インテリジェント検索」と呼んでいるんだ。
Sarah：	そうね、あなたの話を聞いて思い出したわ。読むテクニックとして、ざっと目を通してから拾い読みして、メモをとるって中学や高校で教わったわね。それでも、講義中にノートをとるのは難しいわ。ついていけないこともしょっちゅうよ。
Bill：	僕もさ。
Stephen：	授業をボイスレコーダーに録音すればいいじゃないか……たいていOKだよ。でなきゃ、僕がやっていることを試してみるかい？　僕はパートナーを見つけて、2人でノートをとるんだ。講義が終わったら、ノートを比べる。1人が書き損ねたことを、もう1人が拾っていることがよくあるよ。
Sarah：	それはいいアイディアね。
Bill：	そうだね。そして、読む技術もだね。そういうことをすっかり忘れていたよ。アドバイスありがとう、スティーヴン。
Stephen：	さぁ、今度は僕がきみたち2人に聞く番だ。どうすれば、きみたちのようにいい友人をもっと増やせるのか、アドバイスが欲しいよ。

正解

32 chapters　　**33** diagrams　　**34** Scan　　**35** intelligent searching
36 Compare notes

セクション4前半　練習問題

Questions 37-41 ─────────────────────── 🔊 1-14

What is each counsellor's area of special counselling?

> **A** Mr. Adams
> **B** Mrs. Price
> **C** Mrs. Fordham

*Write the correct letter, **A, B,** or **C** next to questions 37-41.*

37 helping students who feel alone and lack support
from people close to them ....

38 problems relating to financial matters ....

39 giving guidance on coping with exams and parental hopes ....

40 problems connected with making class presentations ....

41 helping with issues regarding a place to stay ....

● **問題タイプ② 組み合わせる**

◆ **アンサー・エイド**

37 話に登場するカウンセラー3名のうち、最初に出てくる名前を聞き逃さない
ようにしましょう。ときどき、問題文中の情報が語られた後に選択肢にある
単語（この場合はカウンセラーの名前）が出てくることがあります。さら
に、別の情報が加わることもあります。たとえば、information + counsellor's
name + information（情報＋カウンセラーの名前＋情報）といった具合です。
テストでは、lack や a lack of はよく使われる表現です。これと同じ意味をも
つ同義フレーズを知っておきましょう。

38 否定的な情報を聞くようにしましょう。否定的なフレーズを語るときは、声
の調子が落ちることが多いのですが、ここでは話し手のトーンは落ちないか
もしれません。それは、ここで語られる情報が個人的なものではないからで
す。話し手は、学生一般が抱えがちな問題について話しています。financial
はどういう意味でしょうか？

72

39 放送の中には、問題文に出てくる同義語や同義フレーズが多く含まれている
はずです。giving は providing、guidance は help、coping with は dealing
with、exams は tests、parental は mother and father、hopes は wishes を
意味します。このような同義フレーズはほんの一例であり、またこれらは話
の中に登場するかもしれませんし、しないかもしれません。大事なことは、
どの問題でも同義語や類義表現が出てくると思ってのぞむことです。

40 この問題で、presentations という単語は言い換えが難しいので、放送される
話の中にもそのまま使われている可能性が高く、聞き取るのはむしろ容易で
す。connected with は、related to / linked with / have to do with という意
味です。このような同義の動詞はテストに頻繁に出てきますから、しっかり
覚えておきましょう。

41 第37問と似た指摘になりますが、最初に選択肢にある単語（ここでは、カウ
ンセラーの名前）が語られ、その後に問題文中の情報が続く（「カウンセラー
の名前＋情報」）のではなく、最初に問題文中の情報が与えられ、答えがそれ
に続く、すなわち「情報＋カウンセラーの名前」の順に提示される場合があ
ることも知っておきましょう。これはほかの問題でも起こりえます。また、
help という動詞は、support、assist、aid など実にいろいろな類義語に言い
換えられます。

トランスクリプト

Good morning, everyone. It's a great pleasure to be here. My name is Paul
Lair, and I am a student counsellor representing the Student Welfare & Advisory
Service here at the university. I'm not the only counsellor though—there are
three more, and they all do general counselling as well as having special areas
of responsibility. Mr. Adams, sitting over there on the left, works in the Beauford
Building. Mrs. Fordham, on my right, is based in the Lonchester Building. And
last, but not least, in the Marsden Building there's Mrs. Price who's sitting
behind you all. You can find my office in the main building where I lead our
team. We're available every day except weekends.

Right, erm ... today, I'm going to talk a little bit about the Student Welfare &
Advisory Service, which is designed to help students both new and old with any
problems they might have during their course of study here at the university. At
the end of the talk there will be some time to ask questions, and I think it might
be a good idea to make notes on anything you want to ask because you could
forget by the time I finish speaking.

So, why do students contact us? Well, there are a variety of reasons. As you could expect, most of our time is taken up with first-year students, especially in their first few months of student life here. As I said, reasons vary. Sometimes its just because they feel isolated by being away from home and not having family and friends around for support. Reasons also include difficulties related to money, which is often one of the most difficult problems for students. If you do have any such worries with either of these problems, it's best to speak to Mrs. Fordham. She's our expert there. But probably, the time and area that keeps us busiest is just before exams. We do realize that students can feel a lot of pressure not only from the tests themselves, but also because of high expectations from the family—especially parents. Mrs. Price can help you overcome some of these particular worries, so if you do feel the strain of exams then she is the person to speak to. Students can also find it difficult to prepare for presentations they have to give. Of course they get help from their tutors, but sometimes this may not be enough. Perhaps they know what to do but get stressed out at the thought of speaking in front of others, even if they are classmates. Also, they may need extra advice on how to go about gathering information and organizing it for their presentation. Well, she can also help you there. Mr. Adams can help and give you advice if you have any problems with your accommodation whether it's on or off campus. If you do have a problem, speak with him and he'll try to sort it out for you. But do remember, if you can't speak with the particular counsellor you want to, see another one and the information will be passed on.

トランスクリプトの全訳

　皆さん、おはようございます。ここでお話できてうれしく思います。私は、ポール・レアと申します。学生のためのカウンセラーで、大学の「学生の福祉と相談サービス」の代表です。カウンセラーは私1人ではありません。さらに3名おりまして、それぞれが一般的なカウンセリングを手がけるとともに、特定の分野で責任をもっております。アダムズ氏は、あちら、左に座っていますが、ボーフォード・ビルで働いています。私の右におりますフォーダム夫人は、ロンチェスター・ビルが拠点です。そして最後になりましたが、マーズデン・ビルを拠点とするプライス夫人。今、皆さんの後方に座っています。私のオフィスはメイン・ビルにあり、そこで私がこのチームを率いています。私たちは週末を除く毎日おります。

　えー、今日は、「学生の福祉と相談サービス」について少しお話しましょう。これは、学生たちのために考えられたもので、新入生でも上級生でも、大学で学んでいる間に問題を抱えた

学生たちを助けるためにあります。話の最後に質問を受ける時間があります。聞きたいと思うこと、どんなことでもメモをしておくとよいでしょう。私の話が終わるころには忘れてしまうかもしれませんから。

さて、なぜ、学生たちは私たちにコンタクトしてくるのでしょう？　そうですね、さまざまな理由があります。ご想像のとおり、私たちの時間のほとんどは、就学1年目の学生に割かれています。とくに、学生生活を始めた当初の数カ月です。申し上げたように、理由はさまざまです。ときには、単に実家から離れて周囲に支えてくれる家族や友人がいないという理由で孤独を感じるからであったりします。また、金銭的な困難もあります。それはしばしば学生にとって最も難しい問題の1つです。これらの問題を抱えたら、フォーダム夫人と話すのがベストです。彼女はその方面の専門家ですから。そしておそらく、私たちが一番忙しくしているのは試験前で、試験に関することで多くの相談を受けます。私たちはよくわかっています。学生たちは大変なプレッシャーを感じています。テストそれ自体はもちろん、家族、とくに両親からの期待が大きいからです。プライス夫人が、この手の悩みを克服するのを助けてくれます。試験の重圧を感じたら、相談すべき人は彼女です。また、学生たちは、プレゼンテーションの準備を困難だと思うかもしれません。もちろんチューターからの助言もありますが、十分じゃないときもあります。おそらく、するべきことはわかっていても、人前で話すことを考えただけでストレスを感じるのかもしれません。たとえクラスメートの前でも。それに、情報を収集し、それをプレゼンのために整理する方法について、もっとアドバイスが欲しいのかもしれませんね。彼女はその分野でも助けになってくれます。アダムズ氏は、住まいの問題で、キャンパス内のことでも外のことでも、助けてアドバイスもくれます。もし、そのような問題があったら、彼に話してみましょう。あなたのために問題を解決するよう尽力してくれるでしょう。なお、覚えておいていただきたいのですが、希望するカウンセラーと話すことができなくても、ほかのカウンセラーに会ってください。情報はちゃんと伝わりますので。

正解

37 C　　**38** C　　**39** B　　**40** B　　**41** A

セクション４後半　練習問題

🔊 1-15

Questions 42-46

Complete the sentences below. Write **NO MORE THAN TWO WORDS** for each answer.

42 If students visit a counsellor's office and it is busy, they should _____.

43 Some students may not feel _____ with face-to-face meetings.

44 Volunteers are often _____ for the after hours and weekend helpline.

45 It will take students time to get used to the _____ of university life.

46 Participation as a volunteer will help when looking for _____ in the future.

●問題タイプ⑤ 文を完成させる

◆アンサー・エイド

42 空欄には動詞が必要です。ここでは目的語は不要ですが、通常、答えに動詞が入る場合、目的語が必要かどうか検討するように。さらに、busy と should それぞれと同じ意味をもつ表現を考えてみましょう。リスニングテストでも、最後の段階で出題される問題では、表現が言い換えられている可能性がとても高いのです。

43 この設問文中の動詞は、not を使った否定形ですから、否定的な情報を聞き取る必要があります。空欄で求められている単語の種類は形容詞です。話の中で、「not + 動詞」のようなフレーズに導かれて登場する形容詞はあるでしょうか？ あるいは、形容詞が un- などの否定的な接頭辞をもっているかもしれません。ほかにどんな否定的接頭辞を知っていますか？

44 この設問では空欄の前に副詞 often があります。これは、答えに動詞がくることを示しています。often の前に are があります。これと前置詞 for の存在が暗示しているのは、答えの動詞が過去分詞か現在分詞になることです。放送を聞きながら、答えが求めている語形であることを確認しましょう。覚えて

おいてほしいのは、過去分詞はほとんど-edで終わること。そして、すべて
の現在分詞が進行形時制で使われるとはかぎらないということです。

45 設問には、to get used to the ＿＿＿＿＿＿ of university life. とあります。
ほとんどの場合、設問文中の不定詞は、答えでは動名詞で登場し、またその
逆もあります。この問題で、話し手は、getting used to the ... と語っている
ので、答えは名詞1つになります。theの後にくる名詞は、不可算名詞、単数
形、複数形と、3つの形どれでも可能です。もちろん、放送される内容に合致
した名詞を選びます。

46 関係詞の後には、通常「主語+動詞」が続きます。たとえば、... when we
graduate in the future / when we are graduatingといった具合です。しか
し、ときどき主語を省略しing形を使って、... when graduating in the
futureとすることもあります。関係詞の後（や前）に答えがくる場合、こう
した形もありうることを覚えておきましょう。

トランスクリプト

If you do need to see a counsellor, you can simply drop by one of the offices
before, between, or after any of your lectures, seminars or tutorials. Of course
you can come when you have no classes, but as each office has different
opening times remember to check beforehand. The times are in the leaflet that'll
be handed out later. By the way, you should remember that if there is something
urgent and you do suddenly want to visit an office there might be another
student already there. If this is the case, I recommend that you wait. Most
meetings only last about 20 minutes, which is not too long, so it is worth
waiting. However, if you're not in a hurry and want to reserve a certain time,
speak with the counsellor in advance and arrange to meet.

Usually, the majority of students visit our offices because the problems they
face are relatively minor and they just need to get another opinion, but from
someone outside of their circle of friends. After receiving a completely impartial
opinion or a little guidance, usually they feel better and can resolve the problem
whatever it might be. Some students, however, may feel a little uncomfortable
with face-to-face meetings and prefer to remain anonymous by using the
telephone helpline. Sometimes their problems are a little more serious or they
may feel a little embarrassed to come to the office. The helpline, by the way, is
open after the offices close, between 7 and 9 on weekdays, and 11 to 1 on
Saturdays. If you do feel that you cannot talk directly about something you can

write to any of the four of us by e-mail. All our e-mail addresses and other contact details will be on the leaflets I mentioned earlier.

Now, here's something that may be of interest to some of you. For our after office hours and weekend helpline we're constantly in need of volunteers, but not from first-year students in their first term, I'm afraid. Also, we need help with the leaflets that we produce periodically, usually about twice a year. Most of you are new to the university and will probably have more than enough to keep you busy. By that I mean your studies and just getting used to the routine of university life. However, the reason that I'm mentioning volunteer work now, is that some of you may be interested in the work from the second term. If you are, please contact me later. This type of work can be a very rewarding experience and you would, of course, receive training for the helpline work. Who knows? Maybe there are a few very good amateur counsellors among you. You needn't worry too much about the work. Often it simply involves making yourself available as someone that people can talk to. And remember, it might look good on your CV when you're looking for employment, perhaps three years or so down the road.

Before I finish, I'd just like to say a big 'thank you' to your faculty head, Professor Hart, for inviting me to talk to you all here. So, if anyone does have questions, either for me, or any of the other counsellors, now is the time to ask … . Ah, yes, you over there.

トランスクリプトの全訳

カウンセラーに会う必要ができたら、講義やセミナーや個別指導の前でも間でも後にでも、オフィスの1つに立ち寄ってくれればよいのです。もちろん、授業がないときに来てくれてもかまいませんが、開いている時間はオフィスによって異なるのであらかじめ確認するのをお忘れなく。時間帯はあとでお渡しする小冊子に載っています。ところで、覚えておいていただきたいのですが、何か急なことがあって突然オフィスを訪ねていったりすると、別の学生がいるかもしれません。そのときは、その場で待つことを勧めます。ほとんどの面会は20分ほどで終わります。それほど長い時間ではありませんから、待つだけのことはあります。もし、急ぎの相談ではなく予約をしたければ、前もってカウンセラーと話して面会時間を決めてください。

オフィスを訪れる学生の多くは、比較的小さな問題でやってきます。ちょっと別の意見を聞きたいけれど、いつもの友人仲間ではないだれかから聞きたいからなのです。完全に公平な見解やちょっとしたガイダンスをもらえば、たいてい気分が落ち着き、何であれ問題を解決でき

78

るのです。しかし、学生の中には、対面で話すのに抵抗があり、匿名のまま電話のヘルプライ
ンを使うほうがいいという人もいます。抱えている問題が少し深刻だったり、オフィスに来て
話すのが恥ずかしい、という場合です。ヘルプラインですが、オフィスが閉まった後、週日は
7時から9時まで、土曜日は11時から1時まで受け付けています。直接話せないことでした
ら、私たち4人のだれあてでもいいのでメールをください。私たち全員のメールアドレスと、
連絡方法の詳細は先ほど言った小冊子に書いてあります。

　ところで、興味がある学生もいると思いますのでお知らせしておきます。私たちは、オフィ
スが閉まった後や週末のヘルプラインのために、常時ボランティアを必要としています。新入
生を1学期からは採用しませんが。また、パンフレット作りでも助けを必要としています。パ
ンフレットを定期的に、通常は年に2度発行していますから。皆さんのほとんどが大学に来た
ばかりで、とても忙しいことでしょう。勉強や大学生活の日課に慣れるのに精一杯ですよね。
あえて今、私がボランティアの件に触れた理由は、皆さんの中に2学期からの仕事として興味
をもつ人がいるかもしれないと思ったからです。もし、興味があったら、私にあとで連絡をく
ださい。このタイプの仕事は、とてもいい経験になるでしょうし、もちろんヘルプラインの仕
事はトレーニングを受けてもらいます。ひょっとして、あなた方の中に、優秀なアマチュア・
カウンセラーがいるかもしれません。仕事については心配は無用です。単に話し相手になって
あげればいいこともしばしばです。それに、3年くらい先に就職先を探すときに、この経験が
履歴書にあると、よい印象を与えるかもしれません。

　話を終えるにあたり、お礼を申し上げます。学部長のハート教授、皆さんの前でお話しさせ
ていただき、ありがとうございます。では、私にでもほかのカウンセラーにでも質問のある方
は、これから伺います……。あ、はい、そちらのあなた。

正解

42 wait　　**43** comfortable　　**44** needed　　**45** routine
46 employment

リスニングテストのための学習アドバイス

1. リスニングのスキルを上げるためには読むことも大切

リスニング力を伸ばすために、少なくとも1日おきに何らかの英語を読みましょう。読むことは自分の声を頭の中で「聞く」ことであり、リスニングの練習としてもいくらか効果があります。英語を読むことによって、あなたの語彙は豊かになり、類義や同義など言い換え表現に気づく力も上がります。もちろんスペリング能力も改善すること間違いなしです。

2. 固有名詞のスペリングと数字に注意

優秀な学生の中にも、数字や名前を綴るのが苦手な人たちがいます。それなら、名簿や電話帳で練習してみてはどうでしょう。名前のスペリングや電話番号、通りの名前や住所、Eメールのアドレスを録音するのです。地域を変えてサンプリングしましょう。紙を用意して、自分の録音の声を聞きながら書きます。友だちに読んでもらってもいいですし、スペルを読み上げてもらいながら筆記するのもいいでしょう。また、7つの曜日、12の月、よく知られている国名や首都などは、正確に書けるようにしておきましょう。

3. IELTS対応の語彙を豊かにする

IELTSに登場するトピックを研究し、慣れておきましょう。トピックに登場する頻度の高い名詞や動詞、形容詞につねに触れ、それらを容易に綴ることができるようにしておきましょう。トピックは、社会生活や日常でよくある場面や、大学など教育の場に関連したものです。1つひとつの単語の習得に加え、よく一緒に用いられる語と語の結びつき（collocations「コロケーション、連語」）も覚えておきましょう。

4. 英語が話されるスピードに慣れ、重要情報を選び出す力を強化する

テストでは、話の流れについていき内容を理解することが重要です。少なくとも1日おきに、何らかの英語を聞くようにしましょう。そうすれば、あなたの脳は「より迅速に、効率的に聞く」ように変わるはずです！　大事なポイントだけを選び出し、それほど重要でない情報を捨てることができるようになります。

5. さまざまな英語に親しんでおく

　学生は、よく知っている先生の英語に慣れてしまっています。その結果、別の話し手の英語の聞き取りを難しく感じるのです。ラジオやテレビ、DVD や CD、インターネットなどで幅広い英語に親しみ、リスニングのスキルを柔軟に鍛えておきましょう。ただ、テストでは話し手の多くがイギリス人ですから、まずはイングランド出身の話し手の英語のリスニングに重点を置きます。ですが同時に、他国のネイティヴ・スピーカーの英語を聞くのも怠ってはなりません。

6. トランスクリプトで学ぶ

　トランスクリプトを読んで研究しましょう。とくに、signpost（話の方向を変える）や transition（話題を移す）のときの言葉が重要です。こうした言葉を聞き取ることができるようになると、話の終わりと始まりが明確になり、話の流れを把握し、情報を理解するのに役立ちます。同じセクションのトランスクリプトを比較し、よく使われているフレーズを確認しましょう。

7. 聞きながら書く練習をする

　受験者の多くは、リスニングテストは聞くだけでも難しい作業だと考えています。しかし、テストでは聞くと同時に書かなければなりません。そこで、聞きながらメモをとる練習をしましょう。ラジオやテレビ、DVD や CD、インターネットからの素材を活用します。録音を聞きながら、あらかじめ決めたタイプの単語を書き出すのです。たとえば、5分間聞く間に、耳にした数字をすべて書き出します。次は国や都市の名前、日常的な設定なら公園やレストラン、駅の名前など、自分で決めて聞き取って書きます。さらに、動詞を書き出すといった具合に進めます。

8. キーワードの探し方を学ぶ

　キーワードは重要な情報ですから、たいてい強く発音されます。本書に収録されている英文を使い、強く発音されている単語を聞き取る練習をしましょう。テストの答えとなる主な単語の種類は、名詞と動詞と形容詞です。

Reading

Overview
概要

IELTS Reading Module
リーディングテストとは

　リーディングテストは、IELTSの4分野のテストのうち、2番目のテストです。ここでは、速く読んで、答えとなる言葉を見つけ出す能力、書かれている内容を理解して、質問に的確に答える能力が判定されます。

　3つの別々のパッセージ（課題文）を読み、60分間で合計40問に答えます。3つのパッセージを合わせると、全体で2,000 〜 2,500語になります。出題されるパッセージは、本や雑誌、新聞からの引用で専門的な内容ではありません。3つのうち少なくとも1つのパッセージで、トピックについて詳しく論じられ、さまざまな主張が展開されます。答えはすべて解答用紙に直接書きます。

　リーディングテストもほかの分野のテストと同様、先へ進むほど問題は難しくなり、要求が高度になります。テストは、3つのセクションそれぞれが、1つのパッセージといくつか異なるタイプの問題13 〜 14問から成ります。その中には複数の項目に答えるセット問題も含まれます。セット問題を構成する個々の設問の答えは、パッセージの記述順になっているとはかぎりません。また、セット問題自体もパッセージに登場する順に出題されていないことにも注意してください。たとえば、1つ目のセット問題がパッセージの半ばあたりの内容を問うもので、2つ目のセット問題がパッセージ全体について問うものであったりします。

　パッセージによっては、図表やグラフ、イラストなど非言語資料が含まれます。専門用語や技術的な知識が出てくる場合は、簡単な用語解説があるはずです。

リーディングテストの難しい点

　リーディングテストでは、時間が足りずに最後まで解答することができないという経験をする人が多いようです。肝心なのは、効率的で効果的な読解力をつけることと、答えを探すスピードを上げることです。すなわち、問題で求められている単語や情報を、パッセージの中から素早く見つけ出す能力です。

　つねにできるだけ多くの英語を読むことで、リーディングスキルを高め、情報を

素早く読み取る訓練をしましょう。また、テストの構造とさまざまな問題タイプを知っておきましょう。さらに、正解となる単語の品詞を判断するために文法構造の知識も必要です。

問題文	設問数	語数	時間	内容・出題例
パッセージ1	13〜14問	750〜900語	20分	・記事
パッセージ2	13〜14問	750〜900語	20分	・コラム ・小論文
パッセージ3	13〜14問	750〜900語	20分	・社説 ・簡単な技術文書
合計	40問	2,000〜2,500語	60分	

Marking & Band Marks
バンドスコアと評価基準

　ほかの分野のテストと同様、リーディングテストのバンドスコアは、1から9まで0.5刻みで採点され、4.0 / 4.5 / 5.0 / 5.5 / 6.0 / 6.5といった点がつきます。

　テストは40問から成り、1問正解につき1点です。問題の中には、2つまたは3つの答えを書き入れることで1点が与えられるものもあります。40問であなたが獲得した最終的な得点は、変換表を使って、1から9までの0.5点刻みのバンドスコアに換算されます。このリーディングのバンドスコアと、ほかの3つのテストの得点を合計して平均を出し、それが最終的にあなたのIELTSバンドになります。

　40問中のあなたの得点を、9までのバンドスコアに変換するために、変換表が使われます。下に示したのは大まかな目安ですが、練習で獲得した得点がバンドスコアだと何点になるか、測定する参考にしてください。テストによって換算は異なりますし、実際のテストが確実にこのとおりに行われるとは断定できないのですが、勉強の進み具合を測る指針として役に立つはずです。

バンドスコア	40点中の得点
5.0	16
6.0	23
7.0	30
8.0	35

11 の問題タイプとタイプ別解答指示文

リーディングテストには、問題のタイプが 11 あります。もっとも、実際のテストには、すべての問題タイプが含まれているとかぎりません。それぞれの問題については、追って実践問題を解きながら詳しく説明します。

問題文には解答指示文が併記されています。指示どおりに書かないと得点できないので、しっかり読みましょう。とくに NO MORE THAN は、解答で使ってよい単語や数字の数を示しています。たとえば、

*Write **NO MORE THAN THREE WORDS** for each answer.*
（それぞれ 3 語以内で答えを書きなさい）

とある場合、答えとして書いてよい最大限は「単語 + 単語 + 単語」です。また、異なる問題タイプに、似たような指示がなされることもあるので注意が必要です。

以下に、問題タイプと問題タイプ別指示文の例をあげます。

① 多項選択式

(Multiple-Choice)

*Choose the correct letter, **A, B, C** or **D**.*
（A，B，C，D から正しい文字を選びなさい）

*Choose the correct letter **A-E**.*
（A 〜 E から正しい文字を選びなさい）

*Choose **TWO** letters **A-E**. Write your answers in box 1 on your answer sheet.*
（A 〜 E から 2 つの文字を選びなさい。解答用紙の 1 の欄に答えを書きなさい）

*Choose **TWO** letters **A-E**. Write your answers in boxes 1 and 2 on your answer sheet.*
（A 〜 E から 2 つの文字を選びなさい。解答用紙の 1 と 2 の欄に答えを書きなさい）

② 短く答える問題

(Short-Answer Questions)

*Choose **NO MORE THAN THREE WORDS** from the passage for each answer.*
（それぞれパッセージから 3 語以内を選びなさい）

③ 文を完成させる

(Sentence Completion)

*Complete the sentences below. Choose **NO MORE THAN TWO WORDS** from the passage for each answer.*
（下の文を完成させなさい。それぞれパッセージから2語以内を選びなさい）

④ 文の締めくくりを一致させる
（Matching Sentence Endings）

*Complete each sentence with the correct ending **A-F** from the box below.*
（下の囲みのA～Fから、締めくくりとして正しいものを選び、各文を完成させなさい）

⑤ 要約・メモ・表・フローチャートを完成させる
(Summary/Note/Table/Flow-Chart Completion)

*Complete the summary with words **(A-L)** from the box below.*
（下の囲みの単語A～Lを使って要約を完成させなさい）

*Complete the flow chart below. Choose **NO MORE THAN TWO WORDS** from the passage for each answer.*
（下のフローチャートを完成させなさい。それぞれパッセージから2語以内を選びなさい）

⑥ 図表を完成させる
(Diagram Label Completion)

*Label the diagram below. Choose **NO MORE THAN THREE WORDS** from the passage for each answer.*
（下の図表を完成させなさい。それぞれパッセージから3語以内を選びなさい）

⑦ 見出しを選ぶ
(Matching Headings)

*Reading Passage 1 has four sections, **A-D**.*
（パッセージ1は4つのセクションA～Dから成ります）

Choose the correct heading for each section from the list of headings below.
（下の見出しのリストから各セクションにふさわしい見出しを選びなさい）

Write the correct number i-viii in boxes 9-13 on your answer sheet.
（i～viiiのうち正しい数字を解答用紙の9～13の欄に書きなさい）

⑧ 情報を一致させる
(Matching Information)

*Reading Passage 2 has eight paragraphs, **A-H**.*
（パッセージ2は8つのパラグラフA～Hから成ります）

Which paragraph contains the following information?
（以下の情報が記述されているのは、どのパラグラフですか）

*Write the correct letter **A-H** in boxes 21-26 on your answer sheet.*
（A 〜 H のうち正しい文字を解答用紙の 21 〜 26 の欄に書きなさい）

NB You may use any letter more than once.
（注意：同じ文字を何度使ってもかまいません）

⑨ 書き手の見解・主張を識別する
(Identifying Writer's Views/Claims)

Do the following statements agree with the views of the writer in Reading Passage 3?
（次の記述内容は、パッセージ 3 の書き手の見解と一致しますか）

In boxes 30-34 on your answer sheet write ...
（解答用紙の 30 〜 34 の欄に以下のように書きなさい）

***YES** if the statement agrees with the views of the writer*
（記述内容が書き手の見解と一致しているなら、YES「はい」）

***NO** if the statement contradicts the views of the writer*
（記述内容が書き手の見解と異なるなら、NO「いいえ」）

***NOT GIVEN** if it is impossible to say what the writer thinks about this*
（どちらともいえない場合は、NOT GIVEN「該当なし」）

⑩ 情報を識別する
（Identifying Information）

Do the following statements agree with the information given in Reading Passage 3?
（次の記述内容は、パッセージ 3 の情報と一致しますか）

In boxes 30-34 on your answer sheet write
（解答用紙の 30 〜 34 の欄に以下のように書きなさい）

***TRUE** if the statement agrees with the information*
（記述内容が情報と合致しているなら、TRUE「真」）

***FALSE** if the statement contradicts the information*
（記述内容が情報と矛盾しているなら、FALSE「偽」）

***NOT GIVEN** if there is no information on this*
（記述内容に関する情報がないなら、NOT GIVEN「該当なし」）

⑪ 組み合わせる
(Matching)

According to the information in Reading Passage 1, match the following events as occurring in:
（パッセージ 1 の情報から、以下の出来事を起きた日にちと組み合わせなさい）

*Write the correct letter, **A, B** or **C** in boxes 1-3 on your answer sheet.*
（解答用紙の１～３の欄に、囲みのA，B，Cのうち正しい文字を書きなさい）

1 (event)	A (date)
2 (event)	B (date)
3 (event)	C (date)

*Match each invention with the correct person, **A-C**.*
（各発明とA～Cの人物を正しく組み合わせなさい）

*Write the correct letters **A-C** in boxes 1-3 on your answer sheet.*
（解答用紙の１～３の欄に、囲みのA～Cのうち正しい文字を書きなさい）

	List of Inventors
1 (invention)	A (name)
2 (invention)	B (name)
3 (invention)	C (name)

解答のための戦略

- スキミング (Skimming) は、全体を素早く読むことです。何が書かれているか知らない状態で、トピックの概要、アイディア、筋道を理解するために読みます。
- スキャニング (Scanning) は、特定の情報断片を探します。日付や数字、時間に関する表現や名前など、何を探すべきかを知ったうえで読むのです。

戦略1　問題文のキーワードに丸をつける。

パッセージに取りかかる前に、設問をすべて読み、解答の鍵になりそうな語句に丸をつけます。そして、パッセージを読むときには、それらの語句および同義語や反意語を意識してください。その周辺に設問の答えが含まれていることが多くあります。

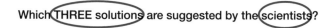

Which THREE solutions are suggested by the scientists?

戦略2　パッセージの重要部分をスキミングする。

スキミングでパッセージの大まかな内容を把握します。

導入パラグラフ	パッセージ全体の主題
本体パラグラフ1	最初の文章（トピック・センテンス）: パラグラフの主題を示している。
	パラグラフの主題を支える文章
	最後の文章（サマリー・センテンス）: パラグラフの要約や結論になっている。
本体パラグラフ2	最初の文章（トピック・センテンス）
	パラグラフの主題を支える文章
	最後の文章（サマリー・センテンス）
本体パラグラフ3以降	本体パラグラフ2と同様
結論パラグラフ	パッセージ全体の要約

上の手順でスキミングして、パッセージの概要をつかみます。スキミングすることで、答えがありそうな場所の見当がつきます。あとは、その前後を詳しく読んで答えを見つけましょう。

戦略3　パラグラフの構成を読み取る。

パッセージでは、情報の提示方法が工夫されています。IELTSのリーディング・パッセージは、多くの場合、以下の4つパターンのどれかで構成されています。

　　　▶問題と解決　　▶比較対照　　▶原因と結果　　▶分類

パッセージの構成パターンを知っていれば、答えがどこにあるか早く見つけることができるはずです。次に、大まかなパッセージの構成例を示します。

導入 ⇒
問題1 ⇒
問題1に対する
解決策 ⇒
⇐ 問題2
⇐ 問題2に対する
解決策
⇐ 結論

戦略4　1パラグラフに1主題。

アカデミックな英文テキストでは、各パラグラフが1つずつ主題をもっています。多くの場合、パラグラフの最初の文がその主題を述べています。それに続く文章で、主題を支える細部や理由、実例や証拠が提示されます。パラグラフの最後の文が、その要約や結論になっていることもあります。

戦略5　繰り返し出てくる単語に注目する。

特定のパラグラフに繰り返し登場する単語は、そのパラグラフのトピックの概要を担っていることが多いので注目しましょう。通常、1パラグラフは1つの主題を提示していますが、ときどき1つの主題が、2つ以上のパラグラフにわたって展開されることもあります。そうした場合、複数のパラグラフで繰り返し登場する単語が主題を探る目安になります。

戦略6　論者の主張は引用符（" "）でスキャニング。

3つのうち少なくとも1つのパッセージで、1つの議論が論理的に展開され、

科学者や研究者の主張が紹介されることが多いです。論者の見解や主張をたず
ねる問題が出た場合、本人の主張は引用符で探すと、比較的容易に見つかりま
す。

戦略7　問題につけられた見出しや小見出しに注目してスキャニング。

問題によっては、見出しや小見出しがついていることがあります。見出しの情
報は、パッセージ中で比較的簡単に探すことができ、そこから答えが始まるこ
とが多いです。

戦略8　すべての問題に答える。

解答欄は決して空欄にしないようにしましょう。解答欄がずれていたために失
点するのはいかにも残念です。答えが見つからなくても、類推して書きましょ
う。答えとして要求されている単語の品詞が形容詞だとして、答えがありそう
なエリアにある形容詞はせいぜい2つか3つ。意味がわからなくても、とりあ
えず1つ選んで書いておきます。正解率は少なくとも3分の1。約33%です。
探しているのと関連した意味をもつ単語を含む選択肢を選んでもよいでしょう。

戦略9　「過剰な答え」をしない。

問題が答えを1つだけ要求しているなら1つ、3語以内でと要求していたら3
語以内で書きます。問題の指示文に単語や選択制限がある場合、とくに答えと
して1～2語だけ書くよう要求されているときは、厳守すること。

戦略10　時間配分は自分で。

テスト中に何分経過したかを知らせるアナウンスはないので、残り時間を見な
がら、自分で時間配分します。あとのパッセージほど難度が増し、時間もかか
ります。

戦略11　知らない単語が出てきてもあわてない。

パッセージには、ときどき専門用語が登場しますが、たいていの場合、その単
語を知らなくても解答できるようになっています。あるいは、パッセージの中
で説明されていたり、最後に用語解説が用意されていることもあります。

戦略12　問題冊子にメモしてもよい。

IELTSではこれが許されており、日本語でメモしても不利になることはありま
せん。メモをとっておくと、答えを見つける助けになります。

戦略13　数は数字で書く。

パッセージで見つけた答えが three hundred and twenty だったとして、解答用紙に320と書いても正解として認められます。数字のほうが速く書け、スペルの間違いも減ります。

戦略14　問題文中に印刷されている単語や記号は、解答用紙に書かない。

問題に .... kgとあったら、解答欄にkgを書いてはいけません。また、ハイフンでつながれた単語 non-smoking や out-of-date は1語として数えます。

Language Usage
リーディングテストで役立つ語彙と表現

　リーディングテストに頻繁に登場する単語や表現について情報をすべて提供することは困難ですが、いくつか特徴をあげることはできます。リーディングテストならではのポイントを以下で説明します。

「関係」を表す単語とフレーズに注目し、その同義語もチェック

　パッセージを読むとき、文同士を linking（連結）したり、話の流れを transition（移行）させたり、sequencing（連続）させる表現を見つけることは、個々の情報のつながりを理解するのに役立ちます。

　ほかにも、comparison（比較）や、contrast（対照）、steps in a process（プロセスにおける段階）を示す表現もあります。また、それらの同義語や同義フレーズも要チェックです。英語のアカデミックな文書では、書き手は文章を書くときに同じ単語を何度も使わないよう心がけています。したがって、同じ意味をもつ言葉や類似表現が、実にさまざまに使い分けられているのです。

書き手の見解を「オピニオン」言葉で見つける

　パッセージの記述で、著者の見解と事実を分けるために、「オピニオン」言葉をスキャンしましょう。書き手は、「……と思う」「……らしい」「たぶん」「……であろう」と見解を述べるときに、think、believe、feel、say、suggest、possibly、probably、could、should、may、might、likely などの動詞や副詞、助動詞を使います。

曖昧で婉曲的な記述では、「…によると」「…という向きもある」「…なる結果を招きかねない」など、According to、is of the opinion that、it has great potential、may be effective、might lead to、could cause damage to といった表現を使います。

時間にかかわる表現や単語をたくさん覚える

リーディングテストでは、時間表現をたずねる問題が多く、その同義語や同義フレーズは比較的容易に見つけることができます。たとえば、問題文中に long ago（昔むかし）、とあったら、パッセージ中に、hundreds of years ago（何百年も前）、in olden times（遠い昔）、many centuries ago（何世紀も前）、in the 17th century（17 世紀に）、over 500 years ago（500 年以上前）、in the days of our ancestors（われわれの祖先が生きていた時代に）といった表現を探しましょう。

問題文中とパッセージ中の表現の違いを見きわめる

問題文中の表現と、パッセージ中の表現の違いを迅速に見きわめるのも、重要なスキルです。パターンは 3 つあります。

〈語句がまったく同じ〉

［問題文中］	［パッセージ中］
... could lead to ...	... could lead to ...

〈語句が似ている〉

［問題文中］	［パッセージ中］
... failed many times ...	... failed over and over again ...

〈語句が違っているが意味が同じ〉

［問題文中］	［パッセージ中］
... helped the research project ...	... supported the study ...

数量や頻度にかかわる単語に注目

数量や頻度にかかわる単語、とくに 100％の All や、0％の Nothing といった単語が出てきたら気をつけましょう。多項選択式問題や、True / False / Not Given や Yes / No / Not Given 問題では、こうした単語がヒントになることが多く、これら

の同義表現は簡単に見つかります。

　10 ～ 90％ を表現するのに、hardly any（ほとんどない）、a few（わずか）、some（いくらか）、many（多くの）、most of（ほとんどの）や the majority（大部分）などが使われます。

　これらの単語タイプは quantifiers（数量詞）と呼ばれ、とても見つけやすいはずです。

all (animals), every (animal)	すべての動物が、どの動物も
no (animals), none of the (animals)	どの動物も…ない
most / almost all of the (animals)	ほとんどの動物、動物のほとんど
some / a few of the (animals)	動物のいくつか、いくつかの動物
few of the (animals)	動物のうちわずか
(these animals) always	これらの動物はいつも
(these animals) never	これらの動物は決して…しない

　また、問題文に always（いつも、100％）があったら、パッセージでは usually（通常、たいてい）every time（毎回）といった表現を探しましょう。これらの単語タイプは adverbs of frequency（頻度副詞）と呼ばれ、やはり容易に見つかります。

　言い換えのパターンは以下の表のようなものが主です。

［問題文中］	［パッセージ中］
everyone（だれも）	all of the people（人々は皆、100％）
no one（だれも…でない）	none of the people（だれひとりとして、0％）
never（皆無、0％）	have not ... even once（一度たりとも…なかった）
always（いつも、100％）	usually（たいてい）, every time（毎回）

接頭辞と接尾辞で単語力アップ

　Prefix（接頭辞）は、単語の基本形Root（語根）の頭に付加される部分です。
　Suffix（接尾辞）は、単語の基本形Root（語根）の後ろに付加される部分です。
　接頭辞と接尾辞が両方使われている単語もあります。

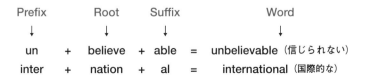

Prefix		Root		Suffix		Word
↓		↓		↓		↓
un	+	believe	+	able	=	unbelievable（信じられない）
inter	+	nation	+	al	=	international（国際的な）

接頭辞で単語の意味が変わる

　リーディングはもちろん、ほかの分野のテストでも、接頭辞を学んで語彙を増やすことが大切です。接頭辞は、単語の頭につくパーツで、その単語の意味を変えます。名詞、動詞、形容詞、副詞、すべてが接頭辞をもつことができます。

接頭辞→	接頭辞の意味	単語例	単語例の意味
un-	〜でない	uncountable (a)	数えられない（形容詞）
dis-	はがす	discovery (n)	覆いをとること、発見
in-	〜でない、〜と反対の	inconvenience (n)	便利でないこと
im-	〜でない、〜と反対の	impossible (a)	不可能な
ir-	〜でない	irregular (a)	常ではない
il-	反対の	illegal (a)	法に反する
non-	〜でない	nonmetal (a)	金属でない
over-	過剰に	overreact (v)	過剰反応する
fore-	前に、前もって	forefront (n)	前のさらに前、最前部
pre-	前の、前に	precaution (n)	前もっての注意
post-	（〜より）後の	postwar (a)	戦後の
ex-	前の、元の	ex-leader (n)	元リーダー
re-	再び、新たに、あとに	reproduce (v)	再生産する
co-	互いに	cooperate (v)	協力する
pro-	〜に賛成の	pro-independence (n)	独立推進
sub-	〜より少なく、〜の下の、副〜	substandard (a)	標準以下の
de-	くずす、破壊する	deform (v)	歪める
in-	〜しない	infinite (a)	制限しない、無限の
inter-	領域を超えた	international (a)	国際的な
trans-	変える	transform (v)	姿を変える

※ a= 形容詞 , n= 名詞 , v= 動詞

接尾辞で単語の品詞が変わる

接尾辞は主に単語の品詞に関係しています。どの接尾辞がどの品詞をつくるのか、よく覚えておきましょう。

←接尾辞	接尾辞の意味	単語例	単語例の意味
-ate	～する	elaborate (v)	念入りに作る
-en	～する	lengthen (v)	伸ばす、長くする
-(i)fy	～させる	satisfy (v)	満足させる
-ise/ize	～する	advertise (v)	広告する
-able	～できる	enjoyable (a)	楽しめる
-al	～の	musical (a)	音楽の
-ed	～された	extended (a)	広がった、延長された
-ful	～に満ちた、～の多い	helpful (a)	助けになる
-ic	～の	basic (a)	基礎的な
-ish	～な	selfish (a)	利己的な
-ive	～な	effective (a)	効果的な
-less	～のない	homeless (a)	家のない
-like	～のような	childlike (a)	子どもっぽい
-ly	～な	friendly (a)	親しげな
-ous	～な	generous (a)	寛大な
-y	～ぽい	watery (a)	水っぽい
-age	～法、～の状態	usage (n)	利用法
-al	～の性質、～すること	criminal (n, a)	犯罪者、犯罪の
-sion	～の状態	illusion (n)	幻覚
-ation	～の行動	temptation (n)	誘惑
-(e)ry	～したこと	discovery (n)	発見
-hood	～時代	adulthood (n)	大人であること
-ing	～すること	planting (n)	植えること
-ism	～主義	criticism (n)	批判
-ist	～する人	journalist (n)	ジャーナリスト

-ity	〜性	identity (n)	自己同一性
-ment	〜の動作、結果	development (n)	発展
-ness	〜の性質	kindness (n)	やさしさ
-ship	〜の状態	ownership (n)	所有していること
-ant	〜するもの	pollutant (n)	汚染するもの
-ee	〜される人	employee (n)	被雇用者
-er	〜する人（人物を示す）	employer (n)	雇用者

リーディング基本練習

練習1　答えとなる単語のタイプを読み取る

　短いパッセージを読んで、問題に答えてみましょう。各問題の初めに、答えとして要求されている単語タイプが与えられており、答えはすべてパッセージからそのままもってきます。答え合わせをする前に、必要なだけ何度もパッセージを読みましょう。

Computer Power

The percentage of people owning a computer has seen a huge rise over the last few decades. In fact, most businesses, schools and even homes have at least one of these popular machines. But what exactly is a computer? Well, it is a machine that manipulates data in order to produce a desired result. Computers use programmes, known as software. It is the software that instructs the hardware, or the machinery of the computer, on what to do. The computer carries out the exact instructions it receives from the software and processes the information much more speedily than any human brain can.

Between 1950 and 1990 there was a huge improvement in the performance of computers as their speed was boosted about one million times. The speed of the basic circuitry found inside these machines increased 10,000 times during this 40-year period. The remaining improvement came from development in the internal organization of computers. Such advances in technology as well as a reduction in size and price have all led to these machines being more accessible for ordinary people. For about as little as £500 you can now buy the latest, fastest computers. Nowadays, most adults, and even some children recognize famous computer companies such as Apple or IBM, or software companies such as Microsoft. Even the names of Apple's Steve Jobs, or Microsoft's Bill Gates are now familiar to many.

① (人名) Many people now know the name of ＿＿＿＿＿＿ ＿＿＿＿＿＿ of Apple.

② (場所) Where can you find computers?

＿＿＿＿＿＿ , ＿＿＿＿＿＿ , ＿＿＿＿＿＿

③ (数字) You can buy a quick, up-to-date computer for only ＿＿＿＿＿＿ .

④ (年月日) From what year did computers begin to increase their speed?

＿＿＿＿＿＿

⑤ (時間の長さ) According to the passage, the rise in the capability of computers was over how long?

＿＿＿＿＿＿

⑥ (単数名詞) The average person can now buy a computer because of the ＿＿＿＿＿＿ in price.

⑦ (複数名詞) Nowadays, some ＿＿＿＿＿＿ are aware of the names of famous computer hardware and software companies.

⑧ (不可算名詞) The programmes used by computers are called ＿＿＿＿＿＿ .

⑨ (動詞の現在形) In order to get results, a computer ＿＿＿＿＿＿ data.

⑩ (動詞の過去形) The quickness of computer performance was ＿＿＿＿＿＿ one million times.

⑪ (動名詞) Over the last 20 years or so there has been a large increase in the proportion of individuals ＿＿＿＿＿＿ a computer.

⑫ (形容詞) Many people are currently ＿＿＿＿＿＿ with the names of Bill Gates and Steve Jobs.

⑬ (副詞) The human brain cannot process data as ＿＿＿＿＿＿ as computers.

練習 2　同義語・類義フレーズを見つける

　以下に、40 個の単語やフレーズが、さまざまな形で言い換えられています。一番左の太字単語やフレーズの同義語でないものが 1 つだけ紛れ込んでいます。同義語として正しくない言い換え表現を、線で消しなさい。最初の問題は解答例です。必要なら辞書を使ってもかまいません。

1. half of : fifty per cent, a large share, 50%, ~~both~~, a considerable proportion, 10 out of twenty

2. big : huge, bright, large, enormous, great, large-scale

3. important : key, essential, vital, significant, wide, chief, main, primary

4. **new :** modern, current, today's, out-of-date, the latest, up-to-date, fresh

5. **fewer :** less and less, not as many as before, decreasing numbers of, reduction in the number of, poor

6. **finally :** at last, in the end, eventually, sometime

7. **the same as :** like, similar to, alike, a sample, close to, a type of, a kind of, a sort of

8. **is called :** is known as, is referred to as, is entitled, nickname is, is shouted at

9. **typical :** type of, usual, ordinary, common, can be seen everywhere

10. **unique :** special, particular, only one, no other, tropical, unusual, rare, never seen before

11. **how to :** method, way, technique, procedure, search, system, means, approach

12. **the shape :** form, structure, pattern, pressure, appearance

13. **a plan :** measures, map, scheme, course of action, steps, procedure, strategy

14. **the size :** scale, proportion, dimension, measurements, building

15. **information :** data, statistics, TV, report, knowledge, figures, facts, details

16. **ability :** sport, skill, talent, can do well, good at, capability

17. **the study :** the report, the research, the survey, the reply, the examination of, the investigation into

18. **answer :** solution, conclusion, service, results, evidence, findings

19. **aspect :** feature, characteristic, looks, element, thing, factor, look at

20. **the effect :** impact, notice, influence, result, consequence, phenomenon, worked well/didn't work well

21. **the change :** development, progression, declined, light, growth, transformation, modify, alter

22. **this development :** this progress, this budget, this change, this growth, this evolution, this expansion, this process

23. **natural resources :** oil, gas, water, coal, wood, plastic, minerals

24. **to examine :** to study, to test, examining, to pressurize, to evaluate, to assess, inspecting

25. **started :** established, needed, introduced, began, opened, first occurred in, commenced, launched, originated in, was set up, the first step was

26. **spreading** : moving, growing, expanding, quietly, becoming greater, becoming wider, increasing
27. **collect** : gather, assemble, concentrate, correct, bring together, store
28. **no change in** : stayed the same, remained stable throughout, stayed as it was, is unchanged, has seen no movement, is worse than before, has never altered
29. **long ago** : in ancient times, in the olden days, at the beginning of this century, at first, thousands of years ago, in the days of our ancestors
30. **necessary** : was needed, had to have, didn't want, was a demand for, was required
31. **a lack of** : not enough, too much, insufficient, a shortage of
32. **is better** : significant improvements, repeats, an increase in, higher than expected, exceeds
33. **prepare** : get ready, arrange, give, organize, plan, make
34. **helped** : saved, bet, aided, support, boosted, assisted, relief, rescued, cooperation, encourage
35. **encourage** : stimulate, improve, advance, distance, foster, promote
36. **thinks** : feels that, says, finds that, believes, be of the opinion that, suggests, explains, mentions, remarks, declares, argues, discovers, insists, claims, According to ...
37. **advantage** : a benefit, the price, one positive aspect, a plus, strong point, is advantageous, merit
38. **problem** : difficulty, drawback, disease, obstacle, barrier, hindrance, challenge, high unemployment question, issue, go wrong, lack of ..., overpaid, not enough ...
39. **may** : might, could, be possible, like, can, would ... if, will probably, maybe, is likely to, is seen as
40. **avoid** : stop, empty, prevent, evade, avert

正解

練習1

① Steve Jobs
② businesses, schools, homes
③ £500
④ 1950
⑤ (a) 40-year period / 40 years
⑥ reduction
⑦ children
⑧ software
⑨ manipulates
⑩ boosted
⑪ owning
⑫ familiar
⑬ speedily

[問題文全訳]

　この20〜30年で、コンピュータを持っている人の割合は急増した。実際、ほとんどの会社、学校、そして家庭でさえ、この人気の機械を少なくとも1台は持っている。そもそも、コンピュータとは何か？　それは、求める結果を生み出すためにデータを操作する機械である。コンピュータはプログラムを使う。ソフトウエアとして知られているものだ。ハードウエア、すなわちコンピュータの装置に何をすべきか指示を与えるのがソフトウエアである。コンピュータは、ソフトウエアから受けた精密な指示を実行し、情報を処理するのだが、それをヒトの脳よりはるかに高速で行うのだ。

　1950年から1990年の間に、コンピュータの性能は大きく改善された。演算速度がおよそ100万倍増大したのだ。これらのマシン内部の基礎回路の速度は、この40年で1万倍に増えた。残りの改善は、コンピュータの内部系統の進化からきている。テクノロジーにおけるこうした進歩と、小型化し廉価になったことで、普通の人々もこれらのマシンに手が届くようになった。今や、500ポンドもあれば、最新にして最速のコンピュータを買うことができる。今日、ほとんどの大人は、いや子どもでさえ、アップルやIBMといった有名なコンピュータ会社、ソフトウエア会社のマイクロソフトを知っている。アップルのスティーヴ・ジョブズ、マイクロソフトのビル・ゲイツの名前さえ、多くの人々にとって身近なのだ。

練習2

1 both	**15** TV	**29** at the beginning of this century
2 bright	**16** sport	**30** didn't want
3 wide	**17** the reply	**31** too much
4 out-of-date	**18** service	**32** repeats
5 poor	**19** look at	**33** give
6 sometime	**20** notice	**34** bet
7 a sample	**21** light	**35** distance
8 is shouted at	**22** this budget	**36** discovers
9 type of	**23** plastic	**37** the price
10 tropical	**24** to pressurize	**38** overpaid
11 search	**25** needed	**39** like
12 pressure	**26** quietly	**40** empty
13 map	**27** correct	
14 building	**28** is worse than before	

Reading Module Skills Practice

リーディング解答練習

　ここからは、11ある問題タイプを1つひとつ検討していきます。各問題タイプについての解説を読み、練習問題に挑戦してみましょう。以下のように11の問題タイプを3つのパッセージに分けて学習します。

- パッセージ1

問題 1～4	① 多項選択式
問題 5～8	② 短く答える
問題 9～10	③ 文を完成させる
問題11～13	④ 文の締めくくりを一致させる

- パッセージ2

問題14～17	⑤ 要約・メモ・表・フローチャートを完成させる
問題18～20	⑥ 図を完成させる
問題21～24	⑦ 見出しを選ぶ
問題25～27	⑧ 情報を一致させる

- パッセージ3

問題28～30	⑨ 書き手の見解・主張を識別する
問題31～33	⑩ 情報を識別する
問題34～36	⑪ 組み合わせる
問題37～40	⑪ 組み合わせる

★スタディ・ステップ

①問題文とアンサー・エイドを読む。

②パッセージを読んで答えを見つけ、答えを書くまたは選ぶ。

③答えがわからないときは、キーワードを探しながら、パッセージを繰り返し読む。

④答え合わせをする。

リーディングパッセージ1 練習問題

You should spend about 20 minutes on Questions 1-13 which are based on Reading Passage 1 below.
（下のリーディングパッセージ1に関する問題1〜13に費やす時間は、20分が目安です）

An Adventure 'Hero'

Diver and explorer Dr. Greg Stone is one of 12 individuals named a National Geographic Adventure Hero of 2006. The National Geographic Adventure magazine describes the heroes as "12 people who dared to dream big," but in Stone's case this is something of an understatement.

Stone is more than a dreamer. He is a marine biologist and an adventurer, and he is the big heart and busy hands behind the creation of the Phoenix Islands Protected Area established by the government of Kiribati. The Republic of Kiribati comprises 33 islands located near the equator halfway between Hawaii and Fiji in the Pacific Ocean. The preserve itself covers 184,000 square kilometres, the third largest sanctuary for marine wildlife on the planet.

Trained as a marine biologist, Stone has spent decades studying the oceans in an effort to document their mysteries and protect their biological health and wealth. He has spent days on end living in an underwater research station off the coast of Bermuda, travelled to a depth of 6,000 meteres in a Japanese submersible and logged thousands of dives. He has also led several prominent expeditions, including an international team that dove in the waters off Thailand to assess the impact of the 2005 tsunami on coral reefs.

In 2000, he was co-leader of a scientific team that tracked the largest known iceberg in history through the seas of Antarctica, and the book he wrote about that trip, "Ice Island," won the 2003 National Outdoor Book

Award for Nature and the Environment. To date, however, the highlight of his career was in March 2006 in Sao Paulo, when he and a group of Kiribati government officials announced the creation of the Phoenix Islands Protected Area. "That was a milestone for me, the result of five years of work. It was deeply gratifying," he wrote.

"At his first underwater glimpse of the coral reefs of the Phoenix Islands, Stone realized that they were among the most pristine coral reefs in the world. His second thought was that this stunningly beautiful and important ecosystem in the south central Pacific must somehow be protected," explains a press release. It goes on to say that Stone was "the driving force" in the effort to create the marine wildlife sanctuary. Stone himself, told one writer, "It's the most magnificent atoll marine wilderness area I've ever seen. The islands have experienced little human impact."

But forging an agreement to protect the area was far from easy. It took years of preparation and required Stone to draw on his skills as an oceanographer, diplomat, expedition organizer and fundraiser. He began by building relationships with the local people and the government officials of Kiribati. Next, he and his colleagues started to document the amazing abundance of marine life around the islands. After three expeditions and 1,500 dives, Stone and his colleagues had documented hundreds of species of marine life, including several never before seen species of fish and coral.

Taking a close look at paradise revealed commercial fishing was beginning to have a negative impact on the region. The government of Kiribati was interested in protecting the near-pristine coral reefs, but they were also concerned because protection would mean restrictions on commercial fishing, and this would result in lost revenue, money Kiribati would normally get from issuing foreign commercial fishing licences. So the next challenge was money. Stone, with the help of Conservation International's Global Conservation Fund, designed a unique endowment fund that would provide revenue to the Kiribati government to compensate for lost fishing licence fees and also provide income to operate and protect the sanctuary. Supporters of the fund came from various organizations around the world.

Stone responded with predictable modesty when quizzed about the National Geographic Hero honour. "It means a lot that the attention focuses people on the issues. Especially, in this case, protecting the oceans," he said. Stone knows the risks and accepts them for very simple reasons saying it is because of "My love and passion for the oceans and the joy of knowing they are a little better off from my work." It is a love he has had for decades. "I learned to scuba dive the day I turned 16," he recalls. "I've been obsessed with the ocean ever since." As such, we have some reason to remain optimistic, knowing that there are heroes like Stone committed to risking personal safety in order to save our planet. His is a truly magnificent obsession.

Question 1
*Choose the correct letter, **A, B, C** or **D**.*
The Phoenix Islands are

A   in Hawaii
B   in Bermuda
C   in Kiribati
D   in Fiji

Question 2
*Choose the correct letter, **A, B, C** or **D**.*
When did Dr. Stone lead a group of researchers on a trip through Antarctica's seas?

A   2000
B   2003
C   2005
D   2006

Question 3

*Choose **TWO** letters **A-E**.*

Which challenges does the writer mention regarding consensus for protecting the marine area?

- **A** A lot of time was needed to prepare.
- **B** They could not catch enough fish around the islands.
- **C** Foreign fishing licences were not available.
- **D** Concern over fishing restrictions leading to a loss of money.
- **E** The government of Kiribati did not support the idea.

Question 4

*Choose the correct letter **A-E**.*

Which statement best describes Dr. Stone?

- **A** He is a careless traveller.
- **B** He wants to protect marine life.
- **C** He cares little about oceans.
- **D** He enjoys being a hero.
- **E** He is a dangerous explorer.

●問題タイプ① 多項選択式

　多項選択式問題では、特定の情報をたずねられます。それは、たいていパッセージの一部分だけに記述されています。答えに直接かかわる情報が入っているのは、せいぜい1つか2つの文章です。多項選択式問題のセットでは、答えはすべてパッセージの流れに沿って出てきます。すなわち、1問目の答えは2問目より前で見つかるようになっています。

　多項選択式問題には、2種類あります。

　1つは問題と選択肢が与えられるタイプです（Q2-4参照）。もう1つは、空欄のある文と選択肢が与えられ、選択肢から1つを選んで文を完成させるタイプです（Q1参照）。答えにも2つのタイプがあります。1つの項目を答えることで1点を与えられる問題と、2つ以上の項目に正解して1点とされる問題です（Q3参照）。

　どちらにせよ、まずは、問題文、あるいは文章を見て、キーワードに丸をつけましょう。次に、キーワードやその類義表現をパッセージの中で見つけます。それから、解答選択肢と、類義表現があるパッセージのエリアを見比べるのです。解答選

択肢のキーワードに丸をつけて、同様に探してみるのもよいでしょう。

ときどき、包括的な問題が問題セットの最後に出題されることがあります。こうした問題は、なぜ書き手がこの論文を書いたのか、その意図をたずねられます。

◆アンサー・エイド

1 Phoenix Islands を探してパッセージをスキャンします。第2、4、5パラグラフにありますね。第2パラグラフではその後に、started を意味する established があります。そして、by の後に Phoenix Islands 保護地区を始めた団体（国家）名が続いています。さらに第4パラグラフでも、Phoenix Islands 保護地区をつくったのがどこの政府かが出てくるので国名がわかります。

2 パッセージにあるすべての年号をスキャンし、丸をつけます。問題文中のキーワードは Dr. Stone（he と出てくるかもしれません）、a group of researchers と、Antarctica's seas ですね。co- は together を意味します。

3 この問題では、1点をとるために、2つの項目を正しく選ばなければなりません。問題文中のキーワード challenges は、problems つまり「難しいこと」や「容易でないこと」を意味します。consensus は agreement を意味します。これらのキーワードをパッセージでスキャンしましょう。答えの選択肢の中の情報がパッセージのどこかにあるはずです。A から始まる選択肢にもざっと目を通しましょう。答えの選択肢にも、ある方向性と情報を読み取ることができ、解答の参考になります。

選択肢A：時間を表現するフレーズ A lot of time ... をスキャンしましょう。また、needed が required、あるいは is necessary を意味することを覚えておきましょう。動詞 prepare は、語形を変えて名詞で出てくることもあります。

選択肢B：名詞 fish の同義語はないので、パッセージで見つけるのは簡単です。could not は not able to。また、not + enough は、しばしば a lack of、insufficient や a shortage of で代用されます。

選択肢C：foreign fishing licences を見つけるのは簡単です。また、were not available は、「100% 手に入らない」という意味。パッセージにそう書いてありますか？

選択肢D：concern あるいは worry をスキャンしましょう。これらは同じ意味です。また、leading to は result in ですね。loss あるいはその変化形は、パッセージ中にあれば、見つけるのが簡単です。

選択肢E：Kiribati 政府に関して否定的な情報が見つかりますか？　did not support の類似表現は was against、その反対は was in favour of です。

4 包括的な多項選択式問題ですので、答えはパッセージ全体にかかわっています。与えられた答えの選択肢は、肯定的なものと否定的なものに簡単に分かれます。選択肢は、A, C と E が否定的で、B と D が肯定的な内容です。そこで、パッセージをスキミングしながら、Dr. Stone についてどちらの情報断片が多いかを判断しましょう。こうして選択肢の数を減らし、正解を絞りこみます。それから、パッセージ全体のテーマは何で、Dr. Stone をどう扱っているか、考えてみましょう。パッセージの見出しがヒントになります。

Questions 5-8

Answer the questions below.

*Choose **NO MORE THAN THREE WORDS** from the passage for each answer.*

5 What biological aspects of the ocean did Dr. Stone spend many years trying to protect? ·······························

6 How long did it take for his dream of creating the Phoenix Islands Protected Area to come true? ·······························

7 Where did worldwide support of the fund come from?

·······························

8 Which issue in particular did Stone say his hero honour makes people focus on? ·······························

●問題タイプ② 短く答える

　パッセージから細部情報や特定のポイントを抽出する能力を試す問題です。事実に即した答えを、3語以内あるいは1つの数字（ここでは3語以内）で書くよう求められます。パッセージから、**単語や数字をそのままもってきて答えればよく、通常、文章は要求されません**。1語〜3語、あるいは1つの数を書くだけです。答えとして書く単語は、固有名詞でないかぎり大文字にする必要はありません。しかし、固有名詞を大文字にしないと（単語が正解でも）、間違いとされます。この問題タイプでは、**答えはたいていパッセージで与えられる情報の順に登場します**。

110

◆アンサー・エイド

5 aspects は複数なので、2つ以上の項目を探さなければなりません。形容詞 biological を見つけましょう。また、many years と同じ意味の時間表現、および protect と同義語の save、preserve、conserve や guard もスキャンしましょう。

6 この問題は、時間の長さを表す単語と、地域の名前、おそらく単語 islands をスキャンするよう要求しています。これら2つの位置はすぐに見つかります。to come true は実際に何かが起きたか、a result があったことを意味します。

7 where ときたら、場所の名前を探せということですが、注意が必要です。それが地名ではなく学校や会社や組織ということもありえます。did + come from でたずねられているので、パッセージの中から (They) came from ... のような表現を探します。

8 問題が長いので難しく見えますが、むしろ情報が豊富で、答えのあるエリアを見つけるヒントが多数あります。問題文中の say で、Dr. Stone が何かを述べたことがわかります。引用符を探しましょう。また、which issue と問われているので、単数の「課題」を見つけなければなりません。issue はしばしば problem を意味します。in particular は especially で言い換えられます。

Questions 9-10

Complete the sentences below.

*Choose **NO MORE THAN TWO WORDS** from the passage for each answer.*

9 When Dr. Stone saw the coral reefs for the first time he thought they were among the _____ in the world.

10 The Phoenix Islands were mostly unaffected by _____ activity.

●問題タイプ③ 文を完成させる

　この問題タイプは、パッセージをスキミングし、問題文や答えの選択肢にある言葉やその類義語をパッセージの中で探しあてる能力を評価します。

　3語以内と［または］1つの数字で文を完成させる問題が一般的です。ときどき ONE WORD あるいは NO MORE THAN TWO WORDS と指示されることがあります。これは空欄埋めタスクです。単語や数字はパッセージから直接書き写さなければなりません。

◆アンサー・エイド

9 まず、問題文中のキーワードを丸で囲みましょう。さらに、これらのキーワードをパッセージで見つけやすい順に優先順位をつければ、短時間で答えを探すことができます。この場合のキーワードと優先順位は以下のようになります。

   ① in the world

   ② first time

   ③ coral reefs

問題文の「主語＋動詞」がthey wereであることから、空欄には「形容詞」か「動詞の過去分詞」が入ることがわかります。しかし、the ... (in the world)とあるので、「動詞」では文法的に合致しません。したがって「形容詞」しかも「最上級の形容詞」でなければなりません。

10 問題文中の数量や頻度に関する単語に注目しましょう。この問題は、「mostly＋否定的形容詞」の逆の意味を認識できているかどうかをテストしています。mostly＋un- は、almost not あるいは very little を意味します。activityは名詞で、形容詞が前にきます。Phoenix Islands、あるいはislandsがどこにあるか探しましょう。たとえパッセージ中の答えのあるエリアでactivityの代用語を認識できなくても、必要なのは形容詞です。形容詞は数えるほどしかありませんね。

Questions 11-13

*Complete each sentence with the correct ending **A-F** from the box below.*

  11 Dr. Stone and his group ⋯⋯⋯⋯

  12 The fishing business ⋯⋯⋯⋯

  13 The government of Kiribati ⋯⋯⋯⋯

> **A** had a unique fund for providing fishing licences.
> **B** was worried about the financial impact of protecting the area.
> **C** identified new and unknown types of coral and fish.
> **D** built positive relationships with the locals only.
> **E** was starting to affect the islands in a negative way.
> **F** failed to find marine life after three trips and 1,500 dives.

●問題タイプ④ 文の締めくくりを一致させる

文の前半と合致する内容を選択肢リストから選び、文を完成させるよう要求するものです。このタイプの問題が出題されたら、パッセージ中のキーワードの位置を確認しましょう。それから、キーワードの周辺情報と合致する内容を選択肢から探し出します。この問題タイプでは通常、答えはパッセージに登場する情報の順に出てきます。

問題タイプ③および④のような1つの文を完成させる問題で求められる情報は、パッセージのある特定の部分にあったり、パッセージ全体に散在していたりします。しかし、それぞれの問題は異なるポイントに焦点が絞られているので、問題相互の直接的なつながりはほとんどありません。ただ、よく似た情報をもつ選択肢があるので、答えを選ぶときは注意しましょう。パッセージの記述内容とぴったり一致する選択肢はただ1つしかありません。惑わされないように見きわめましょう。

◆アンサー・エイド

11 まずは Dr. Stone、そして group、あるいはその同義語をパッセージでスキャンしましょう。A～Fの選択肢にもざっと目を通します。答えの選択肢にもある方向性と情報を読み取ることができ、解答の参考になります。パッセージで名詞を探しながら、同時に選択肢文中の形容詞にも注意します。

A = unique　B = financial　C = new、unknown　D = positive
E = negative　F = marine、three

12 fishing と business、およびそれぞれの同義語をパッセージでスキャンします。パッセージ中の答えがありそうなエリアで、名詞と形容詞、およびそれらの代用語を探しましょう。

13 the government of Kiribati をパッセージでスキャンします。答えがありそうなエリアで、名詞と形容詞、およびそれらの代用語を探しましょう。

パッセージ1の全訳

アドヴェンチャー・ヒーロー

ダイバーで調査探検家のグレッグ・ストーン博士は、2006年『ナショナル・ジオグラフィック』誌が選ぶ〈アドヴェンチャー・ヒーロー〉12名の1人である。『ナショナル・ジオグラフィック・アドヴェンチャー』誌は、ヒーローたちを、「大きな夢を抱く12名」と書いているが、ストーンについてはこの表現では不十分だ。

ストーンは、単なる夢追い人ではない。海洋生物学者にして冒険家の彼は、広い心を持ち、キリバス政府が創設したフェニックス諸島保護区のために奔走している。キリバスは、太平洋

のハワイとフィジーの中間、赤道近くに位置し、33島から成る共和国だ。自然保護区域は18万4,000平方キロにわたり、海洋野生保護区としては地球上で3番目に大きい。

　海洋生物学者となるべく学んだストーンは、海洋研究に何十年も携わり、その神秘を記録し、生物学的に健全で豊かな海を守るべく努力を重ねてきた。バミューダ沖にある海中の調査ステーションに何日も詰め、日本製の潜水艇で6,000メートルの深海を観察し、何千回もの潜水の成果を記録に残している。彼はまた、国際チームを含むいくつかの大きな探検調査隊を率い、タイ沖の海域に潜り、2005年の津波がサンゴ礁に与えた影響を調べた。

　2000年、彼は科学チームを共同で指揮して、南極の海で史上最大として知られた氷河の追跡調査をした。その旅について書いた著書『氷の島』は、2003年のナショナル・アウトドア・ブック賞の「自然と環境賞」を獲得した。しかし、これまでの彼のキャリアでのハイライトは、2006年3月サンパウロでのこと、彼とキリバス政府当局のグループが、フェニックス諸島保護区の創設を宣言したときである。「それは私にとって画期的なことで、5年間の努力の結果だった。そのことをとてもうれしく思った」と、彼は書いている。

　「初めてフェニックス諸島のサンゴ礁を海中で見た瞬間、ストーンは、そこが世界でも最も原始のままのサンゴ礁であることを悟った。そして即座に、この息をのむほど美しく貴重な、南太平洋の真ん中にある生態系を何としても保護しなければならないと考えた」と、プレスリリースにある。さらに読むと、海洋生物の保護区をつくるにあたり、ストーンが「推進役」だったとある。ストーン自身は、ある記者にこう語っている。「そこは、私がそれまで見た中で、最も壮大で海洋野生が息づいている環礁でした。島々にも人間の手がほとんどついていなかったのです」。

　しかし、そのエリアを保護する合意を取りつけることは至難の業だった。準備には何年もかかり、ストーンは、海洋学者として、外交官として、探査指揮者として、さらに資金調達者としてのスキルを総動員しなければならなかった。彼は、まず、地元の人々、そしてキリバス政府の役人との関係を築くことから始めた。次に、彼は仲間とともに、島々をとりまく海洋生物の驚くべき豊かさを記録し始めた。3回の探査と1,500回の潜水の後、ストーンと仲間たちは、何百種もの海洋生物を記録した。そこには、これまで未発見だった魚やサンゴ数種も含まれている。

　楽園を間近に見ることができたことで、漁労が海域によくない影響を与え始めていることが明らかになった。キリバス政府は、ほとんど手つかずのサンゴ礁を保護することに関心を示したが、同時に保護が漁労を制限することになると憂慮した。キリバスは、外国に漁業許可を出すことで収入を得ているので、財源が減ることになる。そうなると、次の課題は資金の調達だった。ストーンは、コンサベーション・インターナショナルのグローバル・コンサベーション基金の援助を得て、ユニークな寄付基金を考案した。キリバス政府に漁業許可料収入のロスを補償する財源を提供し、保護区を運営・保護するための収入を確保するのだ。基金の支援者たちは、世界中のさまざまな団体から集まった。

『ナショナル・ジオグラフィック』誌のヒーローの栄誉に輝いたことについて質問され、ストーンは持ち前の謙虚さでこう答えた。「それには大きな意味があります。この問題に人々の注意が集まるのですから。とくに、大洋を保護するという問題に」。ストーンは、リスクは承知のうえで、それを受け入れている。それは、きわめて単純な理由からで、「海洋に対する私の愛と情熱、そして私の活動で海洋が少しでもよくなっていると知ることの歓びです」と語る。これこそ、彼が何十年も抱いてきた愛なのだ。「私は、16歳になった日にスキューバダイビングを教わりました」と、回想する。「それ以来、ずっと海洋にとりつかれてきました」。ストーンのように自らを危険にさらしながら地球を守ることに奔走しているヒーローがいることを知ると、未来は明るく見える。彼の海洋への執着は、実に素晴らしい。

正解

1 C　　**2** A　　**3** A, D　　**4** B　　**5** health and wealth / health, wealth
6 five years / 5 years　　**7** (various) organizations
8 protecting (the) oceans　　**9** most pristine　　**10** human　　**11** C
12 E　　**13** B

リーディングパッセージ2　練習問題

You should spend about 20 minutes on Questions 14-27 which are based on Reading Passage 2 below.

The Power of Aromatherapy

A　Remember the pleasant fragrance of a herb or flower garden on a hot summer's day, or the crisp smell of an orange as you peel it? These odours are the fragrance of the plant's essential oils, the potent, volatile, and aromatic substance contained in various parts of the plant, including its flowers, leaves, roots, wood, seeds, fruit and bark. The essential oils carry concentrations of the plant's healing properties; the same properties that traditional Western medicine utilizes in many drugs. Aromatherapy is the application of those healing powers—it is a fragrant cure. Professional aromatherapists focus very specifically on the controlled use of essential oils to treat ailments and disease and to promote physical and emotional well-being.

B　Aromatherapy doesn't just work through the sense of smell alone, however. Inhalation is only one application method. Essential oils can also be applied to the skin. They penetrate the skin, taking direct action on body tissues and organs in the vicinity of application. They also enter the bloodstream and are carried throughout the body. Of course, when applied to an area of the body's surface the fragrance of the essential oil is also inhaled.

C　Actually, aromatherapy is part of a larger category of healing treatment known as herbal medicine. Herbal medicine also utilizes the healing powers of plants to treat physical and emotional problems, but it uses the whole plant or parts of the plant, such as leaves, flowers, roots and seeds, rather than the essential oil. Aromatherapy and herbal medicine can be used individually, or they can be used jointly to augment potential healing benefits.

D　You can treat a wide range of physical problems with aromatherapy.

Almost all essential oils have antiseptic properties and are able to fight infection and destroy bacteria, fungi, yeast, parasites and viruses. Many essential oils can also be used to reduce aches and pain, soothe or rout inflammations and spasms, stimulate the immune system and insulin and hormone production, affect blood circulation, dissolve mucus and open nasal passages, or aid digestion—just to mention a few of their amazing therapeutic properties. Aromatherapy can also have a considerable influence on our emotions. Sniffing clary sage, for example, can quell panic, while the fragrance released by peeling an orange can make you feel more optimistic. Since your mind strongly influences your health and is itself a powerful healing tool, it makes aromatherapy's potential even more exciting.

E   Many essential oils perform more than one function, so having just a half-dozen or so on hand will help you treat a wide range of common physical ailments and emotional problems. The beauty of aromatherapy is that you can create a blend of oils that will benefit both in one treatment. For instance, you can blend a combination of essential oils that not only stops indigestion, but also reduces the nervous condition that encouraged it. Or, you could design an aromatherapy body lotion that both improves your complexion and relieves depression.

F   International Flavors and Fragrances, Inc. (IFF), a New Jersey research company, has tested more than 2,000 people to better understand how certain scents summon deep-seated memories and affect personality, behaviour, and sleep patterns. They found that pleasant smells put people into better moods and make them more willing to negotiate, cooperate, and compromise. As a result of these and other studies, several large Tokyo corporations circulate the essential oils of lemon, peppermint, and cypress in their air-conditioning systems to keep workers alert and attentive on the job. As a happy side-effect, this practice is said to reduce the employees' urge to smoke.

G   Psychologically, scent affects our memory and association although it does have other effects, too. According to researchers studying aromacology, the science of medicinal aromas, fragrance actually alters our brain waves. For instance, stimulating scents such as peppermint and eucalyptus intensify brain waves, making the mind sharper and clearer.

117

The effects are similar to those of coffee, but are achieved without caffeine's detrimental impact on the adrenal glands. As a result, aromas are currently helping workers such as truck drivers and air traffic controllers, whose jobs—and the safety of others—depend on their being attentive. Certain fragrances can also produce the opposite effect. If you inhale a flowery draft of chamomile tea, your brain waves will lengthen, causing you to feel relaxed. This is similar to the effect of a sedative drug, often administered by doctors.

H Some essential oils have effects similar to antidepressant drugs, according to the Olfaction Research Group at Warwick University in England. Italian psychiatrist Paolo Rovesti, M.D., helped his patients overcome depression using the scents of various citruses, such as orange, bergamot, lemon, and lemon verbena. Psychologists help people overcome anxiety, tension, and mood swings by having them associate a scent with feelings of rest and contentment. The psychologist uses biofeedback or visualization techniques to help the client relax, and then sniff a relaxing scent. Later, the client can simply smell the relaxation scent when he or she becomes nervous or anxious.

Questions 14-17

Complete the summary with words (A-L) from the box below.

Aromatherapy makes use of essential oils found in plants to treat and cure patients who have ailments and diseases. It is also used by professional aromatherapists to promote emotional as well as physical **14** _____. There are two ways of using aromatherapy. First, the fragrances from the oils can be breathed in by patients, or second, the oils can be applied directly to the skin. Many oils contain excellent **15** _____ for healing various physical problems and conditions. In addition, aromatherapy can be used to have a significant effect upon our **16** _____. For example, simply peeling an orange can make a person feel more positive. In order to treat a wide range of physical ailments as well as emotional problems simultaneously in a single treatment it is possible to create a **17** _____ of oils.

A feelings	**D** mixture	**G** bottle	**J** exercises
B views	**E** medicine	**H** qualities	**K** health
C difference	**F** body	**I** winning	**L** stress

●問題タイプ⑤ 要約・メモ・表・フローチャートを完成させる

　このタイプの問題では、事実に基づいた詳細情報を見つけ、その情報で要約文や表などの穴埋めをすることが要求されます。それは、通常、パッセージの一部分を要約することになります。問題は説明文を伴ったものが多く、たとえばあるプロセスやある時期の一連の出来事などが記述されています。パッセージから単語を選ぶか、与えられたリストから答えを選ばなければなりません。

　答えはパッセージの1カ所にまとまっていることも、全体に散在していることもあります。要約文や表では、ほとんどの情報がパッセージに登場する順番に出てきます。

　要約文完成タスクには2種類あります。1つはテキストから自分で答えを見つけてこなければならないタイプです。もう1つは与えられたリストから答えを選ぶタイプです。後者のほうが難しいのは、リストの単語がパッセージに出てきたものと異なっているからです。選択肢に並んでいるのは、パッセージ中の解答情報の同義語です。リストの単語はすべて同じタイプ、すなわち、すべて名詞かすべて形容詞です。リストの単語が似たような意味をもっていても、答えとして要求される単語は、パッセージの関連情報と完全に合致していないと正解にはなりません。

◆アンサー・エイド

14 囲みの中の選択肢はすべて名詞です。パッセージからemotionalや physicalなど形容詞、あるいは形容詞句［節］を探せば、その後ろに名詞があるはずです。名詞を見つけたら、囲みの中で同じ意味をもつ単語はどれか考えましょう。

15 まず、数量を表すmanyと単語oilsをスキャンしましょう。ついで、excellentと同義の肯定的な形容詞を、同時に一連のvarious physical problems and conditionsを探します。問題に出てくる情報の順番は、パッセージに登場する順番と変わっていたり逆だったりします。

16 effectという単語はよく出てきます。impactはその同義語の1つですが、ほかにも知っていますか？　空欄の前の小さな単語は重要でないと考えがちですが、場合によっては答えを探す有力なヒントを提供してくれます。パッセ

ージでは、ourのすぐ後ろに答えがありますね！

17 この問題には注意が必要です。答えが冠詞 a に続くので、形容詞が要求されていると思いがちですが、答えの後ろに of がきています。つまり、a ... of で、名詞句か名詞が答えとして求められていることがわかります。しかもその名詞句では、a と of の間に抽象名詞がきます。抽象名詞は複数形にはならないので、囲みの中で s がついていない単語を選ぶことになります。また、possible は、can や be able to、create は make や produce の意味です。

Questions 18-20

Label the diagram below.

*Choose **NO MORE THAN ONE WORD** from the passage for each answer.*

Using Essential Oils in Aromatherapy

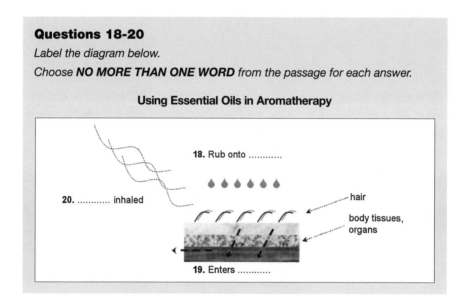

● 問題タイプ⑥ 図を完成させる（図表にラベルを貼る）

このタイプの問題では、単語や数字を見つけ、図表で番号をふられた部分に、パッセージの記述どおりに書き込むことが求められます。たいてい、ラベルは図表の左上から時計回りに番号がふられます。いくつかのラベルはすでに完成しているので、残りのラベルを埋めることになります。単語はパッセージから直接もってきますが、パッセージに登場する順番に並んでいるとはかぎりません。それでも、たいていの場合、パッセージの1つのパートで、すべての答えを見つけることができます。図表は、機械の図だったり、建築物の見取り図だったりします。このタイプのタスクは、しばしばプロセスを説明したテキストや解説文と一緒に出題されます。

◆アンサー・エイド

18 イラスト解説のタイトルに使われている Using は、How to use の意味です。つまり「使い方や効用」、一連の指示やヒントがイラストに添えられていることがわかります。まず、パッセージの中で、hair、body tissues そして organs といった単語を見つけましょう。Q18 の答えがこの3つの単語より前にあるはずです。Q18 は、イラストの中のしずくの形をしたものに関して出題されています。イラストのタイトルから、このしずくの形をしたのものは oils です。前置詞 onto があるので、オイルはどこかへ行かなければなりません。どこにオイルをすり込みますか？ さあ、単語 oils と前置詞を探しましょう。イラストには毛（hair）も描かれているので、パッセージを見なくても答えがわかるかもしれませんが、答えは必ずパッセージ中で見つけたものを書くようにしましょう。

19 答えは、動詞 enters の後にきますから、目的語［名詞］になります。この問題は、イラストの一番下、body tissues や organs の下で出題されています。筋肉や器官についての情報を探しましょう。答えはその後ろで見つかるはずです。

20 答えは、動詞 inhaled の前にきますから、主語［名詞］です。It や They といった代名詞では答えにならないので、名詞を見つけなければなりません。inhaled は、-ed で終わる動詞の受身形の一部ですから、助動詞 be が前にきて、その直前に名詞がくるという構造になります。しかし、パッセージで見つけた文章の構文では、the が2回現れ、the（名詞1）of the（名詞2）is inhaled となっています。この場合、答えはメインの名詞、すなわち名詞1になります。

Questions 21-24

*Reading Passage 2 has eight paragraphs, **A-H**.*

Choose the correct heading for each section from the list of headings below.

*Write the correct number **i-viii** in boxes 21-24 on your answer sheet.*

List of Headings

i	Providing a Solution for Sufferers
ii	Making an Individual Multi-purpose Remedy
iii	Two Natural Effects on the Mind
iv	How Does Aromatherapy Work?
v	Therapeutic Uses of Essential Oils
vi	What Is Aromatherapy?
vii	Surveys Link Nice Smells with Positive Results
viii	Belonging to a Bigger Group

Example. Paragraph A ___vi___

21 Paragraph B _____

22 Paragraph D _____

23 Paragraph F _____

24 Paragraph H _____

●問題タイプ⑦ 見出しを選ぶ

　パッセージを見て、各パラグラフの頭に番号やアルファベットがついていたら、パラグラフやパッセージのある部分にふさわしい見出しをつける問題が出ると考えられます。

　このタイプの問題では、パッセージ全体で扱っている主題や、特定のパラグラフや部分のアイディアを理解しているかどうかが問われます。リストの中から当該パラグラフや部分にマッチした見出しを選ぶ問題です。見出しは、主題を簡潔に要約したものです。パラグラフや部分にはアルファベットがふられ、出題順に並んでいますが、選択肢である見出しはローマ数字（i, ii, iii iv, v など）がふられ、パッセージに現れる順には並んでいません。受験者は、答えとして選んだローマ数字を書きます。

　スキャンするのは、見出しの選択肢に出てくる単語やフレーズの類義表現です。

しかし、あるパラグラフで見出しに出てくる単語を見つけたからといって、すぐに答えとして選んではいけません。同じ単語がほかのパラグラフにも出てくるかもしれないからです。たとえば、見出しで丸をつけた2つのキーワードが、2つの異なるパラグラフに出てきたら、迷いますね。そういう場合は、同じ見出しから3つ目、4つ目のキーワードを選び出し、どちらにより合っているか判断しましょう。

　見出しの選択肢の数は、問題の対象となっているパラグラフの数より多く、該当しない選択肢がいくつか混じっています。また、パッセージのパラグラフすべてが問題の対象になるわけでもありません。しばしば、パッセージ中の1つのパラグラフや部分を使った例題と解答例が示されます。

◆アンサー・エイド

21-24 この問題セットでは例題が与えられ、見出しのviは解答例ですでに使われているので、線をひいて選択肢から除外しておきましょう。次に、パラグラフBの内容をi～viiiの見出しと順番に見比べていきます。マッチする見出しを見つけたら、次のパラグラフについても同様に進めます。各パラグラフと見出しを照合する際、見出しにパラグラフの全体内容が含まれているかどうか確認するのを忘れないように。この場合は、以下の見出しのキーワードが、パラグラフにちゃんと入っているか確認しましょう。

i	Solution, Sufferers
ii	Making, Individual, Multi-purpose, Remedy
iii	Two, Effects, Mind
iv	How, Aromatherapy Work
v	Therapeutic, Uses, Essential Oils
vi	What, Aromatherapy
vii	Surveys, Link, Nice Smells, Positive Results
viii	Belonging, Bigger, Group

Questions 25-27

*Reading Passage 2 has eight paragraphs, **A-H**.*

Which paragraph contains the following information?

*Write the correct letter **A-H** in boxes 25-27 on your answer sheet.*

25 An example of how combining oils can work as a cure. ....

26 A contrast between two types of related treatment. ....

27 An explanation of a second way our brain reacts to fragrances.

....

● 問題タイプ⑧ 情報を一致させる

　このタイプの問題では、特定の情報がどのパラグラフに書かれているかが問われます。たいてい、パラグラフにはアルファベットがふられています。解答用紙には、答えとして選んだパラグラフにふられたアルファベットを書くことになります。探すべき情報は、たとえば以下のようなものです。

　　　● 特定・具体的な細部　　　● 比較
　　　● （何かの）例・典型　　　● 要約
　　　● 出来事や変化などの理由　　● 説明・解説

　ときどき1つのパラグラフに、2つ以上の答えが含まれることがあります。その場合は、A, B, C を1度以上使う可能性があるとの指示があります。

◆ アンサー・エイド

25 example という語をスキャンしましょう。example の同義語をほかに知っていますか？　この問題では combining がもう1つのキーワードです。問題文中では動名詞ですが、パッセージ中では形を変えて動詞 combine あるいは名詞 combination として登場しているかもしれません。

26 まず、治療法の2つのタイプを述べているパラグラフを探してみましょう。related が connected（関連した）であることを頭に置いて探しましょう。問題文中に contrast があるので、何かが何かと違うことを暗示する単語や表現、たとえば but、however、in contrast、than を見つけましょう。

124

27 単語 brain は見つけやすいので、まずスキャンしましょう。問題文中のキーワード second way は another way を意味します。トピック・センテンスにはパラグラフ全体についての重要情報が含まれているので、パラグラフのメイン・アイディアを把握するのに役立ちます。パッセージで、あるパラグラフに one way とあったら、the second way や the other way は続いて出てくるはずです。ですから、one way を探して、各パラグラフのトピック・センテンスをスキャンするのは有効なやり方です。

パッセージ2の全訳

アロマテラピーの力

〔**A**〕 夏の暑い日、ハーブ園や花園に流れてくる心地よい香り、そしてオレンジの皮をむいたときのさわやかな匂いを思い出せるだろうか? これらの芳香は植物精油の香りで、効能をもつ揮発性の芳香成分が、植物のさまざまな部位、花、葉、根、枝、種、実、そして皮に含まれている。精油は植物の癒しの特性を凝縮させたもので、この特性を伝統的な西洋医療は多くの薬に活用してきた。アロマテラピーはそうした治癒の力を応用したもので、香りの治療といえる。プロのアロマテラピストは、痛みや病気を治療し、身体と感情をよい状態にするために、精油の調整使用を極めている。

〔**B**〕 しかし、アロマテラピーは、嗅覚だけを通じて作用するわけではない。吸入は単に適用方法の1つである。精油は皮膚に塗ることもできる。精油は皮膚から浸透し、塗った部分周辺の組織や器官に直接に作用するのだ。さらに、血流に入り込み、全身に運ばれる。もちろん、身体の表面に塗られるときに、精油の香りを吸い込むことにもなる。

〔**C**〕 実際、アロマテラピーはハーブ治療として知られる癒し療法のより大きなカテゴリーの一部である。ハーブ治療も植物の癒しの力を活用したもので、身体や感情の不調を扱っているのだが、ハーブ治療では、精油ではなく、葉や花や根や種など、植物全体や植物の一部を使う。アロマテラピーとハーブ治療は、それぞれが個別に用いられることも、癒しの相乗効果を見込んで、合わせて処方されることもある。

〔**D**〕 アロマテラピーで、広い範囲の身体の不調を治療できる。ほとんどすべての精油は、特性として殺菌効果があり、感染症と闘い、バクテリアやカビや菌や寄生虫、ウィルスを死滅させることができる。また、多くの精油が、痛みや苦痛を減らし、炎症を和らげ、発作を治め、免疫システムやインシュリンやホルモン生成を刺激し、血行をよくし、粘液をサラサラにして鼻の通りをよくし、消化を助けるために使われる。めざましい治療特性のほんのいくつかを並べただけでこれだけある。アロマテラピーはまた、私たちの感情にもかなりの影響を及ぼす。たとえば、クラリセージを嗅いだだけで、パニックが治まる。オレンジの皮をむくときに放たれる香りで、明るい気分になれる。心は健康に強く作用するだけに、心自体が強力な治療手段

であり、アロマテラピーの可能性にさらに期待できるというものだ。

〔E〕 多くの精油は、2つ以上の機能をもっており、5～6種類を手元に置けば、さまざまな身体の痛みや感情の不調を治療できる。アロマテラピーの優れた点は、精油をブレンドすれば、1回の治療で両方の精油の効果が得られるというところだ。たとえば、消化不良を改善する精油と、消化不良の原因となる緊張状態を緩和させるオイルを組み合わせてブレンドすることができる。また、顔色をよくすると同時に、抑うつ状態を和らげる効能をもつアロマテラピー・ボディ・ローションをつくることもできるのだ。

〔F〕 ニュージャージーにある調査会社、インターナショナル・フレーヴァー＆フレグランス社（IFF）は、2,000人以上を対象にテストを実施した。どのような香りが、奥深い記憶を呼び覚ましたり、性格や行動や睡眠パターンに作用するのかを知るためのテストである。その結果、彼らは、快い香りは人々をよい気分にし、より積極的に交渉や協力や妥協に応じさせるということをつきとめた。これらの結果やほかの研究成果を採用し、東京のいくつかの大企業では、レモンやペパーミント、サイプレスの精油を空調システムに循環させ、社員を機敏にし、仕事への注意力が増すようにしている。この実験にはうれしい副作用があり、従業員の喫煙衝動を減らすことができたという。

〔G〕 心理学的に見て、香りは記憶や連想に影響を及ぼすが、ほかにも作用がある。薬物としてのアロマを科学として研究するアロマコロジーの研究者たちによると、香りは実際に、私たちの脳波を変えるという。たとえば、ペパーミントやユーカリのような刺激臭は脳波を増幅させ、頭をシャープでクリアにする。効果はコーヒーと似ているが、カフェインによる副腎への悪影響なしに得られる。その結果、現在、アロマは、トラック運転手や航空交通管制官といった仕事に携わる人々、さらには、多くの人の安全が彼らの注意力にかかっているような職業に就く人々を助けている。一方、ある種の香りは、逆の作用を生み出す。カモミール茶の花の香りを吸い込んだだけで、あなたの脳波は長くなり、リラックスした気分になる。これは、しばしば医師が処方する鎮静剤の効果と同様である。

〔H〕 イングランドのワーウィック大学の嗅覚研究グループによると、精油の中には抗うつ剤と似た作用をもつものがある。また、イタリアの精神科医パオロ・ロヴェスティ博士は、患者がうつ症状を克服するのに、オレンジやベルガモット、レモン、レモン・ヴァーベナなど、さまざまな柑橘系の香りを使ったという。心理学者たちも、安心感と満足感を香りと関連づけさせることによって、人々が不安や緊張、気分の揺れを克服するのを助けている。心理学者は、患者がリラックスできるようなバイオフィードバックや視覚化テクニックを使い、それからリラックスできる香りを嗅いでもらうという。それ以降、患者は、緊張や不安を感じたときには、リラックスできる香りを嗅ぐだけでよくなる。

正解					
14 K	**15** H	**16** A	**17** D	**18** skin	**19** bloodstream
20 fragrance	**21** iv	**22** v	**23** vii	**24** i	**25** E **26** C **27** G

リーディングパッセージ３　練習問題

You should spend about 20 minutes on Questions 28-40 which are based on Reading Passage 3 below.

Thinking Aloud—Do Words Limit Our Ability to Think?

Does language determine thought? Are there concepts in some languages that can't be understood in others because that language doesn't have the word for it? It seems like a reasonable question. However, nature has equipped us all with the same tools, regardless of where we grow up. The Dani people of Indonesia don't have words for colours, but that doesn't mean they can't understand the concept of colour; humans have special cells in the retina that are tuned to light at the wavelengths corresponding to red, green and blue.

What about more abstract concepts? For many years, the Hopi in North America were thought by some academics to have no words in their language for time, past or future. This idea was put about by Benjamin Lee Whorf, a fire-prevention officer and linguist, who trained at Yale University in the 1930s. Once it had taken hold, the idea quickly followed that the Hopi had no concept of time, or at least not the concept that most of us have. However, it turns out that the Hopi have plenty of words and metaphors for time, and complex and accurate methods of tracking and marking it. But Whorf—who also propagated the myth that Eskimos have many words for snow—had a huge influence on linguistic thought, going as far as to hypothesize that language determines thought itself. The idea has survived despite being unsupported by evidence.

Yet in the journal *Science*, Peter Gordon of Columbia University in New York published a paper suggesting that as far as numbers are concerned, it is necessary to have words to be able to comprehend them. If corroborated, Gordon's work would confirm, for numbers, Whorf's hypothesis on thought. Gordon, a bio-behavioral scientist, was reporting on his work with the Piraha, a tiny hunter-gatherer tribe living in Brazil on the Maici River, a tributary of the Amazon. Their language is the simplest known, having just 10 different sounds (phonemes). In comparison, English has 40 to 45 phonemes. For numbers, the Piraha language only has words for one and two, and even those words are vague, meaning "about one," and "more than one," respectively. To refer to numbers above two, the Piraha say their word for "many."

Gordon gave seven Piraha men simple tasks to determine their ability to count. He placed objects (such as nuts and small batteries) in a row and asked each subject to duplicate the pattern. The Piraha subjects responded accurately with up to two or three items, but their performance declined when challenged with eight to ten items, and dropped to zero with larger sets of objects. He says that his experiments show that having the right linguistic resources determines a person's reality. "Whorf says that language divides the world into different categories," he said. "Whether one language chooses to distinguish one thing versus another affects how an individual perceives reality."

Can this be true? Elephants, which seem to mourn their dead babies, can apparently think about death, but they don't have words for it. Baboons and chimps, it has been shown, are capable of abstract thought. Can it really be that just because the Piraha don't have words for numbers, they can't count, when monkeys, chimps and birds have been shown to be capable of counting?

"This is not my interpretation of the results, though it is quite a plausible one," said Daniel Everett, a linguist at the University of Manchester in north-west England, who studied the Piraha with Gordon in the Amazon. "My own view of the matter is that Piraha counting is part of a larger series of culturally based constraints on grammar and semantics in Piraha, which reflect a value against quantifying beyond the immediate experience of living members of the community." The Piraha are able to recognize quantity, Everett stressed, but only in a relative sense. They are not precise. They used their fingers in addition to their verbal statement of quantity, but this practice, too, was found to be highly inaccurate even for small numbers below five.

To me, it still seems strange that a few animals can count and humans can have trouble. "But the data showing that animals can count is only obtained after weeks of training and conditioning," Gordon said in an e-mail interview. "This is not counting, in the sense of tagging a numeric value that increments by one to get the cardinality of a set. If you look at the Piraha data, they also perform above chance (just as trained animals do); you just expect humans to be a whole lot better," he said. "So, if you get 70 per cent performance in matching five items from a pigeon, it looks great; if you get it from an adult human, it looks pretty crummy." Does the study justify Whorf's ideas?

"My claim," Gordon explained, "is not that language determines thought in general—you can clearly think without words—but that the result of my experiments with Piraha show that it is possible for linguistic differences to radically limit the concepts that can be entertained." If more research supports Gordon—and more research is needed—then the idea that language can influence thought will have gained some much-needed respectability. But Gordon gave a final thought to consider: "For all I know, this may be a very rare exception to the rule."

Questions 28-30

Do the following statements agree with the views of the writer in Reading Passage 3? In boxes 28-30 on your answer sheet write:

YES   *if the statement agrees with the views of the writer*
NO   *if the statement contradicts the views of the writer*
NOT GIVEN *if it is impossible to say what the writer thinks about this*

28   Nature provides people with different tools according to the place they are raised in.   ----------------

29   Monkeys have the ability to think in abstract ways.   ----------------

30   Some animals have trouble when they count.   ----------------

●問題タイプ⑨ 書き手の見解・主張を識別する

このタスクは、パッセージの特定部分についてたずねられるか、パッセージ全体に散らばっている情報をたずねられるかのどちらかです。問題は、関連情報がパッセージに登場する順番で出題されます。

書き手の見解や主張が問われており、受験者は、いくつかの意見を提示されたうえで、以下のように質問されます。

Do the following statements agree with the views/claims of the writer? Write either 'YES/NO/NOT GIVEN' on the answer sheet.
（次の記述内容は、書き手の見解／主張と一致しますか？ 解答用紙に「はい／いいえ／該当なし」のいずれかを書きなさい）

このタイプの問題は書き手の見解やアイディアを認識する能力が受験者にあるかどうかを試します。そのため、散文的なパッセージや論理的なパッセージが採用されることがあります。

● Yes/No/Not Given と答える基準

Yes と答える場合、書き手の見解／主張は、明らかに問題文の記述と一致していなければならない。

No と答える場合、書き手の見解／主張が、明らかに問題文の記述と矛盾していなければならない。

Not Given は、書き手の見解／主張が、問題文の記述で確認できず、矛盾もしない場合に選ぶ。

もし、あなたが問題で提示された見解や記述をどこにも見つけることができない場合、答えは Not Given がよいでしょう。「見解や記述は必ずここにあるはずなのになぜ見つけることができないのだろう？」と思い込んでいると、時間を無駄にします。そこにはないかもしれません。注意しましょう！

◆アンサー・エイド

28 Q28-30 では、書き手の見解についてたずねられています。ですから、第4と第6、第8パラグラフは綿密に読む必要はありません。パッセージに登場する人々について基本的な情報が書かれているだけだからです。Q28 は問題文が長いので、キーワードもたくさんあり、答えのあるエリアが見つけやすくなっています。名詞は関係詞とつながっていることを忘れてはいけません。たとえば place は、where とつながっています。しかし、正解するためには、

パッセージで与えられた情報の意味を見つけ、関連づけ、理解しなければなりません。パッセージの意味内容と問題文の意味内容は同じですか？　違っていますか？　あるいは、どちらともいえませんか？　しばしば問題文で使われている単語が、答えには、意味が反対の表現で登場することがあります。different の反対は何ですか？　according to の反対は何ですか？　これらの言葉は、パッセージ中の答えがあるエリアの反対表現が意味するところと一致していますか？

29　ときどき、問題文中で総称（集合）名詞が使われ、パッセージではその中の固有名を使っていることがあります。そういう場合は、答えのエリアからその固有名を見つけなければなりません。たとえば、この問題では総称名詞 monkeys が使われていますから、パッセージにあるサルの名前をスキャンしましょう。また、単語 ability の同義表現には、can、can (do) + well、skill、good at、capable も含まれます。問題文中の情報は肯定的なので、答えのエリアを見つけても、はっきりわからないかもしれません。そういうときは、答えのエリアの情報が肯定的か否定的か単純に考えてみましょう。もしあなたが情報を否定的だと考えるなら、問題文の内容と一致しないので、答えは NO になります。

30　キーワードである some（数量詞）は、違う表現で出てくることを想定しましょう。animals、trouble、count を探します。もし、これらの単語を見つけることができなかったら、答えはおそらく NOT GIVEN です。もし見つけることができれば YES。しかし、問題文で与えられていることを、書き手が確実に言っていなければ、NO あるいは、NOT GIVEN かもしれません。この問題に答えるには、書き手が、「ある動物は、数えるのが苦手だ」と実際に言っているかどうか確認する必要があります。

● 問題タイプ⑩ 情報を識別する

　パッセージ内の情報を問う問題です。いくつかの意見を提示されたうえで、以下のように問われます。

Do the following statements agree with the information in the text? Write either 'TRUE/FALSE/NOT GIVEN' on the answer sheet.
（次の記述内容は、テキスト中の情報と一致しますか？　解答用紙に「真／偽／該当なし」のいずれかを書きなさい）

　このタイプの問題は、パッセージが伝えている情報のポイントを的確に抽出してくる能力を試すものです。

● True/False/Not Given と答える基準

　True と答える場合、パッセージの情報が、明らかに問題文の記述と一致していなければならない。

　False と答える場合、パッセージの情報が、明らかに問題文の記述と矛盾していなければならない。

　Not Given は、パッセージの情報が、問題文の記述で確認できず、矛盾もしない場合に選ぶ。

◆アンサー・エイド

31　Q31-33 はパッセージで与えられた情報についてたずねています。ですから、各パラグラフについて、それが書き手に由来する情報なのか、パッセージで言及した人々に由来する情報かを判断する必要があります。ときには、問題文中の記述、たとえば、The word snow can be ... を Can the word snow be ...? といった具合に疑問文に変換してみると、答えを見つけやすいかもしれません。Eskimo は固有名詞なので、大文字で始まります。大文字で始まる単語は見つけやすいので、パッセージのスキミングの途中で丸をつけておきましょう。

32　同様に、English と Piraha も大文字で始まるので見つけやすい単語です。ここで、答えが真か偽か該当なしか実際に判断するときに、問題文中で最も重要な単語は数量詞 fewer です。パッセージでは、less ... than か more ... than を探しましょう。また、数量については、正しく答えるために単純な計算をしなければならないこともあります。

33　時間に関するフレーズを含んでいる問題です。時間についてのフレーズは、ほかのキーワードとともに、答えのあるエリアを見つける目印になってくれます。information がしばしば、data や facts and figures の意味で使われることを覚えておきましょう。問題が must be ... in order to と言っているので、ある結果を生むために必要とされている要件（条件）を探すことになります。パッセージでは、after という語を使って、条件と結果のつながりを示しています。

Questions 34-36

*According to Reading Passage 3, match the information with each choice, **A**, **B**, or **C**.*

- **A**　The Dani people
- **B**　The Hopi people
- **C**　The Piraha people

*Write the correct letter, **A**, **B** or **C** in boxes 34-36 on your answer sheet.*

34　For them, numbers are not clearly represented by words.　..............

35　They possess many words for expressing time.　..............

36　This group does not have vocabulary to show colours.　..............

●問題タイプ⑪ 組み合わせる

　このタスクは、パッセージに登場する事実間のつながりや関係を認識しているかどうかを試します。出来事や登場人物の特徴、そのほかの情報を、与えられたカテゴリーと組み合わせます。

　通常、組み合わせる情報は、パッセージの異なる部分からきたものです。たとえば、カテゴリーとして3つの年（1880年、1920年、1940年）が与えられ、それぞれの時代に起きた出来事を組み合わせるといった具合です。カテゴリー項目にはA, B, Cなどの記号がふられており、その記号で答えます。また、たいていの場合、カテゴリーは時系列、あるいはアルファベット順にリストに並んでおり、パッセージに登場する順番にはなっていません。通常、カテゴリーの項目より出来事の項目が多く提示され、適合するものを選んでいきますが、全問題に答えるために1つのカテゴリーを複数回使うこともできます。多くの事実情報や詳細を含む説明文調のパッセージで、しばしばこのタイプの問題が出題されます。

◆アンサー・エイド

34-36　まず、パッセージに出てくる Dani、Hopi、Piraha など部族の名前に、手あたりしだい丸をつけます。このタスクでは、各部族と、それぞれに与えられた記述内容を組み合わせます。そこで、パッセージでは、情報量が最少の部族を探し、まずは Q34、次に Q35、最後に Q36 で与えられている情報と比較してみます。答えを選んだら、同様に、今度はパッセージで2番目に情報量の少ない部族について行います。ここでは、残った部族は、残った問題の答えになります。このプロセスは、部族より問題数が多い場合でも有効です。このタイプの問題のほとんどでは、与えられた選択肢より問題数が多くなっています。いくつかの選択肢が、複数の問題の答えになる場合もあります。

　また忘れてならないのは、必ずしも順番に答えを見つけなくてよいということです。まず、Q36 の colours を、ついで Q35 の time、最後にQ34 の numbers といった順にスキャンするほうが簡単かもしれません。また、問題を読んだ段階で、自分が探すべきは、基本的に肯定的な情報か、あるいは否定的な情報かを確認しておきましょう。Q35 は肯定的な情報についてですが、Q34 と Q36 は否定的な情報を含んでいます。

　答えの選択肢によっては、類似や同義の語彙が使われています。たとえば、動詞 represent(ed) は show を、words は vocabulary を意味するといった具合です。

Questions 37-40

*Match each idea/opinion/theory with the correct person **A-C**.*

*Write the correct letters **A-C** in boxes 37-40 on your answer sheet.*

***NB** You may use any letter more than once.*

37 One group can perceive quantity. ------------

38 Words are required for understanding numbers. ------------

39 One group has no words to express time. ------------

40 Words are not necessary for being able to think. ------------

---

List of People

A Benjamin Lee Whorf

B Peter Gordon

C Daniel Everett

●問題タイプ⑪ 組み合わせる

　このタスクは、書き手の見解や理論を認識する能力を試すためのものです。受験者は、いくつかの選択肢を与えられ、その内容に関連する人物と組み合わなければなりません。理論や発見、主張と人物名との組み合わせなどです。答えの選択肢の中には、まったく使われないものもあれば、複数回使われるものもあります。選択肢を2度以上使ってよい場合は、その旨が指示されます。

　Q34-36では、記述内容と組み合わせるのは、さまざまなカテゴリーの情報ですが、こちらでは、記述内容と組み合わせるのは、特定の人物や物事（アイテムやオブジェクト）といった選択肢です。問題で与えられる情報の順番は、必ずしもパッセージに登場する順番と同じではありません。しかし、答えの選択肢は、パッセージに登場する順番に並んでいます。選択肢には、たいていA, B, Cなど記号がふられており、記号で解答します。議論を扱ったパッセージや、話題のトピックについての見解を含むようなパッセージで、このタイプのタスクが出題されることが多いです。

◆アンサー・エイド

37-40　パッセージに出てくるWhorf、Gordon、Everettという人名に丸をつけていきます。パッセージ中で引用部分や記述部分が最も少ない人物はだれ

で、最も多い人はだれかを見つけるのです。Q34-36と違うところは、指示にあるように、A, B, C を複数回使えるという点です。

　ときどき、書き手が囲みの中の人物たちについて情報を提供してくれます。しかし、とくに注目すべきなのは、パッセージ中の引用符です。それらは見つけるのがきわめて容易であるのと、各人物の発言からの直接引用だからです。

　パッセージで一番とりあげられている人物は、ほかの人物に比べ、より多くの答えにマッチしてしまいます。情報の少ない選択肢から判断すること、肯定的・否定的情報から探す方法を実践してみてください。なお、perceive は understand の意味です。また、quantity は numbers を意味することができますが、time が numbers の代わりになることはできません。

パッセージ3の全訳

声に出して考える──言葉は考える能力を制限するか？

　言語は思考を規定するのだろうか？　ある言語にある概念が、ほかの言語にはそれに対応する言葉がないという理由から、その概念が理解できないといったことがあるのだろうか？　これは、妥当な疑問のように思える。しかし、自然は、私たちがどこで成長しようと、皆に同じ道具を備えてくれている。インドネシアのダニ族は、色に対応する言葉をもたない。しかし、だからといって彼らが色という概念を理解できないことにはならない。ヒトは、網膜に特別な細胞をもっていて、それらは赤、緑、青、それぞれに対応する波長の光に同調する。

　では、より抽象的な概念についてはどうだろうか？　北米に住むホピ族は、その言語に時間を表す言葉、つまり過去や未来を表す言葉をもたないと、長年にわたって一部の学者たちによって考えられていた。防火官吏にして言語学者のベンジャミン・リー・ウォーフがこの考えを広めた。ウォーフは1930年代にエール大学で学んでいる。いったんその説が固まると、ホピ族は時間の概念をもたない、少なくともわれわれがもっているような時間の概念がないという考えがすぐにそれに続いた。しかしその後、ホピ語には時間に関する単語や隠喩がたくさんあり、しかも、時間をたどったり記したりする複雑で厳密な方法をもっていることがわかった。しかし、ウォーフは──この人物はエスキモーが雪を表すたくさんの言葉をもっているという神話も広めたのであるが──言語学の思潮に多大な影響力をもち、言語が思考そのものを規定するという仮説を立てるまでに至る。この考えは、根拠の裏づけがないにもかかわらず生き続けている。

　一方、ニューヨークのコロンビア大学のピーター・ゴードンが『サイエンス』誌に論文を発表し、数に関するかぎり、それらを理解するために言葉をもつことが不可欠だとした。もし確証があれば、ゴードンの論文は、数については、ウォーフの思考についての仮説を裏づけるこ

とになる。生物行動学者のゴードンは、ピラハ族についての研究を報告していた。ピラハ族は、ブラジルはアマゾンの支流マイシ河に暮らす小さな狩猟採集部族である。彼らの言語は知られている最も単純な言語で、10の異なる音素だけをもつ。それに対し、英語には40〜45の音素がある。数については、ピラハ語には1と2を表す言葉しかなく、それらも曖昧で、それぞれ「だいたい1つ」と「1つより多い」を意味している。2つ以上の数を言うとき、ピラハの人々は「たくさん」という言葉を使う。

ゴードンは、数える能力を判定するために、7人のピラハ族の男性に簡単な課題を与えた。彼は（ナッツとか、小さな電池といった）物を一列に置き、7人それぞれに、置き方のパターンを真似て並べてもらった。ピラハ族の被験者たちは、2個や3個までは正確に反応したが、8個や10個になると成績が落ち、もっと個数が増えると成績はゼロにまで落ちた。ゴードンによると、彼の実験は、適正な言語資源を持つことが、その人の現実を規定することを示しているという。「ウォーフは、言語が世界を異なるカテゴリーに分類すると言っている」と、ゴードンは言い、「ある言語が、1つの物を別の物に対して区別するかどうかは、個人が現実をどのように認識するかに影響を与える」とも語った。

これは本当だろうか？　死んだ子象を悼んでいるように見える象たちは、明らかに死について考えることができている。しかし、彼らはそれを表現する言葉をもっていない。ヒヒとチンパンジーは、証明されているように、抽象的な思考をする能力をもつ。はたして、ピラハ族が数の言葉をもたないからといって、彼らが数えることができないことになるのだろうか。一方で、猿やチンパンジーや鳥は数えることができると明らかになっているのに。

「なるほど、もっともらしい説だが、この結果に対する私の解釈とは異なる」と、イギリス北西部のマンチェスター大学の言語学者ダニエル・エヴァレットは言う。彼は、アマゾンでゴードンと一緒にピラハ族を研究した人物だ。「このことについての私自身の見解は、ピラハ族の数え方は、ピラハ語の文法や語義に対する一連の文化に根ざした制約の一部なのだ。それは、今生きているコミュニティメンバーの、直接的な経験を越えて量を明示することをよしとしない価値観を反映している」という。ピラハ族は量を認識することはできる、とエヴァレットは強調する。しかし、相対的な意味での量なのだ。彼らは正確とはいえない。彼らは、量を口に出して言いながら、指も使っている。しかし、この習慣も、やはり5個以下の小さな数でさえ、かなり不正確であることがわかっている。

私にとっては、何種類かの動物は数えることができて、それが難しいヒトがいるいうのは、いまだに不思議だ。「もっとも、動物が数えることができることを示すデータは、何週間も訓練し、条件づけをしてはじめて得られたものだ」。ゴードンは、メールインタビューでこう答えている。「これは、数えているんじゃない。数値に標識をつけて、1つずつ増えていくと1セットになるという意味でね。ピラハ族のデータを見れば、彼らも単なる偶然以上の成果をあげている〔訓練を受けた動物と同じように〕。だれもが、ヒトにはどうしてもずっといい成績を期待するからね」と彼は言う。「もし、5個のものをマッチさせるのに70パーセントの成

果を上げたのが鳩だったらそれは大したものだが、ヒトの大人から同じ結果を得たとしたら、かなりおそまつに思えるだろう」。この研究はウォーフの考えを正当化することになるだろうか？

「私が主張したいのは」と、ゴードンは説明した。「言語が思考全般を規定するということではなく——実際、言葉がなくても明らかに考えることができるが——ピラハ族に関する私の実験は、言語の違いが、心に抱かれうる概念を根本的に制限する可能性があることを示しているということだ」。さらなる研究がゴードンを支持すれば、そして、さらなる研究が必要とされているのだが、言語が思考に影響を与えうるという考えは、念願の社会的評価をいくらか得ることになるだろう。しかし、ゴードンは検討すべき考えを最後に述べている。「私が知るかぎり、これはルールのきわめて稀な例外であるかもしれない」と。

正解				
28 NO	**29** YES	**30** NOT GIVEN	**31** FALSE	**32** NOT GIVEN
33 TRUE	**34** C	**35** B	**36** A	**37** C
38 B	**39** A	**40** B		

Study Advice for the Reading Module
リーディングテストのための学習アドバイス

1. よい電子辞書は勉強の強い味方
よい電子辞書を買いましょう。高価だと思うかもしれませんが、何年も使っていれば、目標のスコアをとった後でも、よい投資だったとわかります。よい電子辞書とは、評判の高い「辞書」を多数搭載し、英和・和英・英英辞典の機能を備え、ワードやフレーズの類義表現をたくさん提供してくれるシソーラス（類義語辞典）が入っているものです。

2. 読めば読むほど力がつく
リーディングの力をつけるには、少なくとも1日おきに何か英語を読むことです。IELTSの例題にも親しんでおきましょう。例題と似たタイプの資料やテキストは雑誌や新聞、インターネットなどさまざまな情報源から見つけてくることができます。読めば読むほど、語彙は豊富になり知識が増え、大切な類義表現を認識する能力も向上します！　もちろんスペリング能力も磨くことができるでしょう。

3. 単語タイプを見きわめる訓練を
単語タイプを識別する能力はとても重要です。そのためには、語根と接頭辞と接

尾辞をしっかり勉強しましょう。接頭辞を1つ選び、その接頭辞を探しながらパッセージを通読します。ついで、別の接頭辞で同様に読みます。手元に問題集があったら、「文章完成」問題や「穴埋め」問題で要求されている単語タイプは何かを識別する練習をしましょう。答える空欄の前後の単語がヒントになります。

4. パッセージの概要をつかむスキミングの練習

各パラグラフで展開されているトピック全体や主題を理解することは、慣れないうちは難しいかもしれません。そもそもパッセージ全体が何についての記述なのか？　各パラグラフには何が書かれているか？　それを素早く把握するためにスキミングの練習をしましょう。頻出する単語、パッセージ全体に散在する単語、どのパラグラフにも出てくる単語などを探してスキミングするのです。パッセージをスキミングして、その要旨や概要を理解しましょう。

5. さまざまな英語に親しんでおく

リーディングテストでは、特定の具体的な細部情報をつきとめて答える場合がほとんどです。必要な細部情報を見つける能力を上げるために、雑誌、新聞、そのほかの情報源を活用しましょう。新聞雑誌の論文をスキャニングする練習をし、日付や数字、名前など、見つけるのが容易なキーワードにハイライトをつけながら読む練習です。テスト本番では、マークした情報の周辺を検討し、答えを確定します。迅速、確実にスキャニングをするために、さまざまなテキストで何度も練習しましょう。

6. IELTS向けの語彙を知って増強する

本書で紹介した11のリーディングの問題タイプをじっくり研究して、慣れておくようにしましょう。リーディング・パッセージの内容や語彙は多岐にわたっています。しかし、問題はテストに合わせてつくられていますから、多様といっても限られます。また、IELTSによく登場するトピックを知っておくのもよいでしょう。名詞、動詞、形容詞など、トピックとともに、頻繁に使われている単語に親しんでおけば、スペリングの勉強にもなります。特定のトピックは、社会・生活の場や、学術・教育の場での話題が中心です。個々の単語はもちろん、そうした単語とともに使われるフレーズも学ぶようにしましょう。これらは 'collocations'（コロケーション、連語）として知られ、よく一緒に使われる単語のペアやセットのことです。

7. 読むスピードを上げる

1日おきに何らかの英語を読むようにすれば、読むスピードは上がり、短時間で

より多くの情報量を把握できるようになります。あなたの脳は、パッセージ中のさほど重要でない情報を的確に切り捨てることを学習し、より迅速に、より効率的に読めるようになります。そして、重要な細部をより簡単に見つけることができるようになるのです。

8. キーワードをピックアップする練習

　パッセージに出てくるたくさんの単語は、その重要度もさまざまです。キーワードは最も重要な単語で、意味ある情報を担っています。短いパッセージを使って、すべての名詞、動詞、形容詞にハイライトや、丸をつける練習をしましょう。その後、あらためてキーワードだけを拾い読みして、全体の情報が理解できたかを確認します。

9. 長い文章と情報のつながりを意識する

　ときどき、長い文章になると、「何について書かれているのか」理解するのが困難な場合があります。それは、情報のつながりを把握するのが難しいからかもしれません。そこで、つながりや続きを示す単語や、情報を比較・対照する単語について勉強しておきましょう。加えて、代名詞も研究します。パッセージ中の代名詞が何について言及しているのかをつきとめる練習をするとよいでしょう。たとえば、パッセージの中のすべての代名詞 he、him、she、her、they、them、it、this、that などを選び出し、どの名詞、あるいは名詞句にかかっているのかを調べてみましょう。

10. パラグラフを解体して骨組みを知る

　各パラグラフを解体し、主要情報と副次的な細部に分けることができるようになれば、解答速度は格段に上がります。読解スキルを上げるために、パッセージをスキミングした後、さらに念入りに読み、各パラグラフの主題とそれを支持したり裏づけたりするポイントを書きとめてみましょう。すると、パッセージのプランが明らかになり、書き手がテキストを書く際に実践した作業を追体験できます。それから、各パラグラフを要約してみます。「余計なものをそぎ落とし」、主題と事実だけに要約するのです。このトレーニングの方法は、ライティングテストの勉強にも役立ちます。

IELTS 分野別攻略法

Writing

概要

IELTS Writing Module
ライティングテストとは

　IELTSの4分野のテストのうち、最初に受けるのがライティングテストです。ここでは、受験者が、書いた英語でどの程度効果的にコミュニケーションをとれるか判定します。テスト時間は60分で、2つのタスクから成り、両方のタスクに解答しなければなりません。

　テストの初めに、2つのタスクが出題されているA4サイズの問題冊子が渡されます。その問題冊子に、直接答えを書きます。タスクは順番に取り組む必要はなく、タスク2から先に始めてもかまいません。

	内容	提示される資料および 出題されるテーマ
タスク1（20分）	150語以上の説明文エッセイ（Descriptive Essay）を書く。 右のテーマで1つか2つ以上提示される図や表やチャート、図解について説明を加える。 ・基本的に情報伝達 ・図で示された事実情報をテキストに変える	・人口、旅行者、観客の動向 ・生産量や失業率の変遷 ・器具や装置の仕組み ・作業手順の説明 ・地図の解説 ・因果関係図の解説　など
タスク2（40分）	250語以上の散文エッセイ（Discursive Essay）を書く。 1つのトピックについて、指示に従って論じる。 ・賛否両論、それぞれを紹介する ・問題を紹介して解決策を提示する ・賛成か反対を表明する ・議論を評価する ・意見を選んで、正当性を主張する	・教育と学習・環境問題 ・人間関係・犯罪 ・メディア・テクノロジー ・文化・消費動向・汚染 ・動物保護・人口増加 ・健康・観光・雇用・退職　など

　タスク2が、タスク1に比べてことさら難問というわけではありませんが、タスク2のほうが重視され、配点も2倍になっています。与えられた情報について作文するタスク1と違い、タスク2は長文で、あなたの考えや経験に基づいたエッセイ

が要求されます。受験者によっては、タスク2よりタスク1のほうが難しいと感じるかもしれませんし、その逆もあるでしょう。

　実際にエッセイを書く場合の長さの基準は、基本的に最少語数プラス10%です。すなわち、

　タスク1　150語＋10% ＝ 165語

　タスク2　250語＋10% ＝ 275語

を目安にしましょう。

Marking & Band Marks
バンドスコアと評価基準

ライティングテストの評価基準

　タスク1では、受験者がエッセイをいかにうまく書いたかを、以下の基準で評価します。

①タスクを達成する力 ------------ 要件を認識し、効果的に解説しているか

②首尾一貫性とつながり --------- 情報やアイディアを適切につなぎ、構成しているか

③豊富な語彙 ---------------------- 豊富な語彙を、適切・正確に使うことができているか

④文法知識と正確な運用 --------- 豊富な文法知識を、適切・正確に使うことができているか

　タスク2では、受験者がエッセイをいかにうまく書いたかを、以下の基準で評価します。

①タスク対応力 --------------------- タスクに全力で、かつ適切に答えているか。テーマに則したアイディアを発展・補強し、それが明快かつ効果的な文章に仕上がっているか

②首尾一貫性とつながり --------- 情報やアイディアを適切につなぎ、構成しているか

③豊富な語彙 ---------------------- 豊富な語彙を、適切・正確に使うことができているか

④文法知識と正確な運用 ………… 豊富な文法知識を、適切・正確に使うことができ
　　　　　　　　　　　　　　ているか

　上の②〜④は両タスクで共通ですが、①は異なります。2つのタスクでは書く内
容がまったく違うからです。この4つのスキル評価分野については、以下にさらに
詳しく述べます。

タスク1　タスク達成力
　タスクに則して、最低150語の長さでどの程度上手に要求を満たしているかを評
価します。提示された情報の要件を認知し、要約し、エッセイで適切・正確に伝え
ることができているかを評価します。

タスク2　タスク対応力
　タスクに則して、最低250語の長さで要求をどの程度上手に満たしているかを評
価します。エッセイの中で、問題への姿勢や自らの立場を明快に位置づけている
か？　見解はトピックに則しているか？　意見表明に裏づけや視点はあるか？　ア
イディアを支える根拠や、実体験が盛り込まれているか？　などです。

タスク1＆2　首尾一貫性とつながり
　内容が明快で、なめらかに書かれているかを評価します。情報とアイディアと言
語をうまく操ってエッセイをまとめているか？　内容は論理的で、意味を成してい
るか？　アイディアやポイントをつないで論旨を展開しているか？　構文や文脈づ
くりで多様なテクニックが使われているか？　などです。

タスク1＆2　豊富な語彙
　豊かな語彙をもっているか、出題されたタスクのためにそれを適切かつ正確に使
いこなしているかが評価されます。同じ単語を反復使用していないか、情報やアイ
ディアを表現するのに適切な単語を使っているかを判定します。

タスク1＆2　文法知識と正確な運用
　多様な構文を採用し、しかも正確に使っているかを判定します。文法知識をいか
してどの程度長い文章を書き、どの程度複雑な内容を盛り込んでいるかに着目し、
文章のレベルを評価します。多様な構文を、正確に適切に使いこなせているかを見
ます。

4項目各10点中の得点とバンドスコア

　IELTSのほかのテストと同様、ライティングテストのバンドスコアは1から9まで、0.5刻みで採点され、4.0 / 4.5 / 5.0 / 5.5 / 6.0 / 6.5といった点がつきます。受験者は、4つある評価基準でそれぞれのバンドスコアを獲得します。4つのバンドスコアの平均が、ライティングテストの最終的なバンドスコアになります。たとえば以下のようになります。

①タスク達成力／タスク対応力	7.0
②首尾一貫性とつながり	5.0
③豊富な語彙	7.0
④文法知識と正確な運用	6.0
①〜④の合計	25
ライティングテスト全体のバンドスコア	6.5

Strategies for the Writing Module
解答のための戦略

戦略1　最初に1と2両方のタスクに目を通す。

　　　　どちらかを容易に書き終える自信があれば、簡単なほうから始めましょう。目安の解答時間を必ず守ること。

戦略2　エッセイの解答例や文章の配置など、予習して覚えておく。

　　　　2つのタイプのサンプルエッセイを研究し、いくつのパラグラフから成り、どのような構成で書かれているかを知っておきましょう。

戦略3　読みやすく美しい字を書く。

　　　　◎ちゃんと読んでもらえるよう、文字によっては注意が必要です。たとえば、

　　　　　上を閉じないaはuに見えます

　　　　　上を閉じないgはyに見えます

　　　　　丸みのないfはtに見えます

　　　　　縦の線と＜が離れているkはlと＜（l＜）に見えます

　　　　　上が開きすぎているrはvに見えます。

　　　　◎文章はピリオドで終わらせます。コンマに見える書き方ではいけません。

　　　　◎大文字は、小文字の2倍の高さに書き、大文字だとはっきりわかるように。

◎ライン上に書き、文字列が浮き上がらないように。

◎小文字g, j, p, q, yの「ぶら下がり」部分は、ラインの下にくるように。

戦略4　問題文中の単語を自分のエッセイに利用する。

とはいえ、問題文をそのまま書き写したり、節や文ごと組み込んだりするのはNG。タスクの指示文によく登場する単語の同義語を学んでおくことが大切です。また、単語を書き写す場合に、写し間違えのないようにしましょう。

戦略5　導入部分は、タスク次第で書き方がほぼ決まる。

どちらのエッセイでも、導入部分を難しく考えるのは間違いです。導入部分は、タスク次第でほぼ決まってしまうので、あまり深く考える必要はありません。

戦略6　本体パラグラフは、構成を決めてから書く。

とりあえず書き始め、書きながら考えようとすると失敗します。導入部分を書き終えたら、しばらく鉛筆を置き、構成のプランを練ります。エッセイの質を高めるには最初のしっかりしたプランニングが肝心です。

戦略7　いろいろな長さの文で変化をつける。

一般的に、文は1つ～3つの節なり部分から成ります。1節だけの文章は、新たなポイントを紹介したり、ポイントを強調したいときに使うとよいでしょう。エッセイに出てくる文の大半は2節から成ります。2節文は、2つの「部分」、あるいは関連した情報を含み、and、but、because、althoughといった連結語でつながれます。3節文は、1つの文の中で情報を広げたい場合に使うとよいでしょう。

戦略8　できるだけ多様な語彙で変化をもたせる。

エッセイの中で同じ名詞や動詞を何度も使うと、語彙が貧弱だと評価されてしまいます。名詞と動詞は繰り返し出てくることになりますが、なるべく同義語を使って反復を避けます。名詞で同義語がない場合は、反復使用もやむをえないでしょう。

戦略9　動詞の時制は正しく。

タスク1のチャートやグラフは、大半が過去の情報なので、それらの説明には主に動詞の過去形を使います。一方、プロセスの解説となると、主に現在受身

形や（助動詞を伴わない）単純時制を使います。タスク2では、さまざまな時制の動詞を使うのが望ましいのですが、現在形での記述が中心となります。書きながら、つねに動詞の時制が適切かどうかをチェックしましょう。

戦略10　単語の総数は行数を目安に数える。

A4用紙に手書きで文章を書き、1行が何語になるか自分で知っておくことが必要です。ほとんどの人が、9～12語です。1行が10語だとして、タスク1のエッセイで約17行、タスク2では約27行書くことになります。自分で書いたエッセイで、行数なら2～3秒で数えられますが、単語数を数えようとすると2～3分かかります。何行書けばいいかを知っておきましょう。

　書き始める前に、目標の行数、たとえばタスク1の19行目、タスク2の30行目に☆など印をつけておきます（パラグラフの間のあいている1行も行数に加える）。そうしておけば、進み具合がひと目でわかるし、速く書く助けになるかもしれません。エッセイを書き終えたら、行数マークは消しておきます。

戦略11　パラグラフは新しいスタイルで。

伝統的なスタイル（書式）では、パラグラフは改行して数文字下げるインデントで示されます。最近のスタイルでは、パラグラフの間を1行空け、インデントなしで1行目を書き始めます。テストでは、新しいスタイルを使いましょう。そのほうが、「1つのパラグラフに1つの主題」という考え方が明示でき、エッセイがいくつのパラグラフから成るか採点者にも一目瞭然です。採点者が、どこでパラグラフが分かれているか判別に苦労するようでは、未熟な印象を与えることになってしまいます。

戦略12　2つのエッセイの終わり方。

エッセイを書きながら、単語数不足かもしれないと思ったら、とくにタスク2のエッセイの場合、導入部分と複数の本体パラグラフ、そして結論部分がきちんとあるか確かめましょう。結論部分は、タスク1では必須ではありませんが、タスク2では不可欠。残り時間がわずかでも、結論は書かなくてはなりません。たとえ結論パラグラフが1文しか書けなくても、必ず書くことです。言いたいことのすべてを記述できず、単語数が十分でなくても、結論が1文あることで、少なくともエッセイとしての形式は整っています。これはとても重要なことです。

戦略13　ミスのチェックに「優先順位」をつける。

エッセイのチェックには、それぞれ2〜3分をかけること。1語1語見ていく時間はないので、ありがちな単純ミスをタイプ別にスキャニングし、効率的にチェックしましょう。まず、冠詞と複数形のsをチェック。日本語の名詞には複数形がないため、英語を書いたり話したりするときに間違いに気づきにくいのです。ある1つのタイプのミスを探してエッセイ全体をスキャニングし、その後、次のタイプのミスをチェックするようにしましょう。以下に示した順に、チェックすると効率がよくなります。

①冠詞と複数形	冠詞が必要な名詞にa、an、theがついているか、複数のsはついているか。
②動詞の三人称	動詞の形が主語と合っているか（control → controlsなど）。
③スペリング	簡単な単語や、問題文から借りて写した単語のスペリングを間違えていないか。
④判読困難な書き文字	癖があって読みにくくはないか、筆跡の乱れはないか。
⑤動詞の時制	動詞の時制は適切か（タスク1は過去形や現在形、タスク2は大半が現在形）。

戦略14　タスク1での大文字の扱いに注意。

グラフや図に登場する項目の名称は通常、最初の文字が大文字で表記されます。しかし、タスク1のエッセイでは、文の頭にくるときや固有名詞でないかぎり、名詞を大文字で書き始めてはいけません。

戦略15　数字は概算で読み取る。

棒グラフや折れ線グラフでは、正確な数字が書かれていないことがあります。その場合は、自分で大体の数字を書いてしまってかまいません。たとえば、グラフで80と90の真ん中より少し90寄りの場合、「86」や「87」と自分なりに読み取っても書いてもかまいません。

Writing Module Task 1
ライティングテスト　タスク１

Strategies for Task 1
タスク１のための戦略

取り組み方と時間配分

テストの初めに2つのタスクに目を通しましょう。タスク1は20分で終わらせます。以下のステップで進みましょう。

取り組み方	時間配分
●タスク指示を読み、与えられている情報を見る。 ●導入部分を書いたら、いったん鉛筆を置く。	3分
●チャートや図解の細部を読み込む。 ●最も重要だと思われるポイントを選ぶ。通常8～12個ある。 ●提示の仕方を考える。	3分
●選んだ情報を盛り込みながら、本体パラグラフを1つか2つ書く。 ●書き終えたら行数を数え、短ければ情報を加える。	12分
●書き終えたエッセイをチェックする （冠詞、複数のsや動詞の三単現のs、スペリング）。	2分
合計時間	20分

エッセイの構成（パラグラフの数）

タスク1のエッセイでは、結論は必須ではありません。結論があるに越したことはないのですが、ほとんどの受験者は制限時間内に結論まで書く余裕がないのと、必須ではないことから、次ページの表には、最後のパラグラフとして結論パラグラフを載せませんでした。エッセイによっては、全部で5つものパラグラフを要求する出題もありますが、典型的なタスク1のパラグラフ構成は次ページのとおりです。

2つの異なる 表／グラフ	2つの類似の 表／グラフ	1つの図解と類似の 表／グラフ	1つのプロセス
導入（パラグラフ） 部分	導入（パラグラフ） 部分	導入（パラグラフ） 部分	導入文＋本体パラグ ラフ
本体パラグラフ1	本体パラグラフ1	本体パラグラフ	
本体パラグラフ2	＊（本体パラグラフ2）		

＊通常、似たような図解、たとえば2つの円グラフの類似情報を比較するといったタスクが出題された場合、本体パラグラフ1つは必須です。もちろん、2つのパラグラフで構成してもかまいません。

トピック＆タスクの指示文

　タスク1は2つのパートから成ります。タスクの見出し、あるいはトピックが提示され、指示文がその下に続きます。タスク指示文はつねに同じで、以下のとおりです。

Summarise the information by selecting and reporting the main features, and make comparisons where relevant.
（主な特徴を選び記述することによって情報を要約し、妥当な場合には比較しなさい）

　指示に従い、タスクの見出しと図解から読み取った情報で、まず、導入パラグラフを書きます。

エッセイ・プランニング

導入パラグラフを書く
✍1文目は、タスクの見出しを表現を変えて書く
　導入パラグラフは、エッセイ本体で展開される内容を伝えるのが役目です。導入部分を書くための情報は、すでにタスク指示の第1文にあるので、それを違った表現で書くこと、すなわち paraphrasing（言い換え）するのが課題です。指示の第1文の単語をいくつか流用したり、同義や類義の表現を知っていれば、導入パラグラフを速く書き上げることができます。以下は、タスク指示の第1文の「言い換え」例です。

〈タスク指示の第1文〉

The graph below shows the unemployment rates in different areas of the world from 1991 to 2001.

↓

〈言い換えた表現〉

The chart illustrates the proportion of unemployment in six countries of the world between 1991 and 2001.

・graph を同義語の chart と置き換えます。
・これから書くエッセイの導入部分に、below と書いてはいけません。説明するグラフは、あなたのエッセイの「下」に示されているのではないことに注意しましょう。適切な表現に変えてください。
・shows を illustrates にします。
・the unemployment rates は the proportion of unemployment と同じ意味です。
・different areas は、具体的な数字に置き換えましょう（このタスクでは6カ国ですから、six countries とします）。
・from 1991 to 2001 は between 1991 and 2001 と言い換えます。

導入パラグラフは、本体パラグラフとは別物として書くことも、本体パラグラフの初めに導入文として書くこともできます。タスクにチャートかグラフが1つだけ、あるいは比較のために類似のチャート2つ、あるいはグラフ2つが提示されている場合、導入パラグラフは独立させ、1つ目のパラグラフにしましょう。もし、タスクに異なるアイテムが2つ以上提示されていたら、本体パラグラフを2つの構成にして、それぞれの第1文に導入文を書きましょう。これは、全体を1つだけのパラグラフで書くことが多いプロセスを解説するエッセイでも、同様に進めます。

✍ 1～3文に必要な情報をまとめる

チャートやグラフ、表を説明するエッセイの導入パラグラフには、通常1～3文が必要です。そして、1文目には、以下の4つの要素が含まれていなければなりません。

①フォーマットのタイプは何か？

　（例：円グラフ／折れ線グラフ／棒グラフ／表／図表）

②それは何を示しているのか？

　（例：コンピュータの製造台数／販売された車の割合）

③それはどこのことか？

　（例：ヨーロッパ、アジア／５工場、６店舗、７事業所）

④それはいつのことか？

　（例：１月から12月／1990年〜2005年）

① The line graph ② reveals the amount of overtime pay workers earned
折れ線グラフで　　　　　　従業員の残業代の総額を示している

③ in three restaurants ④ between January and June 2003.
３つのレストランでの　　　　2003年1月〜6月の間の

２文目では、どのような規模で情報が提示されているかを記述します。

⑤数字はどのように示されているか？

　（例：のべ人数／金額／パーセント／時間）

⑤ The figures for the overtime pay are shown in American dollars.
残業代の金額は米ドルで表示されている。

　導入パラグラフの最後になる３文目では、一般的にトレンド全体を解説し、それを要約の文章と考えます。

⑥トレンド全般を要約するとどうなるか？

　（例：増加している／減少している／変化が大きい／割合が低い）

　要約文は、エッセイ最後の結論部分にとっておいてもいいですが、できたら、それを導入部分の最後の文章として書いてみましょう。これが、本体パラグラフでの解説につながります。以下が文例です。

⑥According to the chart, the levels of pay at all three restaurants increased over the period.

チャートによると、この時期３つのレストランすべてで、支払いが増加した。

結果として、導入パラグラフには全部で６つのポイントが含まれることになります。

> The line graph reveals the amount of overtime pay workers earned in three restaurants between January and June 2003. The figures for the overtime pay are shown in American dollars. According to the chart, the levels of pay at all three restaurants increased over the period.
> （折れ線グラフは、2003年１月～６月、３つのレストランで従業員に払われた残業代の額を示している。残業代金は米ドルで表示されている。グラフによると、この時期３つのレストランすべてで、支払いが増加した）《46語》

本体パラグラフを書く

本体パラグラフでは、最も重要なポイントだけを記述します。提示されているグラフが１つだけで、データが多くない場合は、細かい数字も含め、ほとんどすべてを書くようにしましょう。逆に、グラフが２つ以上提示され、数字も豊富にある場合は、すべてを盛り込もうとせず、最も重要で、紹介する意味があると思うものだけを選んで、記述しましょう。

一般的には、一番重要なポイントをトップにもってきます。逆に、重要性の低いほうから、下から上へと情報を提示する方法もあります。あとのほうにインパクトをもってきて、最後のパラグラフにつなごうとする流れです。本体パラグラフを三角形だと考えてみましょう。

Top-Down Information Order （トップダウンの情報序列）	Bottom-Up Information Order （ボトムアップの情報序列）
the most important next most important next next	important more important even more important the most important

✍️データをグループ分けして、わかりやすく説明する

チャートやグラフに多数のアイテムや数字が提示されている場合、情報をグループ分けしなければなりません。以下のような例です。

- 類似のトレンドをもつアイテム（例：上げトレンド／下げトレンド）
- 似た分野から発したアイテム
  （例：イタリア、フランス＆スペイン／中国、日本、タイ）
- 似たタイプのアイテム
  （例：ラジオ、テレビ、CDプレーヤー／ファクス、電話、携帯電話）

✍️カテゴリーの項目や図表の数で書き方を変える

提示されている図表がたとえば、棒グラフ1点の場合、本体パラグラフは1つか2つ書けばよいでしょう。そのデータに、2つの大きなカテゴリー、たとえば「男性」と「女性」が示されていたら、男女でそれぞれ1つ、計2つの本体パラグラフを書きます。もし、とくにカテゴリーが見当たらないときは、2つ目のパラグラフには、その図表に対するあなた自身の考察を書きましょう。

提示されている図表が異なる2点、たとえば円グラフと折れ線グラフの場合、両者は関連のあるデータですから、2つの本体パラグラフを書き、それぞれに言及することになります。しかし、同じタイプの図表2点で、同じトピックに関する情報を示している場合、たとえば、汚染レベルについての円グラフが2点で1つは1980年、もう1つが2000年のデータだった場合、1つのパラグラフで両者を比較して書くほうがよいでしょう。

✍️記述すべきポイントを選ぶ

タスク1で提示される情報の大半は、チャートやグラフです。受験者の課題は、チャートやグラフに示されているトレンド（状況が変化し、展開していく大まかな方向。傾向、潮流）と、その重要な特徴を読み取って、説明することです。

プロセスや図解の説明エッセイを書く場合、自分が重要だと認めたポイントをすべて記述しなければなりません。しかし、チャートやグラフや表の説明エッセイでは、これは当てはまりません。通常、150語以上のリポートを完成させるには、記述すべき重要情報は8～12個です。以下に着目して、タスクの中からトレンドや重要情報を見つけましょう。

導入部分の最後の文章（結論パラグラフでも可）には、全アイテムの大まかなトレンドが、

- 全体として上がっている
- 下がっている
- 上下している

ことを記述します（データが「変化なし」を示していることはほとんどない）。
本体パラグラフでは、

- 一番大きな数字のアイテム
- 2番目に大きな数字のアイテム
- 3番目に大きな数字のアイテム
- 一番小さな数字のアイテム
- 最も大きく変化したアイテム
- 2番目に大きく変化したアイテム
- 最も変化が小さいアイテム
- 似たようなパターンをもつアイテム
- 正反対のパターンをもつアイテム
- まったく変化していないアイテム
- 特定の期間中、初期における諸アイテムの数字レベル
- 特定の期間中、終期における諸アイテムの数字レベル

について記述します。

＊「変化」の識別には注意が必要です。た
とえば、小さな数字のアイテムが大きな
変化を示していることがあります。右の
グラフでは、そもそも高かったBが、
さらに20近く増加しました。しかしA
は2倍近くに増えています。Aは2倍増
という重要な伸びを示したことになりま
す。このような点に注意して、記述すべ
き変化を選び出しましょう。

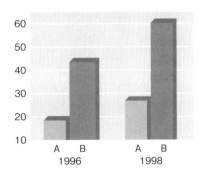

結論部分を書く

　タスク1のエッセイは、必ずしも結論を要求しません（タスク2では必須）。し
かし、結論を書くことができれば、エッセイの質は上がります。ふさわしい結論を

思いついたら、タスク2用の40分を確保したうえで、長めに書くのもよいでしょう。しかし、とくに思いつかなければ、結論を考えて時間を浪費してはいけません。タスク2を終わらせることができない危険性があります。

　結論パラグラフは、通常1文、場合によっては2文で書きます。それ以上は不要です。結論は、次のような文章で始めるとよいでしょう。

Overall, the information in the (chart) clearly shows that ...
（全体として、［チャートの］情報は明らかに…を示しています）

According to information (in the graph) we can see that ...
（［グラフの］情報によると、…であることがわかります）

　トレンド全体の要約は、通常、導入パラグラフの最後にもってきます。あるいは、結論パラグラフとして最後に書いてもよいでしょう。

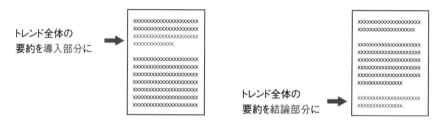

　同じタスク1エッセイでも書き方はいくつかのパターンが考えられます。何度も練習して、自分の書きやすいパターンを見つけましょう。

エッセイで役立つ表現

トレンドの解説に役立つ文章パターン

　トレンドや一定期間の変化を説明するとき、以下の2つの文章パターンがよく使われます。

〈動詞句を使った表現〉

The consumption of electricity rose gradually.

　　　　　　　　　　　　　　　　　　〈動詞＋副詞〉

　　　電力消費が　　　　　　　上昇した＋徐々に

〈名詞句を使った表現〉

There was a gradual rise **in** the consumption of electricity.
　　　　　　〈形容詞＋名詞〉　　　　　〈名詞〉
　あった　　緩慢な上昇が　　　　　電力消費に

動詞句と名詞句でトレンドを表現する

　折れ線グラフのトレンドを説明する表現をパターン別にまとめました。似たような語彙が使われていることに注目しましょう。エッセイでは、動詞、副詞、名詞、形容詞と、さまざまな単語を使って表現に変化をもたせましょう。

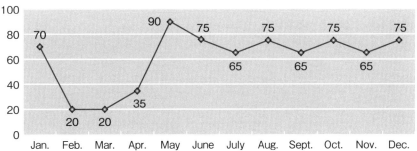

Sales of Personal Computers

● トレンドを表す表現

Jan.	Sales start at 70.	→	動詞 ＋ 前置詞
Jan. 〜 Feb.	Sales decrease sharply. There is a sharp decrease in sales. Sales show a sharp decrease.	↘	動詞 ＋ 副詞 動詞 ＋ 形容詞 ＋ 名詞 ＋ 前置詞 動詞 ＋ 形容詞 ＋ 名詞
Feb. 〜 Mar.	Sales remain stable. Sales show a stable pattern.	→	動詞 ＋ 形容詞 動詞 ＋ 形容詞 ＋ 名詞
Mar. 〜 Apr.	Sales increase slightly. There is a slight increase in sales. Sales show a slight increase.	↗	動詞 ＋ 副詞 動詞 ＋ 形容詞 ＋ 名詞 ＋ 前置詞 動詞 ＋ 形容詞 ＋ 名詞
Apr. 〜 May	Sales rise rapidly. There is a rapid rise in sales. Sales show a rapid rise.	↗	動詞 ＋ 副詞 動詞 ＋ 形容詞 ＋ 名詞 ＋ 前置詞 動詞 ＋ 形容詞 ＋ 名詞

May ～ July	Sales fall gradually. There is a gradual fall in sales. Sales show a gradual fall.	↘	動詞 ＋ 副詞 動詞 ＋ 形容詞 ＋ 名詞 ＋ 前置詞 動詞 ＋ 形容詞 ＋ 名詞
July ～ Dec.	Sales fluctuate. There is a fluctuation in sales. Sales show a fluctuation.	∿↗ →	動詞 動詞 ＋ 名詞 ＋ 前置詞 動詞 ＋ 名詞

＊上の表の例文はすべて現在形で書かれていますが、グラフのタイトルが、たとえば Sales of Personal Computers in 2009（2009 年におけるパソコンの売り上げ）のように、過去のある時期を示している場合は、過去時制でグラフの情報を説明します。

変化を表現するいろいろな語彙
● トレンドの変化を表現する言葉

動詞		名詞	
rise (to)	上がる	a rise	上昇
increase (to)	増える	an increase	増加
go up to	伸びる		
grow (to)	伸びる	growth	成長
climb (to)	登る	a climb	上昇
peak (at)	頂点に達する	(reach) a peak (of)	頂点（に達する）
fall (to)	落ちる	a fall (of)	下落
decline (to)	下る	a decline (of)	下降
decrease (to)	減る	a decrease (of)	減少
dip (to)	沈下する	a dip (of)	沈下
drop (to)	下落する	a drop (of)	下落
plunge (to)	急落する	a plunge (of)	急落
fluctuate (around)	変動する	a fluctuation	変動
go down (to)	下降する		
stand (at)	停滞する		
level out	平らにする	a levelling out of	横ばい
have/be no change(s)	変化がない	no change(s)	無変化
recover (to)	もちなおす	a recovery	回復
remain stable/steady	安定している		
stay (at)	持続する		
show/record	示す		

● 変化の度合を表現する形容詞や副詞

形容詞		副詞	
dramatic	劇的な	dramatically	劇的に
sharp	急激な	sharply	急激に
huge	巨大な	hugely	大幅に
steep	急激な	steeply	急激に
considerable	かなりの	considerably	相当に
significant	重要な	significantly	かなり
marked	著しい	markedly	著しく
moderate	穏やかな	moderately	穏やかに
marginal	わずかな	marginally	わずかに
slight	わずかな	slightly	わずかに
small	小さな		

● 変化のスピードを表現する形容詞や副詞

形容詞		副詞	
rapid	急な	rapidly	急に
quick	速い	quickly	急速に
swift	速い	swiftly	急速に
sudden	突然の	suddenly	突然に
steady	着実な	steadily	着実に
gradual	ゆるやかな	gradually	徐々に
slow	遅い	slowly	ゆっくりと

● 未来予測を表現するフレーズ

are/is +	predicted to ... expected to ... likely to ... forecast to ... projected to ... anticipated to ...	ている	…と予想され …と期待され …らしい …と予見され …と予測され …と予期され
predict that expect that forecast that project that anticipate that	+ will ...	と予想する と期待する と予見する と予測する と予期する	…だろう

タスク1　練習問題

　ここでは、ライティングテストのタスク1で出題されるさまざまな形式を1つず
つ分析し、よりよいエッセイを書く方法を解説します。以下のスタディ・ステップ
に従って学習を進めてください。

★スタディ・ステップ

①エッセイのアウトラインを作成し、これに沿って、A4ノートの左ペ
　ージにエッセイを手書きする（20分で150語以上書くように心がけ
　る）。

②書いた後、MS Wordなどのワープロソフトに入力し、文法＆スペルチ
　ェック機能を使って校正する。

③コンピュータの校正を見ながら手書きエッセイに赤字を入れ、修正後、
　ノートの右ページに書き写す。

④ノートの次のページに本書のサンプルエッセイを書き写し、自分のエッ
　セイと比較する。

練習問題 1　円グラフ…複数の項目の年代による違いを解説する

You should spend about 20 minutes on this task.

The pie charts below show the percentage of different types of household waste in America in 1990 and 2005.

Summarise the information by selecting and reporting the main features, and make comparisons where relevant.

Write at least 150 words.

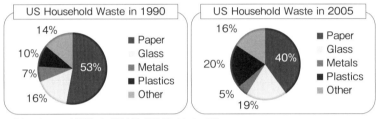

Adapted source: MSW in the US: U.S. EPA, Washington, DC

◆記述すべきポイントを選ぶ

　円グラフ（pie chart）が出題されたら、各セグメント（切片・扇形）のデータを読み、その評価を書きます。通常、セグメントは5つほどですが、それ以上の詳細にわたる場合は、そのうちの重要ないくつかについて説明すればよいでしょう。

　タスクによっては、2つ以上の円グラフが提示されることもあります。たいてい、2つのチャートを比較する問題です。円グラフ上のセグメントの大小は、パーセンテージで表されることが多いですが、必ずしもそうとはかぎらないので、使われている尺度や単位を確認しましょう。

◆エッセイのアウトライン

▶2つのパラグラフで書く

■ 導入部分　　■ 1990年と2005年の比較

▶最も重要なポイントを以下のように要約

① Pie graphs
   compare the proportion of five categories of waste
   the USA
   1990 and 2005
② Some percentages increased, others decreased

1990	① Paper = largest at 53%
2005	② Paper = biggest fall—to 40%
1990	③ Glass = 2nd largest at 16%, and 'Other' 3rd at 14%
2005	④ Glass & 'Other' increased slightly to 19% and 16% respectively
1990-2005	⑤ Metals = lowest at 7%, and decreased by 2%
1990	⑥ Plastics = second lowest of all five categories at 10%
	⑦ (but) doubled & rose to second highest percentage in 2005
2005	⑧ Plastics = most significant increase over the period

◆サンプルエッセイ

①The two pie graphs compare the proportion of five different categories of waste from American homes in 1990 and 2005. ②According to the charts, during the 15-year period some types of rubbish increased while others decreased.

（2つの円グラフは、1990年と2005年のアメリカの家庭から出たゴミを5つのカテゴリーに分け、その比率を比較したものである。円グラフによると、15年の間にいくつかのタイプのゴミが増えた一方で、ほかのゴミが減少した）

①In 1990, the highest percentage of waste was from paper, at 53%. ②However, by 2005 it had dropped sharply to 40%, which was the most significant fall among the five categories. ③Glass was the second largest type of waste in 1990 at 16%, and 'Other' was third at 14%. ④Fifteen years later, both had increased to 19% and 16%, respectively. ⑤The lowest amount of household garbage in both periods was metals. It constituted only 7% and decreased slightly to 5% in 2005. ⑥Plastic waste made up 10% of all waste from American houses in 1990, which was the second lowest figure. ⑦However, by 2005 it had doubled and risen to the second highest proportion of rubbish, at 20%. ⑧This change represented the biggest increase over the 15-year period.

（1990年に、一番多いゴミは紙で53%だった。しかし、2005年には紙は激減して40%になり、5つのカテゴリーの中で目に見えて落ちた。ガラスは1990年には16%と2番目に多いゴミで、3番目がそのほかのゴミで14%

だった。15年後、両者はそれぞれ19%と16%と増えている。両方の時期で一番少ない家庭ゴミは金属だ。それは7%だったが、2005年にも少し減って5%だ。プラスチックゴミは1990年には全ゴミ量の10%で下から2番目だった。ところが、2005年には倍増し、20%と2番目に多い。この変化は、この15年で最大の増加である）

《163語》

◆サンプルエッセイの分析

- 導入パラグラフの最初の文は、タスク指示の第1文の言い換えである。
- カテゴリーが5つあることは、最初の文に入れておく。
- 導入パラグラフに、大まかな結論を入れておく。
- 2つの円グラフの比較を記述するのは、1つのパラグラフだけ。
- このエッセイでは情報の取捨選択がなく、すべての情報が盛り込まれているが、通常円グラフはデータがそれほど多くないため、そうなることが多い。
- 数字に言及する場合、最も多いものから2番、3番へ進む。その後、1番少ないものから2番に少ないものへ。
- 「2番目に少ないものが、最も増加している」、これを最終のポイントにしている。
- 過去形は主に1990年情報の紹介に使われ、2005年までの情報には過去完了形を使っている。
- 最初の動詞、ここでは compare は、つねに現在形で書かれねばならない。
- カテゴリーに「そのほか」がある場合は、'Other' とそのまま（シングルの引用符をつけて）書くべきである。
- However は、比較を示すのに使われる。
- 増加と減少の表現で、いろいろな動詞や形容詞、副詞が使われている。
- 名詞も多様に使われている。たとえば「ゴミ」は、waste、rubbish、garbage と同義語が3つ登場する。
- the は最上級で使われる。the biggest / the second lowest（最大の／2番目に少ない）。

You should spend about 20 minutes on this task.

The bar graph below shows the percentage of households with selected consumer durables in Britain from 1998 to 1999 and 2005 to 2006.

Summarise the information by selecting and reporting the main features, and make comparisons where relevant.

Write at least 150 words.

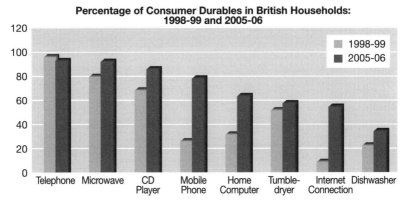

Percentage of Consumer Durables in British Households:
1998-99 and 2005-06

Source: National Statistics website: www.statistics.gov.uk
Copyright material is reproduced with permission of the Controller of HMSO.

◆記述すべきポイントを選ぶ

　棒グラフ（bar chart）では、一番高いものから低いものへ行くか、低いものから高いものへ行くか、どちらの順番で説明するかを決めます。両方向を混ぜてもかまいません。棒グラフが多数並んでいる場合、２つや３つの棒グラフをまとめて説明するのもいいでしょう。数値が同じか似ているものでまとめます。たとえば、人気が増したアイテムと人気が落ちたアイテムで括ったり、似たタイプをまとめて記述したりしてもよいでしょう。同じ大陸にある国でグループをつくる、「屋内活動」と「野外活動」に分けるなど、わかりやすいグループ分けが重要になります。もし棒グラフが多すぎてグループ分けもできないようなら、一番重要なものを説明するだけでよいでしょう。

　折れ線グラフや表と同様、棒グラフは一定期間の変化を示していることが多いで

す。また、特定時期の数字を示していることもあります。タスクの課題がどちらの
タイプでも、具体的な情報、とくに重要な特徴についての数字を盛り込むことを忘
れないようにしましょう。

◆エッセイのアウトライン
▶2つのパラグラフで書く
　■導入部分　■全アイテムに言及する

▶最も重要なポイントを以下のように要約
　① Bar chart
　　reveals proportion of homes in Britain, 8 items used in daily life
　　1998-99 & 2005-2006
　② Almost all rose, especially items for communication

1998-99 to 2005-06　　① Telephone = 95% owned telephone, seven years later
　　　　　　　　　　　　　= 93%
　　　　　　　　　　② Microwave = second highest at 80%, and increased
　　　　　　　　　　　to 92% by 2006
　　　　　　　　　　③ CD players = third most popular item at 68%, and
　　　　　　　　　　　rose to just under 90% by 2006
　　　　　　　　　　④ Biggest increase = Internet connections, jumped from
　　　　　　　　　　　10% to 55%
　　　　　　　　　　⑤ Second biggest increase = Mobile phones, 28% to
　　　　　　　　　　　almost 80%
　　　　　　　　　　⑥ Next increase = Computers doubled to 65%
　　　　　　　　　　⑦ Tumble-dryers = slight increase to 58%
　　　　　　　　　　⑧ Dishwasher = least essential item in 2006 at 36%
　　　　　　　　　　＊数字は自分なりに読み取って書いてかまいません。

① The bar graph reveals the proportion of homes in the United Kingdom with eight items used in daily life in 1998-99 and 2005-06. ② According to the chart, ownership of most items increased during the period, especially items for communication.

(棒グラフは、英国の家庭における日用品8品目について、1998〜99年と2005〜06年で各比率を表したもの。チャートによると、この時期ほとんどの品目で所有者が増加したが、とくに通信関連品目の増加が著しい)

① In 1998-99 around 95% of homes owned a telephone. However, seven years later this figure had dropped slightly to 93%. ② The microwave had the second highest share at 80%, and by 2005-6 it had increased to 92%. ③ It was followed by the CD player, which climbed from 68% to nearly 90%. ④ The largest increase was in the percentage of households that had an Internet connection. The figure grew from only 10% in 1998-99 to 55% in 2005-6. ⑤ The proportion of households with a mobile phone also jumped significantly from approximately 28% to 80%. ⑥ In addition, there was a sharp rise in computer ownership as the figure doubled to about 65%. ⑦ The proportion for tumble-dryers changed little, finishing at 58%. ⑧ Finally, although it had risen 14% by the end of the term, at 36% the dishwasher was the least essential household item in 2005-6.

(1998-99年には家庭の95%が電話を所有していた。しかし、7年後この数字は少し減って93%。電子レンジは、80%で第2位だったが、05-06年になると92%まで上った。それに次ぐのがCDプレーヤーで、68%から90%近くまで上昇。最も増加が大きいのは、インターネットに接続した家庭の比率。98-99年はわずか10%だったのが05-06年には55%。携帯電話を所有する家庭の比率も約28%から80%と飛躍的に伸びた。加えて、コンピュータ所有はおよそ65%と倍増。乾燥機の数は変化が少なく、58%に。最後に、この期間の終わりまでに14%上がったものの、食器洗浄機は36%と最も必要とされていないアイテムだった。)　　　《182語》

◆サンプルエッセイの分析
• 導入パラグラフの最初のセンテンスは、タスク指示の第1文の単語を再利用、あるいは言い換えたもの。
• カテゴリーが8つあることは、オープニング・センテンスで述べている。
• 導入パラグラフに、大まかなトレンド（結論）が入っている。
• 情報を比較するのに使われているのは、1つのパラグラフだけ。それは、1つを除く全品目が増えているからだ。
• 情報は、人気があるトップ3（数も最大）、次いで増加率トップ3を紹介。その後で、下から2番目、1番下に言及している。
• エッセイには、すべての数字が盛り込まれていない。

- 所有を表すのに ownership、owned、with の 3 つの単語が使われている。
- 連結する単語やフレーズとして、However、It was followed by、In addition、Finally が使われている。
- 時間の表現も during the period、In 1998-99、seven years later、in (by) 2005-6、during the term と多様。
- 変化（増減）を表す語は increase、drop、climb、grow、jump、double などさまざまに言い換えられている。
- 動詞の時制もいろいろ。過去完了は、ある時期までの過去の変化、ここでは 05-06 年の変化を説明するのに使っている。

You should spend about 20 minutes on this task.

The line chart below shows the percentage of cinema visits within different age groups in the UK between 1984 and 2003.

Summarise the information by selecting and reporting the main features, and make comparisons where relevant.

Write at least 150 words.

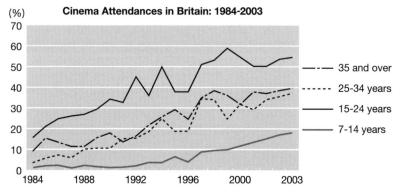

Source: National Statistics website: www.statistics.gov.uk
Copyright material is reproduced with permission of the Controller of HMSO.

◆記述すべきポイントを選ぶ

　折れ線グラフ（line chart）の機能は、ある時期のトレンドやパターンの推移を示すことです。ここでは、トレンドを解説します。もしグラフ上に線が多数あったら、それぞれの線について少しずつ情報を書くだけでよいでしょう。しかし、たいてい折れ線グラフは3つか4つ程度なので、それぞれの線について相応の詳細を記述しなければなりません。ラインの動きを説明する際、重要なポイントで具体的な数字（自分なりに読み取ったもの）を書くようにしましょう。

◆エッセイのアウトライン

▶4つのパラグラフで書く

■導入部分　　■15-24歳　　■25-34歳と35歳以上　　■7-14歳以上

▶最も重要なポイントを以下のように要約

① Line graph
proportion of people, 4 age categories
went to cinema
1984-2003

② Cinema attendance increased among all age groups

15-24	① 1984 = highest percentage → 18%
	② 35% by 1991, & 2 peaks → 1992 & 1994
	③ Highest point = 60% → 1999
	④ Finished at 55% in 2003
25-34 & 35+	① Similar patterns over period
	② Both fluctuated upwards → 3% to 38%, 9% to 40%
	③ Big increases, esp. 25-34
7-14	① Lowest percentage during 20-year period
	② (but) significant rise, 2% to 20%

◆サンプルエッセイ

①The line graph indicates the proportion of people in four age categories who went to the cinema in Britain from 1984 to 2003.　②According to the chart, the number of cinema visitors increased significantly among all groups over the 20-year period.

(折れ線グラフは、英国において 1984 ～ 2003 年の間で映画を観にいった人々の比率を、4 つの年齢層別に示している。チャートによると、この 20 年間で映画館入場者数はすべての年齢層で大幅な伸びを示した)

①In 1984, the highest percentage of visitors was among 15-24 year-olds at 18%.　②The figure climbed steadily to 35% by 1991 and later hit two peaks between 1992 and 1994.　③It continued to rise and reached its highest point, 60%, in 1999.　④Finally, it dropped slightly, finishing at around 55% in 2003.

(1984 年、映画館入場者は年齢層 15-24 歳が 18% で最も多かった。この数字は着実に伸び、1991 年には 35%、さらに 92 年と 94 年に 2 回のピークを記録している。それは増え続け、1999 年に最高のポイント 60% に達している。もっとも、最終的には少し落ち、2003 年には 55% にとどまっている)

①Both the 25-34 and the 35+ age categories showed similar patterns during the period.　②Percentages for the two groups began at around 3 and 9% and fluctuated upwards finishing at 38 and 40%, respectively.　③ This represented a huge increase in visits to cinemas, especially among 25-34 year-olds.

（25-34歳と35歳以上の年齢層は、この時期よく似たパターンを示している。2グループのパーセンテージは3%
と9%あたりで始まり、浮沈がありながらも上昇し、それぞれが38%と40%に達している。これは、とくに
25-34歳の年齢層で映画へ行く人口が大幅に増えたことを物語る）

① Even though cinema attendance among people aged 7-14 years
remained the lowest among the four groups during the whole period, ②
this group experienced a significant rise, from around 2% in 1984 to just
under 20% in 2003.

（7-14歳映画館入場者は、一貫して4つのグループの中で最低にとどまっている。しかし、この年齢層は、1984
年の約2%から2003年の20%近くまで著しい上昇を見せた）　　　　　　　　　　　　　《177語》

◆サンプルエッセイの分析

- 本体パラグラフは、最も高いパーセンテージ→2つの似たパーセンテージのパターン→最低のパーセンテージの年齢層の順に展開する。
- 1984年の「スタート時期のパーセンテージ」を盛り込む。
- 2003年時「最後のパーセンテージ」を盛り込む。
- 一番低い年齢層の数字が大きな伸びを見せていることを最後の文で指摘する。
- 最初のindicatesを除き、動詞はすべて過去形が使われている。
- at 18%のatは、動かない数字、固定している数字を紹介するときに使われる。
- to 35%のtoは、上昇の到達点を表すときに使われる。
- respectivelyは、関連した要素、たとえば3→38と9→40を説明するときに使われる。
- increased significantlyやclimbed steadilyでは、「動詞＋副詞」の句が使われている。
- huge increaseやsignificant riseでは、「形容詞＋名詞」の句が使われている。
- increased significantly → climbed steadily → continued to riseのように、表現も多様。

練習問題4 表…データを比較・分析し、トレンドを解説する

You should spend about 20 minutes on this task.

The table below shows the number of overseas visitors to Britain from different countries between 1997 and 2005, and gives forecasts for 2020.

Summarise the information by selecting and reporting the main features, and make comparisons where relevant.

Write at least 150 words.

Visitor Numbers to Britain (in thousands) 1997-2005, & 2020 Projections

	1997	1999	2001	2003	2005	2020 Projections
Australia	684	728	694	723	919	12%
France	3,586	3,223	2,852	3,073	3,324	12%
India	184	183	189	199	272	26%
US	3,432	3,937	3,580	3,346	3,438	+/-0%

Adapted Source: National Statistics website: www.statistics.gov.uk
Copyright material is reproduced with permission of the Controller of HMSO.

◆エッセイのアウトライン
▶4つのパラグラフで書く
- 導入部分　■1997年で最多の国　■増加している国　■予測

▶最も重要なポイントを以下のように要約
① Figure
reveals how many tourists, four countries
visited the United Kingdom
1997 to 2005
② (Also) projects change in percentage of visitors by 2020
③ Number of visitors fluctuates during period but increases overall

1997　　① Largest number from France, just under 3.6 million
　　　　② Number dropped & finished at 3.3 million in 2005
　　　　③ America = 2nd largest number, about 3.4 million
　　　　④ US figure = ＋/－ unchanged but finished ahead of France in 2005

India   ① Most significant rise. Until 2003, 190,000 = average. By 2005 jumped to 272,000

Australia ② A third more visitors from Australia, 684,000 to 919,000

2020   ① India = largest expected growth (26%). France & Australia = 12% each

        ② America = no growth

◆サンプルエッセイ

①The figure reveals how many people from four countries visited the United Kingdom from 1997 to 2005. ②It also projects changes in the percentage of visitors from these areas by 2020. ③According to the information, although the number of travellers fluctuates during the period it increases overall.

(表は、1997-2005 年に 4 カ国から何人が英国を訪れたかを示している。また、その後 2020 年までの来訪者のパーセンテージの変化を予測している。情報によると、この時期、来訪者数は上下はあっても、全体としては増えている)

①In 1997, the largest number of people came from France, at just under 3.6 million. ②However, the number dropped and finished at 3.3 million in 2005. ③At about 3.4 million, America had the second highest number in 1997. ④The figure remained relatively unchanged and it ended just ahead of France eight years later.

(1997 年における最多来訪者はフランスからで、360 万人を少々下回る人数である。しかし、数字は落ちて 2005 年は 330 万人に。1997 年の 2 番目はアメリカでおよそ 340 万人。この数字は大して変わらず、8 年後にはフランスより少し多くなった)

①The country with the most significant rise in visitors to Britain was India. Until 2003, on average there were about 190,000. However, by 2005 the figure had jumped to 272,000. ②In addition, the UK received a third more travellers from Australia. The number climbed from 684,000 to 919,000 over the eight-year period.

(英国への来訪者が最も上昇しているのがインドだ。2003 年まで、平均 19 万人だったが、2005 年には 27.2 万人に急増。また、オーストラリアからの来訪者は 3 分の 1 増加した。8 年の間に 68.4 万から 91.9 万人に増えている)

①Between 2005 and 2020 the largest growth in visitors is predicted to come from India, at 26%. France and Australia follow at 12% each. ②Despite these increases, Britain is not expected to see a rise in travellers from America.

(2005年と2020年の間に最大の成長が予測されているのがインドからの来訪者で、26%増が見込まれている。フランスとオーストラリアがそれに続き、それぞれが12%。このような増加にもかかわらず、アメリカからの旅行者は増えないと予測されている)　　　　　　　　　　　　　　　　　《191語》

◆サンプルエッセイの分析

- 導入パラグラフで、表に「将来の予測」の項目があることを、1つの独立した文で紹介している。
- 本体パラグラフ1：1位のフランスがアメリカと順位が逆転。
- 本体パラグラフ2：伸び率1位と2位の紹介。
- フランスとオーストラリアに関する予測を1つの文にまとめている。
- すべての数字が盛り込まれているわけではない（盛り込まなくてもかまわない）。
- 数字を約して million が使われている。
- パーセンテージだけでなく、a third（3分の1）の上昇といった表現を使っている。
- 予測には受動態が使われている。
- relatively は more or less（多かれ少なかれ）の意味。
- the largest number を the highest number に、the most significant rise を the largest growth に言い換えている。
- 連結する単語やフレーズとして、although、However、In addition が使われている。
- キーワードの visitors も、people、travellers とさまざまに表現されている。

練習問題5　模式図…家を建てる工程を説明する

You should spend about 20 minutes on this task.

The illustration reveals the basic steps of constructing a house.

Summarise the information by selecting and reporting the main features, and make comparisons where relevant.

Write at least 150 words.

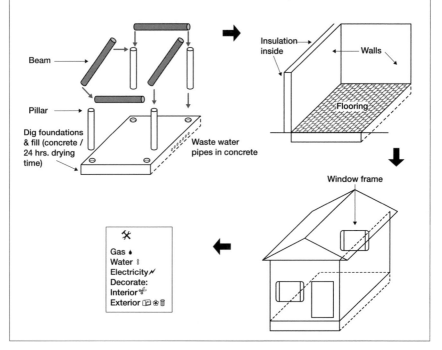

◆記述すべきポイントを選ぶ

　このタイプのエッセイでは、作業や作用の各ステップの説明をしながら、初めから終わりまでの全要素を描写しなければなりません。ときに、この手のタスクでは、要求されている単語数に達するのが困難に思えます。そこで、もし単語数が足りなかったら、想像力を発揮して、プロセス中のつなぎ目に補完情報を加えましょう。もちろん、連続性のある言葉を選び、記述をつなぐ工夫をする必要があります。

174

◆エッセイのアウトライン

▶ 1つのパラグラフで書く

　■ 導入の1文＋「全工程の説明」

▶ 模式図のポイントを要約

STAGE 1	①	Diagram shows / how to build / simple one-floor house / four main stages
	②	Dig foundation, fill with concrete, dry: 24 hrs.
	③	Water waste pipes in foundation, then add concrete
	④	Four holes in concrete for main pillars
	⑤	Insert pillars, fit beams
STAGE 2	⑥	Add walls, fill with insulation
	⑦	Make floor
STAGE 3	⑧	Put roof on house, window frames into walls, door on house
STAGE 4	⑨	Install gas, water & electricity systems, decorate interior & exterior of house
	⑩	Fit postbox, make garden

◆サンプルエッセイ

① The diagram shows how to build a simple one-floor house in four stages. ② In the first stage, the foundation of the house must be dug. Once this is done, the foundation is filled with concrete and left to dry for 24 hours. ③ However, before pouring the concrete in, waste water pipes must be laid in the foundation area. ④ Also, four holes must be made in the concrete, one in each corner. These holes are for the main pillars to fit into. ⑤ After inserting the pillars, beams are fitted on top of them to finish the house frame. ⑥ In the second stage, walls are added and filled with insulation to keep the house warm. ⑦ In addition, the flooring is laid. ⑧ During the third part of the building process a roof is put on the house. Window frames are put into the walls and a door is put on the house. At this point, the house is almost complete. ⑨ In the final stage, the gas, water and electricity systems are installed, and the interior and exterior of the house is decorated. ⑩ Fitting a postbox and making a garden will finish the house.

（図は、簡単な1階建ての家の建て方を4つの段階で示している。第1段階は、家の基礎を掘る。掘り終えたら、その基礎部分をコンクリートで満たし24時間乾かす。しかし、コンクリートを流し込む前に、排水管を基礎エリアに敷設しておく。同時に、コンクリートの四隅に1つずつ穴をあけておく。この4つ穴は柱を設置するためのものである。柱を設置したら、その上部にはりを渡し、家の枠組みが完成。第2段階、壁を立て家の中を暖かく保つために断熱材を封入。加えて床を設置。建築の第3段階では、家に屋根を載せる。窓枠を壁に設置し、ドアを取り付ける。この時点で家はほぼ完成。最後の段階で、ガス、水道、電気システムを設置、家の内装と外装を施す。郵便受けを置き、庭をつくれば家の出来上がりである）　　　　　　　　　　　　　　　　　　　　　　　《190語》

◆サンプルエッセイの分析

- 全工程をパラグラフ1つだけで説明する。
- すべての情報が盛り込まれている。これはプロセスの図解では必須である。
- 導入の1文は、タスク指示文のコピーではない。
- 工程が4段階あることは、最初のセンテンスで述べている。
- 4つの主要ステージを順次説明する移行フレーズとして、In the first stage / In the second stage / During the third part of ... / In the final stage が使われている。
- さらに細かい工程を順次説明する移行フレーズとして、Once this is done / However / before / Also / After / At this point などが使われている。
- 工程を説明する文章の間に、情報を補う文章を加える。…コンクリートを注ぐ前に、排水管を敷設しなければ…／…家を暖かく保つため／この時点で、家はほぼ完成…
- 主として、動詞は受身形が使われている。
- ... before pouring ～（～を流し込む前に…する）で、before + –ing が使われている。
- waste water pipes must be laid（排水管は敷設されなければならない）で、必要性を表す「must + 受身形」が使われている。
- fitting や making などの動名詞が、情報を凝縮するのに使われている。

練習問題6　因果関係図…化学物質の循環プロセスを説明する

You should spend about 20 minutes on this task.

The diagram demonstrates how chemicals harm the environment.

Summarise the information by selecting and reporting the main features, and make comparisons where relevant.

Write at least 150 words.

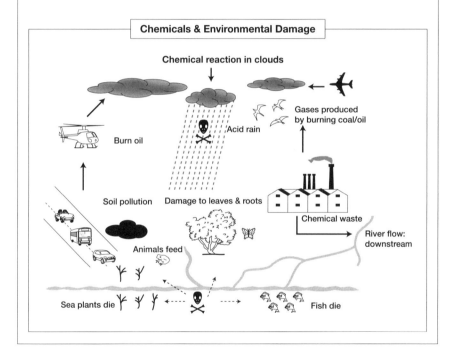

Chemicals & Environmental Damage

Chemical reaction in clouds

Burn oil

Acid rain

Gases produced
by burning coal/oil

Soil pollution　　Damage to leaves & roots

Chemical waste

River flow:
downstream

Animals feed

Sea plants die　　　　　　　　　Fish die

　このタイプの図解の場合、プロセスが循環していて、どこから始めるか判断が難しいことがあります。それでも、最初から最後まで全プロセスを紹介し、それぞれのポイントで因果関係を説明しなければなりません。ときどき、この手のタスクでは、要求されている単語数に達するのが困難に思えます。そこで、もし単語数が足りなかったら、想像力を発揮してプロセス中のつなぎ目ポイントに補完情報を加えましょう。もちろん、連続性と因果関係を考慮して言葉を選びます。

◆エッセイのアウトライン

▶ 2つのパラグラフで書く

- 1文だけの導入 ＋「大気と大地」＋「川と海」
- 酸性雨の悪影響

▶ 循環プロセスのポイントを要約

① Diagram shows / the way chemicals cause damage to the environment.
② Factories and vehicles burn two natural resources, coal and oil.
③ Produces gases → into the sky
④ Clouds form, gases cause chemical reaction in clouds → acid rain.
⑤ Acid rain falls on land, enters & pollutes soil.
⑥ Animals feed on grass & insects, (containing poisonous chemicals) animals poisoned, too.
⑦ Acid rain damages leaves and roots of trees.
⑧ Acid rain falls, chemicals enter rivers, sea.
⑨ Chemicals enter sea another way: factories dump waste, flows into sea.
⑩ Plants and fish in sea poisoned too, and die.

◆サンプルエッセイ

①The diagram shows the way chemicals cause damage to the environment. ② Factories, and vehicles such as cars, buses, motorbikes and airplanes burn two natural resources, coal and oil. ③This produces dangerous gases that rise into the sky. ④When clouds are formed, the gases cause a chemical reaction in the clouds and this produces acid rain. ⑤This harmful rain falls on the land, entering and polluting the soil. ⑥The food that animals feed on, grass and insects for example, contains poisonous chemicals from the rain. When the animals eat the food, they are poisoned too, and they die. ⑦In addition, the acid rain also damages the roots and leaves of trees.

（この図は、化学物質が環境に害を与えるプロセスを示している。工場や、車、バス、バイク、飛行機など乗り物が、2つの天然資源、すなわち石炭と石油を燃やす。すると、危険なガスが発生し、それが空へ昇る。雲ができるときにガスが雲の中で化学反応を起こし、それが酸性雨につながる。そして有害な酸性雨が大地に降り、土に浸み込み土壌を汚染する。動物が捕食する草や虫も、雨からの有毒化学物質を含んでいる。草や虫を食べる動物も汚染され、死んでしまう。さらに、酸性雨は木々の葉や根にも害を与える）

⑧When acid rain falls, harmful chemicals also enter rivers and are carried to the sea. ⑨Chemicals also enter the sea another way: factories dump their waste into rivers, which flow downstream, and the waste flows into the sea. ^⑩As a result, the plants and fish in the sea are also poisoned and die.

（酸性雨が降ると、有害な化学物質は河川に流れ込み、海へと運ばれる。化学物質はほかからも海に入ってくる。すなわち、工場が廃棄物を川に捨て、それが下流に、そして海へと流れ込む。その結果、海草や魚も汚染され、死に至る）

《164 語》

◆サンプルエッセイの分析

- 導入パラグラフの最初の文は、タスクの指示文を丸写ししてはいけない。
- プロセスは、2 つの主要ステージ、「土への影響」と「海への影響」で説明される。
- すべての情報が盛り込まれている。これはプロセス図解では必須である。
- and vehicles such as cars, buses, ... / The food that animals feed on, ... for example / ..., harmful chemicals ... are carried to the sea のように、論理的に導き出せる情報を適宜挿入している。
- 主要ステージを順次説明するための、つなぎのフレーズとして、When ... 、In addition、As a result が使われる。
- 動詞は、現在形の能動態と受動態の両方が使われる。
- which に導かれる非制限的関係詞節は、情報を追加するときに使われる。

You should spend about 20 minutes on this task.

The illustration reveals the different parts of a vacuum cleaner and how it works.

Summarise the information by selecting and reporting the main features, and make comparisons where relevant.

Write at least 150 words.

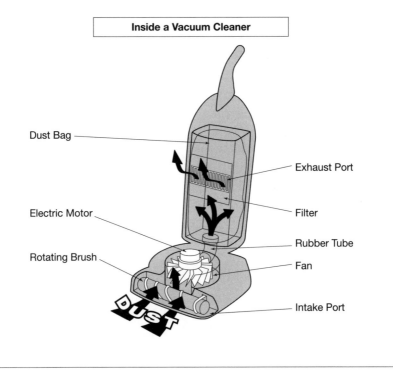

Inside a Vacuum Cleaner

Dust Bag

Exhaust Port

Electric Motor

Filter

Rotating Brush

Rubber Tube

Fan

DUST

Intake Port

◆記述すべきポイントを選ぶ

　器具や機械、装置の動作説明をする場合、対象が何であれ、説明を読む人はそれを初めて目にしていると想定しましょう。通常、2つのパラグラフで書きます。導入パラグラフでは、次の3点の説明が不可欠です。

①これは何か
②機能／用途はどういったものか
③主な部品の数とそれらがどのようなものであるか

この説明が終わってから、本体パラグラフで、

・部品のつなぎ方（導入部分に加えても可）
・本体の使い方

を説明します。このようなエッセイには、示されている情報すべてを盛り込まなければなりません。

◆エッセイのアウトライン
▶ 2つのパラグラフで書く
- 導入の1文＋部品の説明
- 部品のつなぎ方＋機能の説明

▶使用プロセスのポイントを要約
① Vacuum cleaner / machine for cleaning carpets / in home
② Three main parts: handle, body & base

① Front of base = intake port
② Inside is rotating brush —— rotates & picks up dust
③ Electric motor drives fan with angled blades
④ Blades turn & dust is sucked up through rubber tube
⑤ Dust enters dust bag
⑥ There is a filter
⑦ Exhaust port in front of filter
⑧ Air passes through filter & out of exhaust port, leaves dust in bag

◆サンプルエッセイ
①A vacuum cleaner is a machine for cleaning carpets in the home. ②It consists of three main parts: a handle at the top, a body containing a dust bag, and a base that holds an electric motor and rotating brush.

(掃除機は、家庭でカーペットを掃除する器具である。それは、3つの主要部分、ハンドル、吸塵袋が入っている本体、そして電気モーターと回転ブラシがついている基部［ベース］から成る)

①At the front of the base there is an intake port. ②Inside the port is a rotating brush. When you push the vacuum cleaner forward the brush rotates and picks up the dust from the carpet. [3] The electric motor, located behind the intake port, drives a fan with angled blades. [4] As the blades turn, the dust is sucked up through a rubber tube located behind the fan. [5] The dust enters the dust bag in the upright body of the vacuum cleaner. [6] The bag has a filter on its front side, in the middle. [7] In front of the filter there is an exhaust port on the case of the cleaner. [8] The air, which is sucked up and carries dust into the dust bag, passes through the filter and out of the exhaust port leaving the dust in the bag.

(ベースの前部には吸込み口がある。吸込み口の内側に回転ブラシ。掃除機を前に押すと、ブラシが回転しカーペットのほこりを吸い上げる。電気モーターは吸込み口の後ろにあり、斜めの羽根がついたファンを回している。羽根が回転すると、ファンの後ろのゴム管にゴミが吸い込まれる。ゴミは本体の垂直部分の中にある吸塵袋に入る。袋の前中央にフィルターがある。フィルターの前、掃除機の筐体上に排気口がある。ゴミを吸い込んで袋に運んだ後の排気は、ゴミを残してフィルターを通り、排気口から出ていく)　　　　　　　　　　　《178 語》

◆サンプルエッセイの分析

- 導入パラグラフで、製品の一般名称、使用目的、主要パーツを記述する。
- 説明は、あちこちに飛ばず、論理的に進める。
- 図で示されているすべての情報について説明する。
- 現在形の能動態、受動態が使われる。there is / rotates and picks up / is sucked など。
- 位置を説明する言葉、At the front of the / Inside the / located behind the / in the middle が使われる。
- どうすればどうなるという因果関係が示される。When you ... the ...
- 追加情報を導く関係代名詞節が使われている。..., which is ... into the dust bag

練習問題8　地図…2枚の地図を比較して町の変遷を語る

You should spend about 20 minutes on this task.

The two maps indicate changes to the town of Toddingham between 1975 and 2000.

Summarise the information by selecting and reporting the main features, and make comparisons where relevant.

Write at least 150 words.

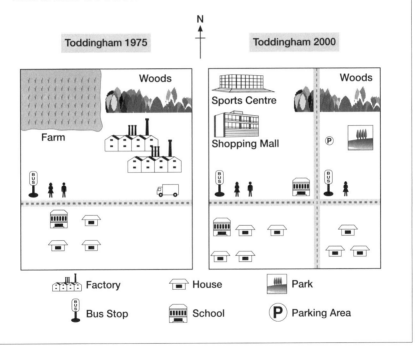

◆**記述すべきポイントを選ぶ**

　地図の比較では、変化を説明することになります。建物が新築されたり、建て替えられたり、土地利用に変化が生じているはずです。交通機関も大きな注目点です。地図上での変化を、位置や方角を間違えないよう確認しながら書きましょう。

▶3つのパラグラフで書く

- 導入文＋大まかなトレンド
- 1975年当時の説明
- 2000年に見られる変化

▶定型の導入パラグラフに続けて、最も重要なポイントを以下のように要約

① Maps / show development / Toddingham / 1975 and 2000
② Many changes, population increased.

1975	① Very rural, northern part = large farm in west, woods in east
	② One road, east to west in southern part
	③ A couple of factories between woods and road
	④ Several houses, a school, on south-west side of road
2000	① More urban, part of woods cleared for new road, north to south
	② Farm replaced by sports centre and shopping mall
	③ Number of houses grew, especially in the south-eastern part of Toddingham
	④ Park and car park replaced factories
	⑤ Second school built near main crossroads

◆サンプルエッセイ

①The two maps show the development of a town called Toddingham during a 25-year period, 1975 to 2000. ②Looking at the information, it is clear that many changes took place and the population increased.

(2つの地図は、1975年から2000年の25年の間におけるトッディナムの町の発展を示している。情報を見ると、多くの変化が生じ、人口も増えていることが明らかだ)

①In 1975, the area was quite rural. The northern part had a large farm in the west, and woods in the east. ②There was only one road, which ran east to west in the southern part of the town. ③Between the woods and the road there were two factories. ④On the south-west side of the road there were several houses and a school.

(1975年当時、同地はかなりの田舎。北部の西には大きな農場、東には森。道路が1本だけ、町の南側に東西に走っていた。森と道路の間に2つの工場。道路の南西側に家が数軒と学校があった)

①By 2000, Toddingham had changed significantly and become more urbanised. One major change was the addition of a new road running north to south. In order to make the road, part of the woods were cleared. ②Another important development was that the farm had been replaced by a sports centre and large shopping mall. ③ In addition, the number of houses grew, especially in the south-eastern part of town. Furthermore, a park and a car park replaced the factories. ④ Finally, a second school was built near the main crossroads.

(2000年までにトッディナムも大きく様変わりし、都市化が進んだ。大きな変化は南北へ抜ける新しい道路が加わったこと。道路を作るために、森の一部が伐採された。もうひとつの発展は農場がスポーツセンターと大きなショッピングモールに変わったこと。加えて多数の家が、とくに町の南東部に建った。さらに、工場に代わり公園と駐車場ができた。最後に、2つ目の学校が主要道路の交差点近くに建った)　　　　《184語》

◆サンプルエッセイの分析
- 導入パラグラフの第1文は、タスク指示文の丸写しではない。
- 導入パラグラフで、大まかなトレンド（結論）を述べる。
- 2つの本体パラグラフに、それぞれの年代の記述を振り分ける。似たような情報を提示している地図の場合でも、パラグラフは分けたほうがよい。
- 変化のほとんどを盛り込む。
- 本体パラグラフ1では、過去形を使う。
- 本体パラグラフ2では、過去形、過去完了形、過去受身形を使い分ける。
- One major change / Another important development と、つなぎの表現もいろいろ。
- In order to は「目的」を示すために使われる。

Writing Module Task 2

ライティングテスト　タスク2

Strategies for Task 2
タスク2のための戦略

取り組み方と時間配分

　ここでは、ライティングテストのタスク2で要求されるさまざまなエッセイ形式を分析し、よりよいエッセイを書く方法を解説します。

　タスク1と同様のスタディ・ステップに従って学習を進めてください。

取り組み方	時間配分
●タスクの説明文を読む。 ●キーワードに丸をつける。 ●（要求されている場合は）立場・態度を決める。 ●導入パラグラフを（タスクの説明文を使って）書いたら、いったん鉛筆を置く。	5分
●本体パラグラフのメイン・アイディアを決める。 ●テーマに沿ったアイディアをいくつか出し、各パラグラフ用に2〜3つを選ぶ。	5分
●2つ（あるいは3つ）の本体パラグラフを書く。 ●書き終えた行数を数える（短かったら情報を足す）。	25分
●書き終えたエッセイをチェックする（冠詞、複数のsや動詞の三単現のs、スペリング）。	5分
合計時間	40分

　先にも述べましたが、テストの初めに2つのタスク両方に目を通しましょう。そうすれば、タスク1を進めながらタスク2についても考えることができます。タスク1に20分使い、残りの40分でタスク2を完成させます。次のステップに従ってください。

主なエッセイのタイプ5例とタスク

　タスク2では、与えられたトピックについてエッセイを書きます。タスクの説明文では、まずトピックが提示され、その後タスクの指示が出されます。以下に、タ

スク2の主なエッセイのタイプ5例と、タスクをあげました。

① **Two sides of an argument**（議論の2面を論じる）
- Discuss（討論）
- Compare/Contrast（比較、対照）
- Advantages/Disadvantages（有利な点、不利な点）

② **Evaluate an argument**（議論を評価する）
- To what extent ...?（どの程度？）
- How important ...?（いかに重要か？）
- What do you think?（あなたはどう考えるか？）

③ **Agree or disagree**（賛成か反対かを述べる）
- Do you agree or disagree? Why?（賛成か、反対か、その理由は？）
- Explain your position.（あなたの立場を説明せよ）
- Justify your opinion.（あなたの見解の正当性を述べよ）

④ **Problem & solution**（問題とその解決策を論じる）
- What can be done to solve ...?（解決のために何ができるか？）
- How can this problem be addressed?（この問題にどう取り組むか？）
- What challenges and strategies ...?（課題と戦略は何か？）

⑤ **Choose & justify**（選択し、それが正しい理由を述べる）
- Choose and justify your choice(s).（選択し、それが正しいと思う理由を述べよ）
- Which do you think is ...? Why?（どちらが…だと考えるか？　それはなぜか？）

よく登場するトピックは、主として一般社会に関連したものです。設定は、スピーキングテストのパート3に登場するトピックとよく似ています。以下に、15項目をあげます。

Education & learning（教育と学習）	The arts（芸術）
The environment（環境）	Animal welfare（動物保護）
Mass media（マスメディア）	Population growth（人口増加）
Human relations（人間関係）	Health（健康）
Crime（犯罪）	Tourism（観光）
Technology（テクノロジー）	Employment（雇用）
Culture（文化）	Retirement（退職）
Consumer trends（消費者動向）	

トピック別のオリジナル語彙集を作ろう

IELTSのための最良の辞書は、トピック関連の語彙を集めたものです。A4用紙の中央に、前ページのトピック名を1つずつ、15枚に分けて書きます。そして、各トピックに関連した名詞、動詞、形容詞をできるだけたくさん書き込んでいきます。そのようにして15ページから成るトピック別語彙集を自分で作るのです。この作業は、タスク2のエッセイを書く際に、核になる情報とアイディアを与えてくれるはずです。また、ほかのテストにもきっと役立ちます。

エッセイの構成

段落構成が明快なエッセイにしましょう。

パラグラフごとに1つのメイン・アイディアを盛り込み、各パラグラフの間を1行あけます。そうすれば、いくつパラグラフがあるかひと目でわかるので、採点者がエッセイ全体の構成を理解し読みやすくなります。

タスク2のエッセイでは、全部で4～5つのパラグラフを書くことになります。下の表に、主なエッセイのタイプ5例のパラグラフ構成を示しました。

①2面を論じる	②議論を評価する		③賛成か反対か		④問題と解決	⑤選択と正当化
導入部分	導入部分	導入部分	導入部分	導入部分	導入部分	導入部分
A面の主張	評価できる	異論あり	賛同	反対	(諸) 問題	選択1
B面の主張	評価できる	異論あり	賛同	反対	解決案A	選択2
結論部分	異論あり	評価できる	(賛同)	(反対)	解決案B	選択3
	結論部分	結論部分	結論部分	結論部分	結論部分	結論部分

パラグラフの長さと内容

タスク2の導入部分は、タスク1エッセイの約2倍、単語数では約40～50語が目安です。本体パラグラフでおよそ200語、結論部分に30語書く必要があります。エッセイのタイプと内容によって変わりますが、次ページの表に、典型的なパラグラフの構成とパラグラフごとのおおよその単語数を示しました。

パラグラフ４つの構成	パラグラフ５つの構成
導入（パラグラフ）部分〈約40語〉 • トピックの導入（Topic introduction） • 一般記述（General statement） • 意見表明（Thesis statement）	**導入（パラグラフ）部分**〈約40語〉 • トピックの導入（Topic introduction） • 一般記述（General statement） • 意見表明（Thesis statement）
本体パラグラフ１〈約100語〉 • トピック・センテンス • アイディア1 • アイディア1の展開 • アイディア2 • アイディア2の展開 • アイディア3 • アイディア3の展開	**本体パラグラフ１**〈約70語〉 • トピック・センテンス • アイディア1 • アイディア1の展開 • アイディア2 • アイディア2の展開
本体パラグラフ２〈約100語〉 （本体パラグラフ1と同じ構成）	**本体パラグラフ２**〈約70語〉 （本体パラグラフ1と同じ構成）
	本体パラグラフ３〈約70語〉 （本体パラグラフ1・2と同じ構成）
結論（パラグラフ）部分〈約30語〉 • メイン・アイディアを再度主張 • 見解を述べる • 解決策を提示／将来を予測	**結論（パラグラフ）部分**〈約30語〉 • メイン・アイディアを再度主張 • 見解を述べる • 解決策を提示／将来を予測

　まず、エッセイの導入部分でトピックが何であるか短く述べます。加えて、トピックについて一般的な文章を１〜２文添えましょう。導入パラグラフの最後の文で、thesis statement（意見表明）しておきましょう。これが、タスクの課題に対するあなたの見解や立場を伝える文章になります。あるいは、この問題には2面あり異なる見解があると、簡単に触れておくこともできます。これが、あなたのargument statement（議論紹介）となります。

　上の表では、本体パラグラフ2つと本体パラグラフ3つのエッセイを例に、その構成を示しています。各本体パラグラフは、つねにトピック・センテンスで書き始めます。トピック・センテンスは、そのパラグラフの主な主張をおおまかに読み手に伝えるものです。トピック・センテンスに続いて、アイディアを支える例証や理由、根拠を述べる２〜３つの文が必要です。

　結論部分で、意見表明（導入部分の最後で述べた）に再び言及しますが、まったく同じ表現ではいけません。違う言葉を使って、少し強調します。そして、エッセイを貫く自分の主張を支えるべく、最終的な結論にもっていきます。トピックの将来や起こりうる結末について付け加えるのもいいでしょう。できたら、エッセイの最後の文章は、読み手にインパクトを与えるべく工夫してみましょう。

　タスク1と同様、フォーマルでアカデミックな英語を使って書かなければなりません。くだけた表現は禁物、ユーモアも避けたほうがよいでしょう。論点を整理し、発展させ、あなた個人の意見を示すのです。自らの見解を述べ、それを証拠や例証で支えます。明快で筋の通った記述を心がけ、結論へ向けて論理展開します。そして、問題全体に答える結論でなくてはいけません。

　アカデミックなエッセイを書く原則として、極力個人的な文章にしないことです。エッセイで、I think/feel/believe …（思う、感じる、信じる）を連発してはいけません。これらは、個人的な見解を披露したりまとめたりするときに使う表現です。使うとしたら、意見表明や結論を書くときだけです。

　アカデミック英語では、格式ある表現や can や may、should といった法助動詞を使うよう要求されます。それは、可能性や必要性、要求の度合を表現するもので、「問題と解決」エッセイではとくによく使います。また、量や頻度を表現する副詞にも留意しましょう。「完全に」「まったくない」など決定的な書き方は避けたほうが無難です。100%や0%であると断定的に書いてよいのは、世間によく知られている事実や、定義のような、一般に正しいと受け止められていることについてだけです。また、持論や主張を述べるときの be 動詞、結論を書くときの未来のwill は断定的になりがちなので、使い方に注意が必要です。以下を参考にして表現の幅を広げてください。

極端な表現		断定を避ける表現
Trains are always late.	→	Trains are often late.
Prices never decrease.	→	Prices rarely decrease.
People do not like animals.	→	A small percentage of people do not like animals.
All teenagers ...	→	Most/The majority of teenagers ...
There are no problems relating to health.	→	There are very few problems relating to health.
No one trusts the government.	→	Some people do not trust the government.
Everyone dreams of becoming famous.	→	Many people dream of becoming famous.

●断定を避ける表現（主張や結果）

断定的な表現		婉曲的な表現
It is a bad system.	→	It may be a bad system.
There is a better solution.	→	There might be a better solution.
It is necessary for them to ...	→	It may be necessary to ...
The new measures will not be popular.	→	The new measures may not be popular.
It will cause ...	→	It could cause ...
This will become ...	→	This may become ...
Such steps will not result in ...	→	Such steps will probably not result in ...
These actions will lead to ...	→	These actions might lead to ...

文章に枝葉をつける

　散文エッセイの場合、センテンスに追加の情報を盛り込むことができます。この情報は、メインの情報に加えるものです。いくつかのセンテンスでこれを実践するのはいい考えですが、多用はいけません。

Many people in society today, **especially the younger generation,** own a mobile phone.
（今日の社会では多くの人々、とくに若い世代が、携帯電話を持っている）

〈メイン・アイディア〉 Many people in society today own a mobile phone.
（今日、社会では多くの人々が携帯電話を持っている）

〈追加情報〉　　　　　 **especially the younger generation**
（とくに若い世代が）

Health care, **which is necessary for everyone,** is becoming more and more expensive.
（医療は、だれにも必要なものだが、ますます高くつくようになってきている）

〈メイン・アイディア〉 Health care is becoming more and more expensive.
（医療はますます高くつくようになってきている）

〈追加情報〉　　　　　 **which is necessary for everyone**
（だれにも必要なものだ）

文の中でメイン・ポイントを強調する

文の２つ目の節に、メイン・ポイントを含ませて書くと効果的です。たとえば、

While technology has brought many benefits**, it has also brought many problems.**
(テクノロジーは、多大な恩恵をもたらす一方で、多くの問題ももたらしている)

という文で、「恩恵」と対比させることで、テクノロジーがもたらす「問題」を強調しています。このように「譲歩構文」を使うことによって、主張したいことを強調することができます。

現在形と現在進行形で書く

タスク２のエッセイは、主として動詞の２つの時制で書きます。もちろん、ほかの時制も適宜必要になります。

現在形は、一般的に正しいこと、周知のことについて書くときに使います。

Many parents desire **a good education for their children.**
(多くの親は、子どもによい教育を望んでいる)

A good education often leads **to success in one's career.**
(よい教育は、しばしばキャリア［仕事］での成功へ導く)

現在進行形は、今起きていることを描写します。

The type of education programmes offered by schools is changing**.**
(学校が提供する教育プログラムが、変わろうとしている)

Courses are becoming **more and more varied.**
(学習課程はますます多様になりつつある)

トピック＆タスクの指示にこたえる

まず、問題を注意深く読みます。タスクは２つ以上のパートやポイントに絞って問われるので、そのすべてに言及するエッセイに仕上げなければなりません。個々のパートやポイントについて、どの程度の文章が書けているかで、あなたの関心の

持ち方や重視している度合が判断されます。

　トピックは、ほとんどがキーとなる名詞でできていますが、とくに重要な名詞が2つあることが多いです。1つしか見つからないときは、同じトピックの中で次に重要と思われる名詞を2つか3つ見つけるとよいでしょう。

トピック＆タスクの中に、本体パラグラフを書くための サブカテゴリーを見つける

　このスキルを習得すると、本体パラグラフのメイン・アイディアが素早くまとまり、全体の構成も容易になります。実際の問題で、エッセイを構成してみましょう。次はタスク2の例題です。

More people tend to retire earlier than in the past. Some look forward to this stage of life while others do not.
（多くの人々が、昔より早く引退するようになっている。人生のこのステージを楽しみにしている人たちもいるが、そうでない人たちもいる）

What challenges do people experience in retirement? What strategies are there to meet these challenges?
（人は退職するにあたりどんな問題を経験するのだろうか？　その問題に対処するためにどのような方策があるだろうか？）

　タスクを読んで、すぐにアイディアを思いつき、書き始めるための手がかりは、「どのタイプのエッセイが要求されているか」を認識することです。それが本体パラグラフの基礎になります。タスクは、challenges (problems)（退職で抱える問題）と、strategies (solutions)（それに対処する解決策）を書くよう要求しているので、「問題と解決」エッセイを書くことになります。どのような問題を抱えることになるのか？　このエッセイでは、本体パラグラフに、physical と mental な challenges を書き、解決策はトピックに合わせて書くことになります。

キーとなるタスクワードを見つける

　タスクの説明文中に1つか2つあるキーワードがわからないと、エッセイを書き始めることができません。次ページに登場頻度の高いキーワードを並べました。

advantages/disadvantages （優位性、先んじていること／劣位、不利）

benefits/beneficial （恩恵・利点／有利な）

challenges/problems （課題／問題）

drawbacks （欠陥、短所）

effects （効果）

impact （影響、反響）

influence （影響）

issues （課題、問題）

measures （方法、手段、方策）

merits/demerits （利点／欠点）

methods/ways/forms/techniques/modes （方式／やり方／形式／テクニック／モード）

outweigh （〜より重要である）

positive aspects / negative aspects （肯定的側面／否定的側面）

solutions （解決）

strategies （戦略）

tackle （取り組む）

エッセイで役立つ表現

　これらの表現についての知識はライティングだけではなく、すべてのテストで役に立ちます。

●接続／連結／移行で使う単語やフレーズ

Addition （付加・追加・拡張）			
and	（そして）	also	（また）
too	（…も）	as well as	（…も）
in addition	（加えて）	likewise	（同様に）
not only ... but 〜	（…だけでなく〜も）	similarly	（同じく）
Sequence （つなぎ・連続・連結）			
first/firstly	（まず／第1に）	second/secondly	（次に／第2に）
to begin with	（初めに）	initially	（最初は、冒頭に）
then	（それから）	next	（次に）
after this/that	（この／その後）	following this/that	（これに／それに続き）
lastly/finally	（最後に／最終的に）		

Example（例・たとえ）			
in particular	（とくに）	for example	（たとえば、例として）
for instance	（たとえば、例として）	such as ...	（…のような）
Reason（理由）			
because/as/ since ...	（…なので、…ゆえ）	due to ...	（…のため）
the reason why	（なぜかというと）	leads to ...	（…になる）
cause ...	（…の原因となる）		
Contrast（対比）			
but	（しかし）	however	（しかしながら）
On the other hand,	（一方で、）	On the contrary,	（逆に、）
in/by contrast	（比べると）	although ...	（…であるけれども）
even though ...	（たとえ…でも）	while ...	（一方…）
compared with ...	（…と比較すると）	whereas ...	（…であるのに、ところが）
despite ...	（…であるのに）	in spite of ...	（…にもかかわらず）
instead of ...	（…の代わりに、…ではなくて）	alternatively	（代わりに）
Condition（条件）			
if ...	（もし…なら）	unless ...	（もし…でなければ）
provided that ...	（もし…とすれば）	so that ...	（…であるように）
whether ...	（たとえ…であろうとなかろうと）		
Result（結果）			
as a result	（結果として）	so	（それで、だから）
therefore	（それゆえに）	consequently	（結果的に）
Summary（要約）			
In summary,	（要約すると、）	In conclusion,	（結論は、）
To sum up,	（要約すれば、）		

論旨を明快にする表現

■ Essay introductions（エッセイ導入部分）

In recent years there have been many changes/developments in ...
（近年、…では、多くの変化／発展が見られる）

... has developed rapidly over the last few decades.
（…はここ 20 ～ 30 年で急速に発展している）

Over the last few decades, many people have ...
（ここ 20 ～ 30 年で、多くの人々が…）

One of the most important problems in our society today is ...
（今日の社会で、最も重大な問題の 1 つは…）

■ **Sequencing main points**（メイン・ポイントをつなぐ）

Firstly, it is important to consider the issue of ...
（まず、…という課題を検討することが重要である）

Another aspect to remember is ...（覚えておくべきもう 1 つの側面は、…）

The final point to take into account is ...（考慮すべき最後のポイントは、…）

■ **Giving examples**（例をあげる）

One example is ...（1 つの例として）

Another/A further example is ...（もう 1 つの／さらなる例として…）

Take X/Xs as an example. It/They ...（X を例としてあげると、それ／それらは…）

■ **Clarifying a point**（ポイントを明快にする）

It/This is not only ... but also ～（それ／これは、…だけでなく～も）

There is no doubt in my mind that ...（…は間違いない）

■ **Agreeing with a point**（考えに同意する）

I would accept the view that ...（…という意見はもっともだと思う）

I agree with the point of view that ...（…という意見に賛成だ）

It is certainly true to say that ...（…というのも当然だ）

■ **Disagreeing with a point**（考えに異議を唱える）

I am not convinced that ...（…とは確信できない、…とは思えない）

I cannot accept the view that ...（…という見解は受け入れられない）

There is little evidence to suggest that ...（…というには根拠が足りないと思う）

■ **Potential results**（ありうる結末、結果の予測）

This might cause ...（これが原因で…になるかもしれない）

This could lead to ...（これが…を導くかもしれない）

It can result in ...（それが…という結果を生むかもしれない）

This would have a positive/negative effect on ...
（これが…に良い／悪い影響を及ぼすかもしれない）

■ **Conclusions**（結論）

Considering all the points above it is clear that ...
（すべてを考慮すると、…ははっきりしている）

Overall, it is evident that ...（全体的に見て、…は明白である）

Looking at all the arguments it is obvious that ...（議論を尽くした結果、…は明らかだ）

Overall, we can see that ...（全体として、…ということがわかる）

エッセイ・プランニング

　エッセイでは、量より質が問われます。長さが少々足りないエッセイでも、アイディアが優れていてよくまとまっていれば、質が伴っていない250語以上のエッセイより高く評価されます。とはいえ、テストですから、適正な語数で質の高いエッセイを書くことを目指しましょう。

　質の高いエッセイを書くには、アイディアと構成プランを練る時間が必要です。焦らずに、1〜2分使ってプランを作りましょう。導入部分のためのメモは不要です。2つか3つ書く本体パラグラフ用にメモを書きます。パラグラフ1つにつき、せいぜい10語ほど書くだけでいいのです。

　以下に、3つの本体パラグラフを書くためのメモの例を示します。前出の「退職」(p.193) についての例題です。退職後に抱える問題とそれに対処する方策について、問題ごとに2〜3つのアイディアをメモしましょう。

- MENTAL: BOREDOM（精神面：退屈）
    — no hobbies, interests（趣味も関心もない）
    — lack of communication（コミュニケーションの欠如）
- PHYSICAL（身体面）
    — no exercise（運動をしない）
    — possible health problems（健康に問題があるかもしれない）
- SOLUTIONS（解決策）
    — start new hobby（新たに趣味を始める）
    — join a sports club（スポーツクラブに入る）
    — travel（旅行する）

導入部分を書く

　タスクの説明文を読んだら、キーワードに丸をつけ、（必要なら立場や主張を決めて）導入部分を手早く書きましょう。あなた自身の立場からあなたの意見表明を書きます。問題が、「議論紹介」あるいは「長所・短所」を論じるエッセイの場合は、導入パラグラフであなたの立場を書く必要はありません。単純に、その議論には2面あって見解が異なる、あるいはその問題には肯定的な点と否定的な点があると指摘するだけでよいです。先出の「退職」の例題のようなエッセイでは、結論部分に自らの見解を書かなければなりません。導入部分を書くうちに、頭の中に本体パラグラフのためのアイディアが浮かんでくるでしょう。

　導入部分に、タスクの説明文から文章のかたまりを流用してはいけません。採点者は、そのようにして写された部分を無視し、語数にカウントしません。問題文の単語は使うことができますが、できるかぎり類似表現や同義語に変えるようにしましょう。また、導入部分には事実の細部やアイディアも書いてはいけません。あくまでも、エッセイの始まりです。詳細は、本体パラグラフで展開しましょう。

　典型的な導入部分を考えてみましょう。ここでは4文で書くとします。

① トピックを紹介する1文を書きます。
② 2文目に、その課題についての自問自答を書くのも効果的です。たとえば、タスクの見出しに 'more and more people are staying on at university'（大学に居続ける人が増えている）とあったら、なぜこうした事態になったのかで1文書きましょう。
③ 3文目は、もう1文加えて記述を展開します。この記述で、いくつかの例証のアイディアが決まるでしょう。
④ 最後の4文目に、あなたの意見表明か議論紹介を記しましょう。

本体パラグラフはトピック・センテンスで始める

　エッセイは250語以上なので、本体パラグラフを2つか3つ書くようにしましょう。つまり、エッセイ全体は4つか5つのパラグラフになります。

　本体パラグラフそれぞれの最初には、「トピック・センテンス」がきます。トピック・センテンスでは、そのパラグラフで何を述べるかをおおまかに伝えます。次の文章からは、具体的なアイディアや理由を書き、情報や例証を添えてメイン・アイディアを支えます。提示したアイディアや理由について、自分の経験や実例から説明を加え、あなたの見解を確実なものにするのです。生活体験、ニュースや書物から得た知識をフルに使いましょう。

エッセイでは、賛否両論、双方の見解に言及する

エッセイでは、いつどのような議論でも双方の見解を考慮することを忘れてはなりません。たとえば、下の問題を見てみましょう。

Nowadays advertisements appear in many forms and in many places. They are very powerful and have a lot of influence over people of all ages. Some people think that advertising should be controlled much more strictly by the government, and in some cases banned.

（今日、広告はさまざまな場所でさまざまな形で出現している。その力は実に強大で、あらゆる世代の人々に大きな影響を及ぼしている。人によっては、広告はもっと厳しく政府が取り締まるべきで、場合によっては禁止もありうると考えている）

To what extent do you agree or disagree? Why?

（あなたはこの意見にどの程度賛成・反対か？　その理由は？）

問題は、「広告は、規制あるいは禁止されるべきだと考えるかどうか」をたずねています。もちろん、そこには2つの見解があります。

① Yes, it should be controlled more strictly and banned in some cases.
（はい。それはもっと厳しく取り締まられるべきで、場合によっては禁止もありうる）

② No, it should not be controlled more strictly or banned.
（いいえ。それはもっと厳しく取り締まられたり、禁止されたりすべきではない）

もしあなたが①の立場で書くのが自然だと感じても、テストでは、②についても書きましょう。「なぜ、広告は規制・禁止されるべきだと考えるのか」、その理由を書くと同時に、「なぜ規制・禁止されるべきでないのか」についても書かなければならないのです。賛否両面を書くことで、あなたがこのタスクを慎重に考慮したことが読み手に伝わります。賛同する意見については本体パラグラフの70%を使って展開し、反対の見解も認める記述に残りの30%を割きましょう。

なお、To what extent（どの程度まで）などがついていない場合は、賛成なのか反対なのかが問われていますので、賛成・反対いずれかの立場でエッセイを展開します。

結論（パラグラフ）を書く

タスク2のエッセイには、いかにもこれで「終わった」と思えるような結論が必要です。残り時間が数分しかなく、まだ最後の本体パラグラフを書き終えていない場合は、結論部分にとりかかっても1文しか書く時間がないでしょう。しかし、そ

れでもいいのです。たとえ1文でも、それは結論です。結論のないエッセイは、4番目の車輪のない車と同じです。結論は絶対に必要なので必ず書きましょう。

　逆に、書く時間がたっぷりあっても、結論は3〜4文で十分です。まず、これまでに述べてきたあなたの持論のメイン・ポイントを要約します。決して、この段階で新しいポイントを入れてはなりません！　それから、トピックについての自分の意見を短く、第1パラグラフの最後に書いた意見表明の文章を強調して記述します。こうすることで、独自の立場を確立・強化することになります。議論紹介のエッセイの場合、どちらに賛成か書かなくてはなりません。そして最後に、将来の予測について論じてもよいでしょう（188ページのエッセイの構成を示した表を参照のこと）。

Task 2 Practice
タスク2　練習問題

練習問題1　① 議論の2面を論じる

> *Greater numbers of people now use the Internet for a variety of reasons.*
> *Some think it is beneficial, but other people disagree.*
> （今、実に多くの人々が、さまざまな理由でインターネットを使っている。有益だと考える人もいれ
> ば、そうでないと考える人もいる）
>
> Discuss both attitudes and give your opinion.
> （双方の主張を論じ、あなたの意見を述べなさい）
>
> Write at least 250 words.
> （250語以上で書きなさい）

◆エッセイ・プランニング

Internet = NOT GOOD : (reasons)　インターネット＝良くない（理由）
　① Security/Internet crime　　安全性／ネット犯罪
　② too much time surfing　　ネットサーフィンに時間を使いすぎる
Internet = GOOD : (reasons)　インターネット＝良い（その理由）
　① shopping　　買い物
　② can get information　　情報を得られる
　③ communication　　コミュニケーション

◆サンプルエッセイ

The Internet has developed rapidly over the last few decades. Now, businesses use it for work, schools use it for education and people use it at home for various reasons. Many people think the Internet is very useful while others criticize it. This essay will discuss both sides of the argument. 《導入／51語・4文》

On the one hand, people argue that the Internet has drawbacks. **First, it has** ① security problems, which can lead to crime. **For example, criminals can sometimes get personal information to use for illegal purposes. Other**

crimes are increasing on the Internet, as well. For instance, fake brand goods are often advertised and sold. A second problem is ②time. Often, people can spend too much time playing games or just surfing the Internet. This can lead to a drop in social skills. 《本体1／81語・9文》

On the other hand, many people use the Internet to help them in their daily lives. ①Shopping is one example. People can order goods which will be delivered to their homes. This is very convenient as it saves them time. Another example is ②information. The Internet allows users to download maps and access entertainment information and news very easily. A third advantage of the Internet is that family, friends and businesses can use it for 24-hour ③communication. For instance, people can chat online and send e-mail to most parts of the world. 《本体2／92語・10文》

In conclusion, it is clear that the Internet has both positive and negative points. However, in my opinion, the good points outweigh the bad ones. The Internet will continue to grow in popularity and will become even more powerful in the future. Therefore, we have to carefully monitor and reduce any of its negative impacts. 《結論／55語・4文》

◆サンプルエッセイの分析

- タスクの説明文に、a variety of reasons（さまざまな理由）とある。書き手は "What reasons?"（どんな理由で？）と自問し、その答えを、businesses use it for work, schools use it for education, and people use it at home（仕事で使い、学校は教育に使い、人々は家庭で使っている）と導入部パラグラフの第2文に書いている。
- エッセイでは、議論の双方を語るよう要求されている。そこで、議論紹介であることを明言し、導入パラグラフの最後で、2面を論じると書いている。
- 書き手は、2つの本体パラグラフで賛否両論を紹介し、バランスをとっている。どちらも、文章の数はほぼ同じである。
- 書き手は、結論パラグラフに自らの見解を書いている。これは議論エッセイでは不可欠である。
- 書き手は、インターネットは短所より長所が多いと信じている。そこで、2番目の本体パラグラフで賛成の見解を書き、さらに結論パラグラフへつないで強調している。
- 書き手は、各パラグラフ構成にめりはりをつけるため、以下の表現を使っている。

《導入》 The Internet has developed rapidly over the last few decades.
（インターネットはこの20 〜 30年で急速に発達した）

《本体1》 On the one hand （一方で）

《本体2》 On the other hand （他方で）

《結論》 In conclusion （結論として）

> *Tourism is a growing business in many parts of the world, especially in poorer areas that have a lot of natural beauty. In such places, this growth brings various changes to the people and their lives.*
> （観光は世界各地、とりわけ美しく豊かな自然をもちながら貧しい地域で、ビジネスとして成長している。この成長は、そこで暮らす人々とその生活様式にさまざまな変化をもたらしている）
>
> To what extent are the effects of the changes beneficial?
> （そうした変化の影響は、どこまでが恩恵といえるのだろう？）
>
> Write at least 250 words.
> （250 語以上で書きなさい）

◆エッセイ・プランニング

BENEFICIAL : (reasons)　　　　恩恵がある（その理由）
　① brings jobs　　　　　　　雇用をもたらす
NOT BENEFICIAL : (reasons)　恩恵とはいえない（理由）
　① loss of culture　　　　　　文化が失われる
　② nature disappears　　　　 自然が失われる

◆サンプルエッセイ

In recent years there have been many developments in the tourism industry. One of the largest areas of growth is in the construction of new resorts in places with little money, but plenty of nature. Although such projects bring some benefits to the local people, I feel that the negative effects are greater. 《導入／ 53 語・3 文》

It is certainly true to say that tourism ① brings new jobs to people in poor areas. Unemployment in such places is often high as there are limited opportunities for work. As a result, the local people often welcome rich companies, even if they are from other countries. 《本体 1 ／ 47 語・3 文》

On the contrary, there is little evidence to suggest that local people gain much from tourism. Firstly, the most serious effect is that they ① lose their culture. Visitors who travel to foreign countries mostly stay in western-style hotels. In and around the hotels we can usually find restaurants that

serve western food and shops that sell western goods. Moreover, English is commonly the language of communication. These factors often lead to the spreading of western culture, and the loss of the local one.
《本体2／84語・6文》

Secondly, [2] nature is often destroyed in order to build airports, resort facilities and new roads. Take jungles for example. They are often cut down, which results in not only the loss of habitat for precious animals and insects but also of important plants. This means that the local people lose one of their most valuable possessions. 《本体3／56語・4文》

Overall, it is evident that tourism leads to many changes in the lives of people in poorer parts of the world. In my opinion, there are few advantages for local people and they should think about preserving their own values and lifestyle before welcoming tourism. 《結論／45語・2文》

◆サンプルエッセイの分析

- エッセイは、「観光地化の効果はどの程度まで有益か」を述べよと要求している。書き手は意見表明で、「多少恩恵はあっても否定的効果がより大きい」と明言している。
- 書き手は否定的効果が多いと信じているので、その立場から記述を7対3に分けている。2つの本体パラグラフで否定的効果について書き（70%）、1つのパラグラフで多少の恩恵（30%）を認めている。
- メインの見解を記述した2つの本体パラグラフは、結論の直前にきている。これは、インパクトを与えるとともに、自然に結論部分へと導き、書き手の立場を確認することになる。
- 書き手は、論旨を整理し、なめらかにつなぐため、次のような表現を使っている。

《導入》　In recent years there have been many developments in ...
（近年、…では発展がめざましい）

One of the ...est 〜 is （最も…な〜の1つは）

Although such ... （そうした…は〜ではあるが）

《本体1》　It is certainly true to say that ... （たしかに…ということは正しい）

... in such 〜 （そのような〜での…は）

As a result, ... even if （たとえ…だとしても、結果として…だ）

《本体2》 On the contrary, there is little evidence to suggest that ...
（逆に、…を示す証拠はほとんどない）

Firstly, the most ... （第1に、最も…な）

Moreover （そのうえ）

These factors often lead to ... （こうしたことが…へとつながる）

《本体3》 Secondly （第2に）

which results in not only ... but also 〜
（それが…だけでなく〜という結果を招く）

This means that ... （これは…を意味する）

《結論》 Overall, it is evident that ... （全体として、明らかなのは…）

In my opinion （思うに）

• 書き手は、断定するポイントと、断定しないポイントを書き分けている。最初の本体パラグラフでは、たとえば以下のように言葉を選んでいる。

tourism brings new jobs to people in poor areas
（観光業は貧しい地域の人々に新しい雇用をもたらす）【一般的に受け入れられている事実】

Unemployment in such places is often high
（そうした地域ではしばしば失業率が高い）【そうとはかぎらないが、その傾向はある】

練習問題3　③ 賛成か反対かを述べる

Nowadays advertisements appear in many forms and in many places. They are very powerful and have a lot of influence over people of all ages. Some people think that advertising should be controlled much more strictly by the government, and in some cases banned.

(今日、広告はさまざまな場所でさまざまな形で出現している。その力は実に強大で、あらゆる世代の人々に大きな影響を及ぼしている。人によっては、広告はもっと厳しく政府が取り締まるべきで、場合によっては禁止もありうると考えている)

Do you agree or disagree? Why?
(あなたはこの意見に賛成か反対か？　その理由は？)

Write at least 250 words.
(250 語以上で書きなさい)

◆**エッセイ・プランニング**

AGREE: (reasons)　　　　　　　　　　　　　賛成（その理由）

① financial pressures: children → parents　　経済的圧力：子ども→ 親へ

② ads exaggerate, create stereotypes　　　　広告は誇張しステレオタイプをつくる

③ teenagers: encouraged to smoke & drink　ティーンエージャーに、喫煙や飲酒を奨励している

◆**サンプルエッセイ**

In society today, wherever you go it is impossible to escape advertising. We see it on the streets, on public transport and in the popular forms of media such as TV, the Internet, newspapers and magazines. It is very clever and effective, and I agree that the government should control it more. I also think that certain types of advertising should be prohibited.

《導入／ 63 語・4 文》

The first reason I think advertising should be controlled more strictly is related to money. Advertising can ① put a lot of pressure on people to buy things they cannot afford. An example is advertisements that are aimed at children. Many of the adverts are for expensive colourful toys and cute fashion accessories. Naturally, children want these things, and this puts a lot of pressure on parents to buy them, especially parents on low incomes. 《本体1／74語・5文》

Secondly, ②advertisers often exaggerate and try to create stereotypes of perfect people. For instance, television commercials and magazine advertisements mostly show young, handsome men and beautiful, attractive women. However, such images do not represent the majority of ordinary consumers. 《本体2／39語・3文》

Finally, advertising often has a negative effect on teenagers. Many adverts show ③images of young people enjoying themselves while smoking cigarettes or drinking alcohol. This sends a strong message to young people that both are enjoyable and 'cool'. However, every year it seems that the number of young people with alcohol-related problems is rising. This can also be said for smokers who reach middle age. 《本体3／65語・5文》

In summary, I strongly feel the government should carefully check advertising that exaggerates and puts pressure on people. I also believe adverts and commercials that promote unhealthy products ought to be banned immediately. 《結論／33語・2文》

◆サンプルエッセイの分析

- タスクの説明文では、advertising should be controlled much more strictly by the government, and in some cases banned（広告は、政府によってもっと厳しく取り締まられるべきで、場合によっては禁止されるべきだ）と、2つのポイントが指摘されている。そして、書き手は意見表明で2点についての個人的見解を述べている。
- 書き手は、結論部分でさらに強く意見を繰り返している。
- 書き手は、広告によって「だれ」が影響を受けるかを考察。「子どもと親」「大人」「ティーンエージャー」と3グループを選び、これら3つのカテゴリーで、3つの本体パラグラフを展開している。
- 書き手は、たとえば以下のように、単語の反復使用を避け同義語を用いている。

《導入部分》 　　　　　　 《結論部分》

I agree that ...　　→　　I strongly feel ...

I also think that ...　→　　I also believe ...

- 書き手は、断定するポイントと、断定しないポイントを書き分けている。本体3

のパラグラフでは、たとえば以下のような表現が使われている。

'advertising often has' = not always（いつも、ではない）

'Many adverts' = not all advertisements（広告のすべて、ではない）

'every year it seems that' = we do not know 100%（100% 知ってはいない）

'This can also' = it is possible（可能性がある）

- 書き手は、パラグラフの内容を論理的にまとめている。以下は、最初の本体パラグラフである。

《トピック・センテンス》 　The first reason I think advertising should be controlled more strictly is related to money.
（広告がもっと厳しく規制されるべきだと私が考える第 1 の理由は、お金にかかわることです）

《理由》 　Advertising can put a lot of pressure on people to buy things they cannot afford.
（広告は、買えないものまで買うように強く迫ります）

《見解を支える例》 　An example is advertisements that are aimed at children.
（一例として、子どもを狙った広告です）

《上の例を展開》 　Many of the adverts are for expensive colourful toys and cute fashion accessories.
（広告の多くは、高価でカラフルなおもちゃやかわいいファッション・アクセサリーです）

《その結果》 　Naturally, children want these things, and this puts a lot of pressure on parents to buy them, especially parents on low incomes.
（当然、子どもたちはそうしたものを欲しがり、買ってやりたいと思う親たちにプレッシャーがかかります。とくに低所得者の親には多大な圧力です）

People today change their jobs and even begin new careers more than ever before. This can cause difficulties for companies, as well as the individuals concerned.
（以前に比べると、今日の人々は仕事を変えたり、新しいキャリアを始めたりすることが多い。これは、会社だけでなく個人にも問題を生じさせている可能性がある）

What challenges do they both encounter? What strategies are there to meet these challenges?
（両者とも、どのような課題に向き合うことになるのだろう？　こうした課題に対処するためにどのような戦略があるだろうか？）

Write at least 250 words.
（250語以上で書きなさい）

◆エッセイ・プランニング

CHALLENGES : (for companies)	取り組むべき課題（会社側）
① finding employees	社員を見つける
② cost of training	職業訓練のコスト
SOLUTIONS : (for companies)	解決策（会社側）
① choose staff carefully	スタッフを慎重に選ぶ
② improve work conditions	労働条件を改善する
CHALLENGES : (for new employees)	取り組むべき課題（新しく雇用される側）
① must learn quickly	速く学ぶ必要がある
② high level of stress	高いレベルのストレス
SOLUTIONS : (for new employees)	解決策（新しく雇用される側）
① stay calm, do your best	冷静に、ベストを尽くす
② choose job carefully	仕事を慎重に選ぶ

◆サンプルエッセイ

In the past, many employees used to stay in the same job for life. However, nowadays people leave their jobs and begin new ones more often. While this can present various difficulties for both companies and job-seekers, solutions can be found. 《導入／41語・3文》

One problem for many companies is ①finding new employees. This often costs a lot of time and money because employers have to advertise positions and interview candidates. A second difficulty is that new ② employees have to be trained and so the money and time spent on training them is wasted if they quit their jobs before the end of their contracts. 《本体1／61語・3文》

For individuals, starting a new position is not always easy and they can experience challenges, too. They may feel pressure to ① learn new things immediately. For example, they may have to learn how to use new equipment and technology. Another problem new employees often face is a high level of ② stress. This can happen when they expect success too quickly. 《本体2／60語・5文》

In order to avoid these issues both companies and individuals can try a variety of solutions. Companies can try to ① improve their selection process of new staff. They can also strive to ② create better working conditions for new and existing employees. On the other hand, people who begin new jobs should just try to ① do their best and be patient. Also, when looking for a new job they should ② think more carefully about the company they wish to work for. 《本体3／80語・5文》

In summary, although employers and employees both experience problems when employees enter and leave, there are ways to reduce them. In my view, careful thought and selection are the most important points to consider. 《結論／34語・2文》

◆サンプルエッセイの分析

- タスクの説明文に 'People today'(今日の人々）とあるので、書き手は導入部分で昔の人々と対比させている。
- タスクは2つある。「課題は何か？」、そして「戦略は何か？」である。そこで、意見表明として書き手は、両者（会社と個人）に課題がある、しかし解決策は見つけられる、と書いている。
- 本体パラグラフで、タスクの説明文にあるすべての要素に言及している。すなわち、《本体1》では個人の課題に触れ、《本体2》では会社側の課題、《本体3》で両者を合体（両者は結びついているため）させ、どのように問題を解決するかの提案をしている。

- 各本体パラグラフのトピック・センテンスはいずれも明快で、「会社」「個人」「雇う側・雇われる側」といったサブカテゴリーを使って書き分けている。

《本体1》 **One problem** for many companies **is finding new employees.**
(多くの会社にとっての1つの問題は、新しい社員を見つけることだ)

《本体2》 **For individuals, starting a new position is not always easy and they can experience challenges, too.**
(個人にとって、新たな職で働き始めることは常にたやすいわけではなく、困難を経験することもありうる)

《結論》 **In summary, although** employers and employees **both experience problems when employees enter and leave, there are ways to reduce them.**
(結局のところ、社員の出入りがあると、雇う側も雇われる側も両方が問題を抱えることになるが、それを軽減する方法がある)

- 書き手は、語彙の反復が多くなりすぎないよう、同義語を使っている。タスクの問題文中や説明文に出てくる左の語を、エッセイでは右のように書き換えている。

today	→	nowadays
career	→	job for life
difficulties	→	problems, challenges
companies	→	employers
individuals	→	people, job-seekers
strategies	→	solutions

- 書き手は、主に現在形の動詞を使っているが、ほかの時制も使っている。

《導入》 used to stay / leave / begin / can present / can be found

《本体1》 is finding / costs / have to advertise / interview / is / have to be trained / spent / is wasted / quit

《本体2》 starting / is / can experience / may feel / to learn / may have to learn / to use / face / is / can happen / expect

《本体3》 avoid / can try / can try to improve / can also strive to create / begin / should just try to do / be patient / looking / should think / wish to work

《結論》 experience / enter / leave / to reduce / are / to consider

練習問題5 ⑤ 選択し、それが正しい理由を述べる

People who move to cities for work can consider more options when they retire. They can continue living in the city, return to their hometown, or even live abroad.

（仕事のために都市部へ移る人々にとって、退職後にはより多くの選択肢が考えられる。彼らは、都市に住み続けることも、故郷へ帰ることも、海外に住むことさえできるのだ）

Which do you think is the best choice, and why?

（一番いい選択はどれか？　そして、その理由は？）

Write at least 250 words.

（250語以上で書きなさい）

◆エッセイ・プランニング

BEST CHOICE :	最良の選択
① live abroad	海外に住む
REASONS :	理由
① cheaper cost of living	生活費が下がる
② air travel = cheap, easy to visit home country	空の旅＝安くて、故国訪問が容易
③ learn new things	新しいことが学べる

◆サンプルエッセイ

Retirement is perhaps the last important stage of one's life. As such, it is necessary to carefully consider where and how you wish to spend it. Although retiring in one's hometown is probably the most popular choice, ①I believe that living abroad is the best choice. 《導入／46語・3文》

The first reason is that the ①cost of living is often cheaper in other countries. If you choose a country where you can live on your savings and pension comfortably, you should not have to worry about money. This is often a big concern for retiring couples. 《本体1／47語・3文》

Secondly, these days it is very ②easy and cheap to travel by air. Therefore, if retired people wish to return to their home country for a while it does not present such a big problem. In addition, their family and relatives can visit them and enjoy spending time in the foreign country as well. 《本体2／54語・3文》

Finally, the main reason it is better to retire in a foreign country is that you ③ will be able to experience many new and interesting things. For instance, you can learn about a different culture and make new friends. You can even learn a new language. If you stay in your home country, you may get bored and life could become dull. Living a new life overseas may help to keep you young and active; not only physically, but also mentally. 《本体3／81語・5文》

In summary, I feel that choosing a place you like overseas is the best way to enjoy one's retirement. A new life, not far from home, with few financial worries can help couples enjoy their retirement years to the full. 《結論／40語・2文》

◆サンプルエッセイの分析

- エッセイは、最も重要なトピック・ワード retirement（退職）で始まっている。エッセイの始まりで、トピックを明快に提示しておくのはよい書き方だ。
- 意見表明で、書き手の選択は明らか。要約部分でもこの主張を強調する。3つの本体パラグラフは、書き手の選択・見解を確認する内容になっている。
- 3つの主な理由は、（書き手が考える）重要な順に書かれている。これは、とくに本体パラグラフ3の、Finally, the main reason ... is that ～（最後に、…の主な理由は～）という表現からはっきりしている。
- 書き手は if 節を使い、ある行動をとったのちの予測される結果を示している。

《本体1》

If you choose a country where you can live on your savings and pension comfortably, you should not have to worry about money.
（もしあなたが、貯金や年金で快適に暮らせる国を選べば、お金の心配はいらない）

＋コメント　This is often a big concern for retiring couples.
（これは、しばしば退職後の夫婦にとって大きな関心事だ）

《本体2》

Therefore, if retired people wish to return to their home country for a while it does not present such a big problem.
（だから、もし退職した人がしばらく故国へ帰りたいと思っても、それほど大きな問題ではない）

＋追加ポイント　　In addition, their family and relatives can visit them and enjoy
　　　　　　　　　spending time in the foreign country as well.
　　　　　　　　　（しかも、家族や親戚が夫婦を訪ね、外国で時を過ごすのを楽しむこともできる）

- 書き手は、論旨を整理し、なめらかにつなぐため、次のような表現を使っている。

《導入》　　　As such, / Although / probably the most popular choice,

《本体1》　　The first reason is that / If you choose

《本体2》　　Secondly, / Therefore, if ... / In addition,

《本体3》　　Finally, the main reason it is better to / For instance, /
　　　　　　　If you ... you may ... and ... could become ... /
　　　　　　　... may help to keep you ..., not only ... but ...

《結論》　　　In summary, I feel that ...

Study Advice for the Writing Module

ライティングテストのための学習アドバイス

1.（タスク1＆2）　サンプルエッセイを読んで、語彙を増強する。

　サンプルエッセイをたくさん読み、知らない単語を書きとめます。トピックやタスク・タイプによっては、見出しの下に新しい単語のリストをつくり、覚えながら使いましょう。

2.（タスク1＆2）　英語を書くスピードを上げる。

　サンプルエッセイや、IELTS リーディング資料のパッセージの一部を、書き写して練習しましょう。書いた後で、間違い（書き写し損なった単語）をスキャンします。エッセイを書き写すことで、英語を書くスピードは改善されるはずです。

3.（タスク1＆2）　文章パターンを暗記する。

　もう一度、サンプルエッセイを書き写しましょう。ゆっくり音読してそれを録音し、エッセイを聞くのもいいです。書いたり読んだり聞いたりするうちに、あなたの脳は、言葉やスペル、文法や文章パターンを覚え、表現が頭に残るはずです。

4.（タスク1）　最も重要なポイントを見つける練習をする。

　できるだけ多くのサンプルエッセイを読み、8～12個の主要なポイントを見つ

ける練習をします。その後で、サンプルのタスクで同様の練習を重ねましょう。

5.（タスク2）　アイディアやプランを考える能力を磨く。

　トピック特別仕様の語彙集を自作し、タスク2にふさわしいアイディアとエッセイ・プランを練る訓練をしましょう。その語彙集は、タスク2エッセイのアイディアを考えるための最良の辞書になります。自作しながら言葉を覚えれば、スピーキングテストのパート3向けの勉強にもなります。

6.（タスク2）　本体パラグラフのアイディアを決める練習をする。

　サンプルエッセイをよく観察し、各パラグラフからメイン・アイディアと、それを支持する細部を抜き出してみましょう。これは、書き手がエッセイを書く際に作ったプランを追体験することになります。

7.（タスク2）　エッセイ・プランニングの練習をする。

　よりよいプランは、よりよいエッセイを生みます。一にも二にもプランニング。プランニングの練習をしましょう。同じエッセイのプランを2度3度考えてみるのもよいです。立場を変えたり、1度目と異なるアイディアを使ってみるなど、いろいろ試しましょう。

8.（タスク2）　パラグラフを書く練習をする。

　70語から100語のパラグラフを、10分以内に書けるようにしておきます。1つのトピックの良い点、あるいは悪い点だけを取り上げて、いくつかパラグラフを書く練習をするのも効果的です。書いた後であらためて、1つのパラグラフにまとめる練習をしましょう。

9.（タスク1 & 2）　冠詞や定冠詞、複数のsをマスターする。

　日本人の学生は、冠詞の正しい使い方や、単語の複数形、動詞にsをつけるのが苦手なようです。冠詞に慣れるためには、英語の文章を読みながら、すべての冠詞にしるしをつけてみます。つけた後で、冠詞がついている名詞を分析します。そうすれば、冠詞がどういうときに使われるかが徐々にわかるようになります。

10.（タスク1 & 2）　IELTSのための勉強をしている仲間を見つける。

　IELTS受験のために勉強をしている人と知り合いになりましょう。勉強友だちとエッセイを交換すれば、フィードバックを得られます。2つの見方ができることは、1つよりもずっといいのです。

Speaking

Overview

概要

IELTS Speaking Module
スピーキングテストとは

　スピーキングテストは、IELTS テストの４番目です。受験者数によって３つのテストと同日に実施されることもありますが、たいてい日を改めて実施されます。試験官との１対１の対面で行われ、受験者とのやりとりは録音されます。ここでは、受験者が英語を使って口頭でどの程度コミュニケーションできるか判定します。テスト時間は 11 〜 14 分で、３つのパートに分かれています。

　スピーキングテストは、アカデミック版とジェネラル・トレーニング版で同じ内容です。テストは先へ進むにつれて、内容が難しくなり、要求も高度になります。受験者に対する質問やトピックは、試験官があらかじめ用意された多数の異なるセットから選ぶため、その都度違います。

　テストを始める前に、試験官は受験者の本人確認を行います。当日は、受験申請時と同じ身分証明書（パスポートや運転免許証）を忘れずに持参しましょう。また、受験者は署名するように言われます。受験申請用紙の署名や写真と照合するためです。

　本人確認が終わると、試験官は早速テストのパート１を開始します。続いてパート２、そしてパート３で終わりです。試験官がテストの終了を告げたら、あなたは部屋を出てもよいことになります。

	形式	内容とトピックの例
パート1 （4〜5分）	3つのトピックで12の質問に答える ・インタビュー	学校・家族・仕事・友だち・故郷・地域社会・住環境・趣味・音楽・買い物・食べもの・日課・場所・好きなもの・余暇・スポーツ・運動・祭・特別なイベント・旅・天気・季節・ネット活動・将来の計画
パート2 （3〜4分）	1つのトピックで1〜2分のトーク ・受験者による数分間のスピーチ ・トピックカードをひき、そのテーマで話す ・話し始める前に1分ほどの準備時間あり	①トピック ②3つの質問形式のプロンプト ③結びのためのプロンプト ・まとめの質問で終了

パ(4~5分)3	パート2のトピックで4～6の質問 ・試験官とのディスカッション ・パート2の話題を発展させる	パート2のトピックに関連して、より抽象的な話題について説明したり、意見を述べることが求められる ・試験の終了を告げられる

Marking & Band Marks
バンドスコアと評価基準

スピーキングテストの評価基準

試験官は、受験者の受け答えや話しぶりから、以下の4項目のスキルを採点します。

① Fluency and Coherence……話しぶりの流暢さ、首尾一貫性
——考えていることを筋道立てて明快に表現しながら、なめらかな会話ができているか

　試験官は、受験者が、頭に浮かんだアイディアを関連づけて整理しながら明快に表現し、スムーズに話を進めているかを判定します。間があいたり言いよどんだりしたとき、「アイディアを探しているのか、それとも、単語や構文が出てこないのか」を試験官は見ています。長くて不自然な間が多すぎないか？　考えをスムーズに明快に伝えているか？　話の内容が理解しやすいか？　これらが評価の基準になります。

② Lexical Resource / Vocabulary……語彙の豊富さ
——豊富な語彙を使いこなしているか

　試験官は、受験者が言葉をたくさん知っているか、しかるべき単語をしかるべきときに、しかるべき場所で使うことができるかどうかを判定します。特定の単語が思い出せないときには違う表現を使って伝えるなど、柔軟に言葉を操ることができているかも評価の対象となります。

③ Grammatical Range and Accuracy……文法の正確さ
——適切な構文を正確に使っているか

　試験官は、受験者が正しい文法知識をもち、それをしかるべきときに、しかるべき場所で、正しく活用しているかを判定します。1つひとつの文章の長さやどの程度複雑な構文が使われているかにも注目します。また、多様な構文を採用し、それらが適切に使われているかを評価します。

④ Pronunciation……発音
——口調は明快か、抑揚やアクセントは適切か

　試験官は、受験者がどの程度明快な英語を話し、聞き手に理解させることができるかを判定します。アクセントや抑揚など口語英語の特徴をいかに効果的に使っているかや、話される英語を理解するのにどの程度苦労しているかも目安になります。また、英語のスピーチに思わず日本語が入ってしまう程度もチェックします。発音が明快でリズミカルか、あるいは曖昧で平板かも評価の対象になります。

4項目各10点中の得点とバンドスコア

　IELTSのほかの分野のテストと同様、スピーキングテストのバンドスコアは1から9まで0.5刻みで採点され、4.0 / 4.5 / 5.0 / 5.5 / 6.0 / 6.5といった点がつきます。受験者は、4つある評価基準でそれぞれ1つのバンドスコアを獲得します。4つのバンドスコアの平均が、スピーキングテストの最終的なバンドスコアになります。たとえば以下のようになります。

①話しぶりが流暢で、筋が通っているか	6.0
②語彙は豊富か	5.0
③文法は正確か	5.0
④発音	6.0
①〜④の合計	22
スピーキングテスト全体のバンドスコア	5.5

　スピーキングテストでは、ごく一般的な質問をされます。答えるのに専門知識は必要ありません。また、どの国の受験者でも、その文化的な背景や個人的な経歴に関係なく答えることができる問題です。

CLOSED QUESTIONS（答えが決まっている質問）
　パート1では、日常生活や経験について質問されます。いわゆる「クローズド・クエスチョン」が中心です。クローズド・クエスチョンとは、単純に事実を答えればよい問いで、受験者は必ず答えられるはずです。たとえば、「あなたは一人暮らしですか、家族と同居ですか？」や「誕生日はいつですか」と聞かれたら、答えは決まっているので、即答できますね。これがクローズド・クエスチョンです。
　通常「イエス」か「ノー」、あるいはせいぜい1〜2語で答えます。とは

はいえ、短すぎてもいけません。少し付け加えて、完全な文で答えましょう。一方、長すぎる答えもよくありません。たとえば、「趣味は？」と聞かれ、「テニス」と答えるとき、「テニスです。もう５年もやっています」というのが、長すぎず短すぎない模範的な返答です。

　パート２では、トピックカードを選び、そこに書かれているテーマに関する質問に答えます。トークを促す質問は疑問詞で始まる文から成ります。

OPEN QUESTIONS（自由回答式の質問）

パート３で出題されるのは、すべて「オープン・クエスチョン」で、受験者自身の考えを語ってもらおうというものです。オープン・クエスチョンの返答では、持論を展開することが要求されます。パート３には正解も誤答もありません。しかし、質問に答える内容でなければなりません。オープン・クエスチョンは、より抽象的な問いかけになります。たとえば、「一人暮らしの良い点は何でしょう？」という質問で、考えは人それぞれですから、決まった答えはありません。

Strategies for the Speaking Module
テストを受けるにあたっての戦略

　IELTS スピーキングテストのきわだった特徴は、試験官と対面でやりとりするところです。テストでは、どの程度口頭でコミュニケーションできるかが判定されますが、ほかの要素、ときには非言語的な要素も作用することを考慮しておかなければなりません。

戦略1　テスト本番では、笑顔でスタートし、笑顔で終わること。

　会場では緊張するでしょうが、テストを楽しむことです。試験官に呼ばれたら、笑顔で明るくあいさつし、前向きな印象を与えるように心がけましょう。テスト中は一貫して快活にふるまい、笑顔とほがらかな「サンキュー」の言葉で終わるようにします。試験官は好感を抱いてくれ、自分自身も自信がつくでしょう。

戦略2　試験官に、質問を繰り返してもらったり、説明を求めたり、言い換えてもらう。

テスト中、必要なら、質問を言い直してもらうことができます。言い直しを頼むフレーズははっきりスムーズに言えるよう練習しましょう。

　　パート1では反復と説明

　　パート2では説明

　　パート3では反復と言い換え

を頼むことができます。

　通常、フレーズを反復したり、説明したり、違う表現に言い換えるとき、人は1度目よりゆっくり話すものです。それは自然な反応で、受験者の理解の助けになります。しかし、試験官に何度も反復や説明を頼んだり、表現や言葉を言い換えてもらったりすると、試験の結果に影響します。

戦略3　動詞は正しい時制で答える。

受けた質問に合わせて、正しい時制で答えるようにしましょう。質問の大半は現在形で、次に多いのは過去形です。自分が適切な時制の動詞で答えているかどうか、つねに確認しましょう。

戦略4　パート2のトークで、未知のトピックが選ばれたら。

トピックは、だれもが自分の経験から答えられる質問が用意されています。ですが、万が一、選ばれたトピックにまったく不案内だった場合は、試験官にそのことを伝えましょう。しかし基本的には、1度選ばれたトピックカードを変えることはできません。たまたま、未経験のトピックにあたってしまったら、そこは臨機応変に、テレビやインターネットで見たり、読んだり、友だちから聞いた情報を「借りて」答えましょう。

戦略5　できるだけたくさん話す。

返答は、短すぎても長すぎてもいけません。受験者によっては、さっさと答えて次の質問へ「逃げよう」とします。早くテストを「終わらせたい、かたづけてしまいたい」のでしょう。しかし、テストの目的は、短い即答で質問を処理することではなく、あなたが、たくさん話ができることを試験官に知ってもらうことです。以下を目安にしましょう。

　　パート1の返答………2文か3文

　　パート2のトーク……約150語

　　パート3の返答………3文〜6文

戦略6　言い間違えても気にしない。

間違えたら、言い直して先へ進みましょう。間違いに気づき自ら正す能力は、言語学習においてよい徴候として見てもらえます。間違いに気づいたものの、どう正してよいかわからないこともあるでしょうが、あまり気にせず、失敗や落胆を顔に出さずに淡々と話し続けましょう。

戦略7　テスト中は日本語厳禁。

受験者の中には、無意識に日本語でコメントをしている人がいます。間違ったときに、「いや、違う」と小声でつぶやいたり、考えながら、「えぇっと……」と、つい口にしたりしてしまうのです。自覚がなくても、試験官にはちゃんと聞こえています。こうしたつぶやきは、意識して避けましょう。

戦略8　「危険」な単語の発音に注意。

「カタカナになっている」単語の発音には要注意です。たとえば、テレビ（TV/television）、ラジオ（radio）、スーパー（supermarket）、デパート（department store）、ハンバーグ（hamburger）、コーヒー（coffee）、シャツ（shirt）、ソフト（software）、サラダ（salad）などです。また、v, b, r, l, th, sh も正しく発音しましょう。

戦略9　試験官の目を見ながら話すこと。

試験官が身を乗り出してきたら、あなたの声が小さいからかもしれません。怪訝そうな表情をされたら、話が理解できなかったのでしょう。試験官の何気ない仕草は正直な反応です。話しながらも相手の反応を見逃さず、必要ならスピーチ内容を修正、調整しましょう。もちろん、試験の間ずっと試験官の顔を凝視する必要はありません。視線を合わせるのは、試験時間の50～70パーセントが妥当です。

戦略10　身ぶり手ぶりを使っていきいきと。

身体で表現することによって、あなた自身がリラックスでき、アイディアを言葉にするのが楽になります。席についたら、両手をテーブルの下に置かないように。緊張が続くからです。手はテーブルの上に置き、両手を動かしたり顔の表情を使うとコミュニケーションがうまくいきます。

戦略11　とくにパート2のトークで、スピーチの最後に"Finished."と言わない。

スピーチをしてきて、そろそろ話を終えようというとき、試験官には受験者が

話を終わろうとするタイミングがわかります。英語のネイティヴ・スピーカーが聞き手にスピーチの終わりをわからせる方法があるので、知っておきましょう。文の最後の２語のトーンを少し落とすのです。たとえば、次のような調子です。

"The reason why I like the restaurant is that the service is very good."
（私がそのレストランを気に入っている理由は、サービスがとてもいいからです）

戦略12　時間かせぎの「埋め」言葉やフレーズを習得して活用する。

「埋め」言葉や台詞は、考えたり、答えを準備する時間を確保するために使われます。たとえば、少し自信がないときや考えがまとまらないときは、"Erm"や"Hmm"を挟みます。埋めフレーズとしては、"Well, I don't really know but I think ..." や "Let me see ..." を使いましょう。

　また、質問中のキーワードの反復も、会話ではごく自然なことです。キーワードを反復している間に、トピックについて考えることができます。加えて有利なのは、質問者が何気なく反応してくれる点です。「イエス」と相槌をうったり、うなずくだけかもしれませんが、質問者の反応を見ることができます。ただ、質問全部を反復しては絶対にいけません。

戦略13　テスト終了を告げられても、気を抜かない。

安堵の表情はもちろん、ほっと一息つくのもいけません。「試験が終わってうれしい」というメッセージを試験官に送るのは賢明とはいえません。笑顔で、"Thank you." "Goodbye." と、明るく元気にあいさつしましょう！

戦略14　テスト終了直後に、発見や印象を記録する。

とくに、苦手だった分野について記録を残しましょう。テストが終わってしばらくすると、テスト中のことは忘れてしまうものです。終了直後にテストの詳細を記録しておけば、次回受験するときに役立ちます。

Speaking Module Skills Practice
スピーキング回答練習

パート1：3つのトピックに関する質問（4〜5分間）

　試験官は、受験者とあいさつを交わしてから、氏名および本人確認を行います。それがすむと、すぐにテストが始まります。パート1では、質問のすべてが短文です。最初の質問で、試験官はごく身近なことをたずねます。受験者やその家族、勉強や仕事についてなど、だれでも初対面の人にするような質問です。

　次に、試験官は手持ちの選択肢から2つの質問を選びます。これらの質問では、一般的に関心の高いテーマについて聞かれます。つまり、試験官は3つのテーマでそれぞれ4つほど質問をすることになります。全部で12ほどの質問をされ、テスト時間は4〜5分になります。

	トピック1	トピック2	トピック3
返答1	10秒	10秒	10秒
返答2	10秒	10秒	10秒
返答3	10秒	10秒	10秒
返答4	10秒	10秒	10秒

　上の表で、12の質問×10秒＝2分。これが、あなたが話す時間です。残りの2分余りは、試験官が出題している時間や、質問と質問の間のあき時間、次のトピックへ移行する時間です。覚えていてほしいのは、1つの返答で10秒以上話す必要はないということです。もちろん、上記はおおまかな目安で、答えによっては多少長くなったり短くなったりします。

　テストでは、どのパートでもできるだけたくさん話し、多くの情報を盛り込みましょう（多すぎてもいけません）。パート1でも、「イエス」や「ノー」だけで答えるのでなく、内容を少しふくらませます。面接テストですから難しいかもしれませんが、普段の会話を楽しむように話しましょう。スムーズに話すために、応答のパターンや構文を覚えるのはよいことですが、返答を丸暗記するのはいけません。暗記した答えを思い出そうとしているのがわかれば、試験官はわざと違う質問をしてくるかもしれません。

質問のトピック

パート1の質問では、基本的に、受験者自身や、暮らしぶり、出身国についてたずねられます。

Family（家族）	Places（場所）
School/Job（学校や仕事）	Favourite ...（好きな［もの・こと・人］）
Friends（友人）	Leisure/Sport/Exercise（余暇／スポーツ／運動）
Hometown（故郷）	Festivals（祭り）
Community（地域社会）	Telecommunications（ネットなどを使ったコミュニケーション）
Accommodation（住環境）	Weather/Seasons（天気／季節）
Hobbies（趣味）	Special events（特別なイベント）
Music（音楽）	Travel（旅行）
Shopping（買い物）	Future plans（将来の計画）
Food（食べ物）	Daily routine（日課）

質問のタイプ

パート1で出てくる質問の大半は、「クローズド・クエスチョン」です（p.220参照）。身近なトピックについてですから、必ず答えられます。質問の多くは現在形です。通常、3つのトピックに関連する質問は先へ行くほど難しくなります。現在完了形を使った質問は、3つ目に出題されることが多いようです。

回答のテクニック

🥕 的確な情報を適正な構文で

質問に則して、的確な情報を適切な構文で答えましょう。

🥕 Yes/No で答えられる質問は、「肯定か否定か」、まずその返答を要求する。詳細を語るのはその後

Is ... ? / Are ... ?
Do ... ? / Does ... ?
Can ... ?　　　　　　　　⇒　まず、Yes か No か、賛成か反対かで答える
Have ... ? / Has ... ?
Will ... ?

🥕 or や can を使った質問には注意が必要

Do ... or ～ ?	⇒　選択して答える
Will ... or ～ ?	⇒　選択して答える
Can you say something about ... ?	⇒　説明する必要がある

🥕 疑問詞で始まる質問などは、返答に的確な内容を盛り込むことを要求している

Who ...?	⇒　名前（人名、学校、機関、企業）
What kind of ...?	⇒　特定の（具体的な）種類
Which ...?	⇒　選択／嗜好
Where ...?	⇒　場所
When ...?	⇒　日付や時間
Why ...?	⇒　理由
How often ...?	⇒　何か（をする）頻度
How do you ...?	⇒　手続き／過程、あるいは方法
How important ...?	⇒　何かについての価値判断
Would you rather ...?	⇒　志向／選択

🥕 主語を何で受けるか判断する

　自分について答えればよいのか、ほかの人か、一般大衆か、場所か、組織・団体か？　まず、Yes/No で答えてから続けます。

Can you ...?	＝　I ...
Can your best friend ...?	＝　she/he
Can people who live in the country ...?	＝　they ...
Do you prefer ...?	＝　I ...
Do your parents ...?	＝　they ...
How popular is ...?	＝　it ...
How do people in Japan ...?	＝　they/we
Have you ever ...?	＝　I ...
Is the Internet ...?	＝　it ...
Are you and your family ...?	＝　we ...
Do young people in your country ...?	＝　they ...
Would you rather ...?	＝　I ...

機能的な表現を活用する

　質問に効果的に答えるため、シンプルで機能的な表現を覚えておきましょう。以下の表現は、答え始める決まり文句として役に立ちます。

■ **好みや志向を伝える表現**

I much prefer ... （…のほうがずっと好きです）

I enjoy ... much more than 〜 （〜より…のほうがずっと楽しめます）

■ **好き嫌いや興味を伝える表現**

I really like ... （本当に好きです）

I don't really like ... because 〜 （…は好きじゃないです、それというのも〜）

I'm interested in ... （…に関心があります）

■ **見解を伝える表現**

I think/believe/feel that ... （…だと思います／信じています／感じています）

In my opinion, ... （私の考えでは、…）

■ **理由を述べる表現**

The main reason is (that) ... （主な理由は…）

One reason is (that) ... （1 つの理由は…）

Another reason is (that) ... （もう 1 つの理由は…）

It's because ... （というのは…）

　スピーキングテストで一番困るのは、試験官の話していることがわからないことです。試験官の声や話し方に慣れていないせいかもしれませんし、単純にいくつかの単語の意味がわからないからかもしれません。いずれにせよ、以下にあげる試験官への質問と時間かせぎのフレーズを暗記し、何度も練習して考えなくとも流暢に言えるようにしておきましょう。

■ **試験官に反復を頼む （パート 1 とパート 3）**

　以下は、質問をもう 1 度繰り返してほしいときに使える表現です。

I'm sorry, could you please repeat the question?
（すみませんが、質問を繰り返していただけますか？）

Could you please say that again?
（もう一度言っていただけますか？）

Sorry, what was the question again?
（失礼、質問は何でしたか？）

I'm afraid I didn't catch that.
（おっしゃったことがよくわかりませんでした）

I'm sorry. I couldn't catch the first/last part of the question.
（すみません、質問の最初／最後の部分を聞き逃してしまいました）

■ 試験官に説明を求める（パート1とパート2）
　質問の意味がわからなかったときは、説明を求めましょう。

I'm afraid I don't understand the question.
（質問の意味がわかりません）

Sorry, what does X mean?
（すみません、Xはどういう意味ですか？）

I'm not really sure what you mean / this means.
（おっしゃっていることが／それがどういうことかわからないのですが）

Could you explain what you mean / this means?
（どういう意味か／それがどういうことか、説明していただけますか？）

■ 試験官に違う表現で言い換えてもらう（パート3）
　質問が理解できないときは、言い換えてもらいましょう。

Could you please rephrase the question?
（質問を言い換えていただけますか？）

■ 時間かせぎのためのフレーズ（パート1とパート3）
　質問は理解していても答えるのに時間が必要なときに使います。ただし、パート1は質問が簡単なので、使用はできるだけ避けましょう。

Hmm, I'm not really sure, but perhaps ...
（ふむ、よくわかりませんが、たぶん…）

Er, let me see ... well, there are many ...
（あー、そうですね…、うーん、それはいろいろと考えられるのですが…）

Oh, it's difficult to say, but maybe ...
（あー、難しいですが、おそらく…）

Well, it's a bit hard for me to say, but I guess ...
（うーん、お答えするのが難しいのですが、きっとこういうことでしょうか…）

I don't know for certain, but I imagine that ...
（よくは知らないのですが、想像するに…）

Well, I've never really thought about it before, but ...
（えーと、これまであまり考えたことはないのですが…）

「A（返答）＋ E（追加情報）」方式で答える

　スピーキングテストでされる質問の範囲は限られています。正しい形で答えたうえで、ひと言加えましょう。これが、「A ＋ E」方式です。つまり、答えるべき情報と返答を「A」（Answer）として、それに関連情報「E」（Extension）を1つ付け加えるのです。もちろん、関連情報2つでもかまいません。しかし、よほどスピーキング能力が高くなければ、関連情報3つは多すぎます。たとえば、パート1の質問例でみてみましょう。

Is it difficult to play the piano?
（ピアノを演奏するのは難しいですか？）

　「難しいかどうか」にまず答え、その後、さらに短い情報を加えると返答に面白みがでます。下に示した3つの回答例を見てください。a) や b) では短すぎますね。「A ＋ E」方式を使った c) がベストです。

a) Yes.

b) Yes, it is.

c) Yes, it is. It took me two years to learn but I enjoyed my lessons.

　"Yes, it is." が、質問に対する直接の答えである「A」。"It took me two years to learn but I enjoyed my lessons." が、「＋ E」の追加部分にあたります。

　答えを追加するのに、連結語の and、because、but を使うこともできます。たとえば、

Yes, it is because you have to look at the music notes and play at the same time.
（はい。それというのも、楽譜を見ながら同時に弾かなければならないからです）

といった具合です。

練習1 「+ E」を考える

以下に、質問と基本の返答例を示しました。「+ E」を考えてみてください。返答が個人的な情報や考えを必要としている場合はそれを書き加えて、まず「A」を完成させましょう。

① Are festivals still popular in your hometown?
（お祭りは、あなたの生まれた町ではまだ盛んですか？）

【A】 Yes, they are. / No, they aren't.

【+E】＿＿＿＿＿＿＿＿＿＿＿＿＿＿＿＿＿＿＿＿＿＿＿＿＿＿

② Do you like to stay in or go out on weekends?
（週末は自宅にいるのと外出するのと、どちらが好きですか？）

【A】 I prefer to stay in. / I prefer to go out.

【+E】＿＿＿＿＿＿＿＿＿＿＿＿＿＿＿＿＿＿＿＿＿＿＿＿＿＿

③ Can you speak any other languages?
（ほかの言語を話すことができますか？）

【A】 Yes, I can. / No, I can't.

【+E】＿＿＿＿＿＿＿＿＿＿＿＿＿＿＿＿＿＿＿＿＿＿＿＿＿＿

④ Have you ever been abroad?
（海外へ行ったことがありますか？）

【A】 Yes, I have. / No, I haven't.

【+E】＿＿＿＿＿＿＿＿＿＿＿＿＿＿＿＿＿＿＿＿＿＿＿＿＿＿

⑤ Will you travel overseas in the future?
（将来、海外旅行をしますか？）

【A】 Yes, I (probably) will. / No, I won't.

【+E】＿＿＿＿＿＿＿＿＿＿＿＿＿＿＿＿＿＿＿＿＿＿＿＿＿＿

⑥ Who is your favourite singer?
（好きな歌手はだれですか？）

【A】 My favourite singer is ...

【+E】＿＿＿＿＿＿＿＿＿＿＿＿＿＿＿＿＿＿＿＿＿＿＿＿＿＿

⑦ What kind of food do you like to eat?
（どんな食べ物が好きですか？）

【A】 I like to eat ...

【+E】 _____

⑧ Where do you and your friends usually go shopping?
（あなたやあなたの友だちは、いつもどこへ買い物に行きますか？）

【A】 We usually go shopping in/at ...

【+E】 _____

⑨ When do you use a computer?
（どういうときにコンピュータを使いますか？）

【A】 I usually use a computer ...

【+E】 _____

⑩ Why do you prefer rice [bread] to bread [rice]?
（なぜ、パン［ごはん］よりごはん［パン］が好きなのですか？）

【A】 I prefer rice [bread] because ...

【+E】 _____

⑪ How did you get/go to the event?
（そのイベント会場へは、どうやって行ったのですか？）

【A】 I got/went there ...

【+E】 _____

⑫ Which type of weather do you like, hot or cold weather?
（気候は、暑いのと寒いので、どちらが好きですか？）

【A】 I like ... weather.

【+E】 _____

⑬ Would you like to visit another country?
（ほかの国へ行ってみたいですか？）

【A】 Yes, I would. / No, I wouldn't.

【+E】 _____

練習2　返答を考える

　以下のパート1タイプの質問に、事実でも想像でもかまいませんので、返答を書いてみましょう。返答が文法的に正しいか、質問に則した答えになっているかを確認し、それから追加情報の「＋E」を加えましょう。使えるところでは、連結語を使いましょう。

① Is it easy to ride a unicycle?
（一輪車に乗るのは簡単ですか？）

_____

_____

② Are coffee shops popular in Japan?
（コーヒーショップは日本では人気がありますか？）

_____

_____

③ Do you prefer to eat at home or go out to eat?
（おうちでごはんを食べるのが好きですか、それとも外食が好きですか？）

_____

_____

④ Can you play any musical instruments?
（何か楽器を演奏できますか？）

_____

_____

⑤ Have you ever won a prize?
（何か賞を受賞したことがありますか？）

_____

_____

⑥ Will you learn another language in the future?
（将来、もう１つの言語を勉強しますか？）

_____

_____

⑦ Who is your favourite sportsperson?
（好きなスポーツ選手はだれですか？）

_____

_____

⑧ What kind of activities do you like to do on weekend?
（週末にはどんな活動をするのが好きですか？）

_____

_____

⑨ Where does your family usually go for a summer holiday?
（あなたの家族は夏休みはいつもどこへ出かけますか？）

_____

_____

⑩ When do you mostly use your mobile phone?
（主にどういうときに携帯電話を使いますか？）

_____

_____

⑪ Why do you prefer baseball to football [soccer]?
（フットボール［サッカー］より野球が好きなのはどうしてですか？）

_____

_____

⑫ How did you get to the airport?
（どうやって空港まで行きましたか？）

_____

_____

⑬ Which houses are more comfortable, old or new ones?
（古い家と新築の家では、どちらがより快適ですか？）

_____

_____

⑭ Would you rather live in the city or the countryside?
（住むとしたら、都会と田舎のどちらがいいですか？）

_____

_____

パート1　練習問題

練習問題と回答例を示しました。以下の手順に従って学習しましょう。

★スタディ・ステップ
① まず、各質問にどう答えるか想定する。
② 1つひとつの質問に対する返答を、何度か録音する。
③ 録音内容を聞き、単純なミスを記録する。
④ あなたの返答を文字に起こしてみる。
⑤ よりよい返答にするべく検討する。
⑥ 改善した返答を録音し、同じプロセスを繰り返す。

◆ 質問　　　　　　　　　　　　　　　　　　　　　　　🔊 1-16

Good Morning. My name is Mark.

Could you tell me your full name please? ------------------- Thank you.

And, can I check your identification please? ------------------- Thank you.

I'd like to start by asking you some questions about yourself.

🔊 1-17（音声では各質問の後に回答例が吹き込まれています）

Is it all right to talk about your family? ------------------- **Good.**

① Where do you live?

② Do you live with your family or by yourself?

③ How often do you see other members of your family?

④ Do you have a lot in common with your brother and sister?

🔊 1-18

Now I'd like to move on to the topic of hobbies.

① Do you have any hobbies?

② When did you first start (playing football)?

③ Where do you practise or play now?

④ Will you still play in 10 years time, do you think?

◁))) 1-19

Let's talk a little bit about fashion.

① Are you interested in fashion?

② Do you think fashion is important?

③ How often do you go shopping for new clothes?

④ What are some things you dislike about shopping for clothes?

Now I'd like to move on to Part 2.

◆ 回答例

練習問題の回答例です。色部分が返答として必須の情報「A」、太字が追加情報「＋E」です。

FAMILY

① **Where do you live?**
（あなたはどこに住んでいますか？）

I live in Kanagawa. **It's a nice area. It has many new buildings and parks.**
（神奈川に住んでいます。よい所ですよ。新しいビルや公園がたくさんあります）

② **Do you live with your family or by yourself?**
（家族と一緒に住んでいますか、それとも一人暮らしですか？）

I live by myself now. **My parents, my brother and my sister live in Kyoto.**
（今、一人で暮らしています。両親と兄妹は京都に住んでいます）

③ **How often do you see other members of your family?**
（家族とはどれくらいの頻度で会いますか？）

Well, I usually see them two times a year, **once in summer and once in winter.**
（そうですね、たいてい年に2回、夏に1度、冬に1度会います）

④ **Do you have a lot in common with your brother and sister?**
（お兄さん［弟さん］とお姉さん［妹さん］とは共通点が多いですか？）

I think I have a lot in common with my sister **because we both like the same kind of music and food. However, my brother and I are very different. We like different things.**
（思うに、妹［姉］とは共通点が多くあります、というのも、2人とも同じ種類の音楽や食べ物が好きなんです。でも、兄［弟］と私はかなり違います。好きなものが違うんです）

HOBBIES

① **Do you have any hobbies?**
（趣味はありますか？）

Yes, I do. My main hobby is football. I also like to draw.
(はい。私の一番の趣味はサッカーです。また、絵を描くのも好きです)

② **When did you first start playing football?**
(サッカーを始めたのはいつですか？)

I first started playing when I was in primary school. I was about 8 years old, I think.
(サッカーを始めたのは小学校のときでした。8歳くらいだったと思います)

③ **Where do you practise or play now?**
(今はどこで練習や試合をしていますか？)

Actually, my friends and I practise at the local sports centre. It's a little bit small but it's really convenient for everyone to go there.
(実際、友人たちと一緒に地元のスポーツセンターで練習しています。少し狭いですが、皆が行くのに本当に便利なんです)

④ **Will you still play in 10 years time, do you think?**
(10年後もまだサッカーをしていると思いますか？)

Er ... yes, I will. I'll probably be very busy but I'll still try to play. I want to stay fit and see my friends.
(えーと、はい、しているでしょう。たぶんとても忙しくなっているでしょうが、それでもプレーしようとするでしょう。自分の体形を維持したいし、友人たちとも会いたいですからね)

FASHION

① **Are you interested in fashion?**
(ファッションに興味はありますか？)

Yes, I am, but only a little bit. Most of my friends are more interested in it than me.
(はい、あります。でも、少しだけです。友人のほとんどは私よりもっと興味をもっています)

② **Do you think fashion is important?**
(ファッションは大切だと思いますか？)

No, I don't. I think it's important to look neat and smart, but it's not important to be fashionable.
(いいえ、そうは思いません。きちんとした身なりをすることは大事だと考えますが、ファッショナブルであることは重要ではないと思います)

③ **How often do you go shopping for new clothes?**
(どれくらいの頻度で新しい服を買いに行きますか？)

I go shopping for new clothes about ... let me see ... maybe two or three times a year. I usually go during the sales.

（新しい服を買いに出かけるのは…、そうですね…、年に２〜３回でしょうか。たいてい、バーゲンの期間に行きます）

④ What are some things you dislike about shopping for clothes?
（服を買いに行くことのどういうところが嫌いですか？）

Well, I don't like searching for the clothes I want **because it can take a long time to find them.** Also, I don't like the crowds—**especially during the sales.**
（そうですね、自分が欲しい服を探すのが嫌いです。それというのも、見つけるのに長い時間がかかるからです。また、人ごみも嫌いです。とくにバーゲン期間中の人ごみにはまいります）

パート１で気をつけなければならないこと
- ☑ できるだけ元気に、フレンドリーな感じで話しましょう。
- ☑ 質問に対する単純な答えだけでなく、追加情報を入れましょう（A + E）。
- ☑ 正しい時制の動詞を使いましょう。
- ☑ 試験官の目を見て話しましょう。
- ☑ はっきりと話しましょう。
- ☑ 話すときは抑揚をつけ、強調したい単語は強く発音します。
- ☑ 言い直しや説明を求める際には、スムーズに依頼しましょう。

テーマ別質問例

FAVOURITE FOOD

▸ **What is your favourite food?**
（好きな食べ物は何ですか？）

▸ **How often do you eat it?**
（どのくらいの頻度でそれを食べますか？）

▸ **Can you make it yourself?**
（それを自分で作れますか？）

▸ **Do you enjoy cooking? Why? / Why not?**
（料理は好きですか。なぜ好きなのですか？／なぜ好きではないのですか？）

TELECOMMUNICATIONS

▸ **Do you use a computer?**
（あなたはコンピュータを使いますか？）

▸ **What do you use computers for?**
（何のためにコンピュータを使いますか？）

▸ **Are they good or bad for people?**
（コンピュータは人にとって有益ですか、有害ですか？）

▸ **Will computers change much in the future?**
（コンピュータは将来大きく変わりますか？）

TRAVEL

▸ **When was the last time you went on holiday?**
（この前、休暇の旅行に行ったのはいつですか？）

▸ **Where did you go?**
（どこへ行きましたか？）

▸ **What kinds of things did you do there?**
（そこでどんなことをしましたか？）

▸ **Which is more enjoyable, holidays at home or overseas?**
（自分の国で休暇を過ごすのと海外で過ごすとでは、どちらが楽しいですか？）

LEISURE

▸ **What do you usually do in your free time?**
（暇なときはいつも何をしていますか？）

▸ Do you prefer to do activities by yourself, or in a group?
（自分ひとりで活動するほうが好きですか、それとも集団で活動するほうが好きですか？）

▸ Is it important to do a leisure activity regularly? Why?
（レジャー活動を定期的にすることは大切ですか？　なぜですか？）

▸ Will your hobbies change in the future?
（あなたの趣味は将来変わるでしょうか？）

TRANSPORT

▸ How often do you use public transport?
（どのくらいの頻度で公共交通機関を利用しますか？）

▸ Is it convenient?
（それは便利ですか？）

▸ Which method of transport do you think is the best?
（どの交通手段が最もよいと思いますか？）

▸ Do you think people should travel more on foot and by bicycle?
（人はもっと徒歩や自転車で移動すべきだと思いますか？）

PLACES

▸ Have you visited many places of special interest?
（おもしろい場所にたくさん行ったことはありますか？）

▸ What was the most interesting place?
（最もおもしろかった場所はどこですか？）

▸ Can you tell me about one other interesting place?
（もう１つのおもしろい場所について教えてくれますか？）

▸ Is it important to get out of the city sometimes?
（ときどき街から出ることは大切ですか？）

FRIENDS

▸ Do you spend a lot of time with your friends?
（あなたは友だちと過ごす時間は多いですか？）

▸ What do you and your friends like to do?
（あなたと友だちは何をするのが好きですか？）

▸ How do you and your friends help each other?
（あなたと友だちはどのように助け合っていますか？）

▸ Can you tell me about one special friend?
（特別な友だち一人について話していただけますか？）

EATING OUT

▸ Is fast food popular in Japan?
（ファストフードは日本で人気がありますか？）

▸ Why is it (not) popular?
（それはなぜ人気があるのですか [ないのですか]？）

▸ Do you have a favourite restaurant?
（お気に入りのレストランはありますか？）

▸ What kind of people go to the restaurant?
（どんな人たちがそのレストランに行きますか？）

FUTURE

▸ What do you want to be in the future?
（あなたは将来、何になりたいですか？）

▸ Why do you want to do this job?
（あなたはなぜこの仕事をしたいのですか？）

▸ When would you like to start the job?
（いつその仕事を始めたいと思っていますか？）

▸ Do you think it will be an easy job? Why? / Why not ?
（それは簡単な仕事だと思いますか？　なぜそう思うのですか？／思わないのですか？）

パート2：特定のトピックに関する質問（3〜4分間）

　パート2では、試験官が選んだトピックについて、短いトークをします。試験官はあなたにトピックカードを渡しますが、そこには、トピックとそれに関連する質問が3つ書かれています。それらの質問は、話の流れを作るヒントとなるもの（プロンプト）です。別のカードに変えてもらうことはできず、与えられたカードでテストは進行します。試験官は、「ミニトークの準備に1分間使ってよろしい」と言い、紙と鉛筆をくれるので、トークの内容や順番など話す段取りをメモすることができます。時間がくると、試験官から指示があるので、話し始めます。なるべく、トピックカードに書かれているポイントすべてを盛り込んで話します。そうしなくても減点されることはありませんが、挑戦してください。与えられたトピックについて1〜2分間話しますが、途中でメモを見ることができます。試験官は、2分を超えないかぎり、ストップをかけることはありません。

　ここでの受験者の目標は、試験官に頼らずに、必要な情報を示しながら自分の考えを表現できることをわかってもらうことです。スピーチが終わると、試験官はあなたに1つ、2つ質問をします。この質問には、短く答えましょう。

トークのトピック

　トピックは、基本的に、受験者自身や受験者の日常生活、受験者の出身国に関するものです。受験者はトピックカードを選ぶことはできませんが、イベント、思い出、人物など、具体的に何について話すのかは自分で決めることができます。

　パート2で渡されるカードの冒頭に、トピックが指示されています。その大半は、特定の活動や出来事、物や場所や人物などについて、話したり説明したりするよう求めるものです。課題のトピックに続き、それに関係する質問形式のプロンプトが3つ書かれています。比較的短くて簡単なものです。

　1つ目のプロンプトによっては、その質問に答える形で話し始めることになります。1つ目のプロンプトが話の方向性を示唆している場合、ほかの2つのプロンプトについても同様に、それに答える形で話を進めましょう。1つ目のプロンプトが話の流れを示唆していない場合は、残りの2つの質問も含め、受験者にはトピックのさまざまな側面について詳細に語ることが求められています。最後に、「結びのための」プロンプトが書かれており、そこで受験者は、なぜその活動や出来事、物や場所や人物をトークのテーマに選んだのかについて、理由を聞かれたり説明を求

められたりします。

　パート2の質問の多くは、受験者が現在形か過去形で話すように用意されています。トピックの45パーセントが、現在形で話すことが求められている課題だといっていいでしょう。残りの45パーセントが過去形で答えるべき課題で、10パーセントが助動詞 would や仮定法を用いる質問になっています。しかし、質問によっては、ほかの質問とは異なる時制での話を求めている場合もあるので、注意しましょう。

トピック	Describe/Talk about ... (…について説明／話しなさい)	ほとんどの場合、**現在形**または**過去形**。ときどき **would** が使われる。
3つの質問形式のプロンプト	What ... / Where ... When ... / Who ... / How ...	
結びのためのプロンプト	Say/Explain ... (なぜ…なのか話し／説明しなさい)	

トピックが would や if などを使った仮定法で指示されている場合

たとえば、次のような文になります。

Describe something you would do/learn/own (if you had the chance to do/learn/own).
([チャンスがあったら] してみたい／学んでみたい／所有してみたい、何かについて話しなさい)

Talk about somewhere you would like to visit (if you had the chance to go).
([チャンスがあったら] 訪ねてみたい場所について話しなさい)

Describe someone you would like to meet (if you had the chance to meet him/her).
([チャンスがあったら] 会ってみたい人について話しなさい)

　この手の指示を受けて話すとき、動詞のパターンが少し難しくなります。答える際には、トピックの指示文と同様に、助動詞や仮定法、とくに would や if を使いましょう。以下に、トピックの例題と返答例を示します。

《トピック》　Describe a place you would like to visit in the future.
　　　　　　　(将来行ってみたい場所について話しなさい)

《返答例》　　I would probably choose Bali, in Indonesia.
　　　　　　　(行けるなら、インドネシアのバリを選ぶでしょう)

If I went to Bali, I would watch the sunset every evening.
（バリへ行ったら、毎日夕陽を見るでしょう）

《トピック》 Talk about a famous person you **would like** to invite for dinner.
（有名人を夕食に招くとして、だれを招待したいか話しなさい）

《返答例》 I **would like** to invite Ichiro Suzuki.
（イチローを招きたいです）

If he came, I might/would cook curry.
（彼が来たら、カレーを作ります）

《トピック》 Describe your ideal house.
（あなたの理想の家について話しなさい）

《返答例》 It **would** have lots of sunshine. There **would** be a swimming pool in the garden.
（日当りがよく、庭にプールがあるといいですね）

トークのテクニック

🖊 試験官に説明を求める

まず、カードにあるどの単語もわからなかった場合、試験官に単語の説明を求めなければなりません。パート1で学んだ表現を活用し、質問しましょう（p.229参照）。

🖊 すべてのプロンプトへの返答を盛り込む

受験者はトークの中ですべてのプロンプトに答え、さらに情報を加えてトークをふくらませるよう心がけましょう。トークを、「導入」「本体」「結論」から成る3パラグラフの短いエッセイと考え、構成を工夫しましょう。

🖊 トークの内容は10秒以内に決める

カードに書かれているトピックをはじめ、すべてのプロンプトに答えながらトークを進めるには、ポイントをメモしなければなりません。まず、答えるべきは出来事か、場所か、人物か。それらをどのように語るかを考えながら、話の流れを決めていきます。準備時間の60秒で話すべき内容をメモしなければならないので、トークのテーマは10秒で決めましょう。

以下は、トークのトピックの例です。それぞれ10秒以内にトークのテーマを決め、話す内容を書き出してみましょう。6題まとめて1分以内で書き上げましょう。

① Talk about a toy that you liked playing with as a child.
（子どものころ遊ぶのが好きだったおもちゃについて）

_____

② Talk about a short trip or outing you enjoyed.
（楽しかった小旅行や外出について）

_____

③ Talk about a TV or radio programme you enjoy.
（好きなテレビやラジオの番組について）

_____

④ Describe a friend you are very close to.
（とても親しい友人について）

_____

⑤ Describe an invention you think is useful.
（あなたが有用だと考える発明について）

_____

⑥ Talk about a job you would like to do in the future.
（将来就きたいと考えている職業について）

_____

　上記のすべてのトピックについて、トピックカードに登場しうるプロンプトのすべてを想定し、それに答えるつもりで話す内容を考えなければなりません。

| Who ... ?　What ... ?　Where ... ?　When ... ?　How ... ?　Why ... ? |

記号などを使って短い時間でトークのプランを書く

　例題を使って、即座にアイディアを練る練習をしておきましょう。初めのうちは、メモを書き終えるのに2、3分かけてもいいですが、慣れたら1分以内でまとめましょう。

トークの分量をイメージする

　自分が話すおおまかな分量をイメージできるようになってください。スピーチを3つのパラグラフから成る短いエッセイだと考えます。ネイティヴ・スピーカーが話す速さは、1分間で180語ほどです。ネイティヴでない場合、1分間100語を目安とすると、90秒のスピーチでは約150語。これは、ライティングテストのタスク1のエッセイと同じ長さです。想像してみてください。右のA4用紙に示したXマークの範囲が、短いスピーチで話すべき内容を手書きした場合の、おおよその分量です。

　たとえば、上のトピック例の①「子どものころ遊ぶのが好きだったおもちゃ」で実際に短いエッセイ

を書き、読んで自分のスピーチを録音します。適当に間をとり、抑揚をきかせ、「話すように」読んでみましょう。およそ1分半で読み終えるようにします。

トークの始めと終わりに決まり文句を使う

　トークを始めるときの決まり文句と終わるときの決まり文句を覚えて使いましょう。トークは始めと終わりは関連しているのが普通です。トピックと最初のポイントが「あなたが尊敬する人」なら、「なぜその人を尊敬しているか」でトークを締めくくります。

● トークを始めるときの決まり文句

The person	I'm going to talk about	
The thing (book/film, etc)	I'm going to describe	
The holiday	I'm going to tell you about	
The activity/hobby	I'd like to describe	
The place	I've decided to talk about	is ...
The experience	I've chosen to tell you about	
The occasion/event	I've chosen to describe	
The job	I would like to do in the future	

The reason why	I like (this shop) I want to (be a musician) I enjoy (playing soccer) I admire (my grandmother) I remember (the trip to Kyoto) I think the (film) is great I chose this particular (song)	is because ... is that ...
	it was my best (memory) (she) was my favourite (teacher) it was an important (year) the (party) was successful	was because ... was that ...
The thing	I (admire) most about (this person) I (enjoy) most about (living there)	is ...
	I (liked) most about (my school) I (felt) most about (the wedding)	was ...
(Winning the prize) (Graduating from school)	made me feel (great) made me feel (sad)	because ... as ...
The way	(it/he/she) influenced me	was that ...

落ち着いて適度な速さで話す

　適度な速さで話しましょう。遅くなりすぎないよう注意し、話しながら残りの時間を意識します。また、無理に速く話す必要はありません。どの言語でも、人はスピードをさまざまに変えて話します。息つぎで休んだり、次に話すことを確認するためにメモをチラッと見てもかまいません。話のペースを変えることで、話題をふくらませる発想が生まれるかもしれません。

　2分をぎりぎり超えないように話す練習をしてください。実際のテストでは、ゆっくり話す受験者には2分間、中ぐらいの人には1分半、流暢で速い話し手には1分強が与えられるようです。

聞き手を引きつけるために形容詞を使う

　形容詞は、話をおもしろくしてくれる強い味方です。試験官は、形容詞を盛り込んだトークをきっと楽しんでくれます。いきいきと話すために形容詞をたくさん覚えましょう。トークでは、形容詞を強く発音することを忘れないように。たとえば、"Dancing is fun." と言うときも、平板な発音をするかぎり、「普通にダンスが好きなんだろうな」程度にしか受けとめてもらえません。でも、"Dancing is FUN!"（ダンスは楽しいんです！）と強弱をつければ、本当にダンスを楽しんでい

ることが伝わります。形容詞を盛り込めば短文でもインパクトがありますし、話の締めくくりに使われることもあります。たとえば、"It was an EXCELLENT holiday!"（申し分のない休日でした！）といった具合です。

場所を形容する	感情を形容する	人を形容する	イベントを形容する
interesting	happy	kind	popular
convenient	excited	cheerful	cheap
crowded	relaxed	famous	exciting
modern	terrible	funny	fun

トークのプランをメモする

トークのために有効でシンプルなプランを書くことは、高得点につながります。それには、プランをつくるのためのメソッドが必要です。素早くメモをつくるためのステップを以下に説明します。

何について話すかを10秒以内に決める。

⬇

① 話すテーマを一番上に書き、丸で囲む。
② 次いで、1つ目の質問プロンプトのためのアイディアを1つ書く
②' すぐ下にアイディアをもう1つ書く
③ 次に、2つ目の質問プロンプトのためのアイディアを1つ書く
③' すぐ下にアイディアをもう1つ書く
④ さらに、3つ目の質問プロンプトのためのアイディアを1つ書く
④' すぐ下にアイディアをもう1つ書く
⑤ 最後に、結びのプロンプトのためのアイディアを1つ書く

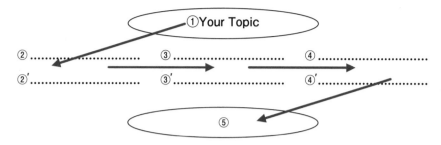

　話そうと決めたテーマを書き、丸で囲んで意識に固定させます。メモに書くのは単語のみか、せいぜい話す内容を想起させる記号までです。文章を書いてはいけません。それぞれのポイントで1つか2つの単語、略号や記号を書きます。完全に書かなくてもよく、スペリングが多少違っても気にする必要はありません。

　英語で書くほうがよいですが、日本語で書きたければそうしてもよいでしょう。メモは得点に関係しません。しかし1語でも2語でも日本語で書くと、話すときに頭の中で翻訳することになり、危険かもしれません。英語で見て、考え、話すほうが安全です。日本語を目にしていると、つい日本語が口をついて出てしまう可能性があります。

　テーマを決めて、メモし、丸で囲むまでが10秒とすると、メモを完成させるのに残り50秒あります。②〜④′それぞれのステップで、単語やアイディアを1つ書くとすると、7秒に1つです。難しいかもしれませんが、練習次第でできるようになります。それぞれの質問プロンプトに3つ目のアイディアを付け加えることすらできるかもしれません。時間に余裕があっても、まずは②〜④′で大筋の構成を完成させます。

　メソッド1を実践すれば、まず1段目で決めたテーマから話し始め、2段目で左端のアイディアを話し、右へ進んで真ん中に書いたアイディアを話し、さらに右端の3つ目のアイディアへ。最後に3段目へ移り、トークを結ぶコメントで締めます。構成を視覚化すると、目で追うことによって流れが頭に入りやすいと思います。

　受験者によっては、伝統的な「リスト」形式でメモをとるほうが安心かもしれないので、次ページにメソッド2を提示します。①〜⑤のアイディアを書く手順はメソッド1と同じですが、アイディアの並べ方が違うので、目に入る順やイメージが違ってきます。個人的にはトークにはメソッド1のほうが使いやすいと思いますが、受験者はどちらかに決めて活用してください。

クイックメモのメソッド2

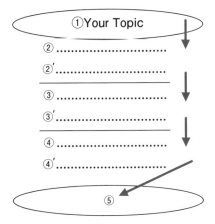

　メソッド2を採用する場合、それぞれのアイディア「セット」の間に線をひくほうがいいかもしれません。話している途中で、簡単に次のポイントを見つけることが重要だからです。

　どちらのメソッドを選ぶにせよ、①〜⑤の手順をしっかり守り、1分以内にメモを完成させるよう練習を重ねましょう。パート2のためのプランニングが、あなたの「第二の天性」となるためには、練習あるのみです。

パート2　練習問題

スピーチの内容をいったん分解してから組み立てる練習

　ここでは、カードに書かれた指示に基づき、内容をふくらませて返答する練習をします。それには、トピック、および3つのプロンプトと結びのプロンプトを5つのポイントだと考え、それぞれに「+ E」拡張情報を加え、全体を1つのトークにまとめます。

練習問題1
....
　次のカードでは、トピックと1つ目のプロンプト（what the item was）が、同じポイントをたずねています。すなわち「子どものころよく遊んだものは何か」ということです。

Talk about an item (toy, game, etc.) that you liked playing with
as a child.　　　　　　　　　　　　　　　　　　　　　　　　　　①
You should say:

　　◆ what the item was　　　　　　　　　　　　　　　　　　①´
　　◆ when you played with it　　　　　　　　　　　　　　　②
　　◆ what it helped you to learn　　　　　　　　　　　　　③

and explain why you liked this particular item.　　　　　　④

◆プランニングメモの例

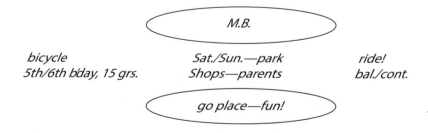

M.B.

bicycle　　　　　　　　　　　　Sat./Sun.—park　　　　　　　ride!
5th/6th b'day, 15 grs.　　　　　Shops—parents　　　　　　　bal./cont.

go place—fun!

◆トーク組み立ての例

① Something I liked very much as a child?
（子どものころに好きだったものは？）

Well, as a child I liked playing with many things.
（そうですねぇ、子どものころはいろいろなもので遊ぶのが好きでしたね）

It is difficult to choose one, but the thing I'm going to talk about is my bicycle.
（1つを選ぶのは難しいですが、自転車のことをお話します）

I think I got it on my 5th or 6th birthday ... I can't remember exactly ...
（正確には覚えていませんが、たしか5歳か6歳の誕生日に自転車をもらいました）

The bicycle was a mountain bike.
（それはマウンテンバイクでした）

It had 15 gears and it was very fast.
（15段変速ギアで、とても速く走りました）

② When I played with it?
（いつ、それで遊んだか？）

I usually rode it at the weekend.
（自転車にはたいてい週末に乗りました）

I didn't have time during the week.
（平日は時間がなかったのです）

On Saturday or Sunday I went to the park with my friends.
（土日は友だちと公園へ行きました）

Sometimes I rode it to the shops with my parents.
（ときどき、両親と自転車で買い物に行きました）

③ What it helped me to learn?
（それで何を学んだか？）

The mountain bike was my first ever bicycle, so I learned how to ride it.
（マウンテンバイクは私にとって初めての自転車で、まずは乗り方を学びました）

I learned how to balance myself and how to control it.
（バランスをどうとるか、どうコントロールするかも学びました）

④ Why I liked this particular item?
（とくにそれが好きなのはなぜか？）

The reason why I liked my mountain bike was because I was able to go to many places in my local area much more easily.
（マウンテンバイクが好きだった理由は、それに乗れば、ずっと簡単に地元のいろいろな場所に行けたからです）

And, cycling with my friends was fun!
（それに、友だちと一緒のサイクリングは楽しかったんです）

In fact, I still like cycling today.
（実際、今もサイクリングが好きです）

◆トーク全体の例　　　　　　　　　　　　　　　🔊 1-20
①Well, as a child I liked playing with many things. It is difficult to choose one, but the thing I'm going to talk about is my bicycle. I think I got it on my fifth or sixth birthday ... Erm ... I can't remember exactly ... The bicycle was a mountain bike. It had 15 gears and it was very fast. ②I usually rode it at the weekend because I didn't have time during the week. On Saturday or Sunday I went to the park with my friends. Sometimes I rode it to the shops with my parents. ③The mountain bike was my first ever bicycle, so I learned how to ride it. I learned how to balance myself and how to control it. ④The reason why I liked my mountain bike was because I was able to go to many places in my local area much more easily. And, cycling with my friends was fun! In fact, I still like cycling today. 《162 語》

◆仕上げの質問
　スピーチが終わると、試験官は1つか2つ、トークに関連した質問をします。それらの質問には短く返答するだけにとどめましょう。

《仕上げの質問例》　　How often do you ride a bicycle now?
　　　　　　　　　　　（今はどれくらいの頻度で自転車に乗りますか）

《返答例》　　　　　　About two or three times a week.
　　　　　　　　　　　（1週間に2、3回です）

練習問題2 ....

Talk about a place you recently went to for entertainment. ①
You should say:

◆ where and when you went ②
◆ why you went there ③
◆ what you did there ④

and say what you liked about this particular place. ⑤

◆トーク全体の例 🔊 1-21

① The place I've decided to talk about is Tokyo Disneyland. ② I went there about three weeks ago, on Saturday. It was very crowded. Actually, it's always really busy at the weekends. ③ The reason I went there was because it was a birthday present. I became 21 and so my boyfriend took me there as a surprise. He paid for everything: the entrance charges, our food and drinks — it was great. We had a really good time. ④ We did a lot of things there. For example, we went on about ... uhm ... eight rides. Our favourite was Splash Mountain — we went on it two times! We also saw one of the dance shows and in the evening we watched the parade. The parade was fantastic — it was so colourful. ⑤ The thing I liked about Tokyo Disneyland was that my boyfriend and I enjoyed ourselves a lot. We were really happy, so it was the best birthday present I could ever wish for. 《160語》

◆仕上げの質問

《仕上げの質問例》　Was it your first time to go there?
　　　　　　　　　（そこへ行ったのはそれが初めてでしたか）

《返答例》　　　　No. It was maybe my third or fourth time.
　　　　　　　　　（いいえ、3回目か、4回目だったかもしれません）

　もし3つの質問プロンプトについてのアイディア（②③④）があまりないようなら、最後の部分（⑤）を付け足したり、拡張したりしましょう。

素早くメモをつくる練習

　以下のトピックカードで、メモをつくる練習をしてみましょう。1つにつき1分以内でメモを完成させてください。その後、メモを見ながらスピーキングの練習です。スピーチは録音してチェックしましょう。ただ練習あるのみです。

Talk about a short trip or outing you enjoyed.
You should say:

◆ where you went and who you went with
◆ how you went there
◆ what you did there

and say why you enjoy this particular trip/outing.

Talk about your favourite TV or radio programme.
You should say:

◆ when you first watched or listened to it
◆ what it is about
◆ what you learn from it

and say why you like this particular programme.

Describe a friend you are very close to.
You should say:

◆ who he/she is and when you first met
◆ what you do together
◆ how you help each other

and say why you are close to this particular friend.

Describe an invention you think is useful.

You should say:

◆ what the invention is and what it is used for
◆ where people use it
◆ when they use it

and explain why you think the invention is useful.

Talk about a job you would like to do in the future.

You should say:

◆ what the job is and where you would work
◆ what you do in the job
◆ what skills are needed for the job

and explain why you want to do this particular job.

パート2で気をつけなければならないこと

☑ 試験官の問いが理解できない場合は、説明を求めましょう。
☑ 10秒以内にトピックを決めて、メモしましょう。
☑ 正しい動詞の時制を使いましょう。
☑ 1～2分で話しましょう。
☑ トピックカードに書かれたすべてのポイントをカバーしましょう。
☑ 試験官の目を見て話しましょう。
☑ 話をそらさず、はっきりと話しましょう。
☑ 抑揚をつけて、強調したい単語は強く発音しましょう。
☑ 話を興味深いものにするため、いろいろな言葉を使いましょう。
☑ 最後の質問には、短く答えましょう。

パート3：試験官とのディスカッション（4〜5分間）

　　パート3では、試験官は受験者とさらに深く話をします。試験官は4〜6つのオープ・クエスチョン（自由回答式の質問）をしますが、通常、パート2のテーマに関連したものです。質問は、より難しくなり、テーマについての評価や分析、思慮深い返答が求められます。場合によっては、説明や理由、具体例や見解を述べなければなりません。込み入った表現や、上級の文法構造や語彙を駆使して、複雑な会話をすることになります。返答に理解できない部分があると、試験官はさらに話を進めるよう指示したり、詳しく述べるよう要求するかもしれません。先に語ったポイントのいくつかを明快に説明する必要があるかもしれないので、それに備えておきましょう。受験者の返答が短い場合、質問が6つになることもあります。逆に、情報をふくらませて返答すれば、質問は4つで終わるかもしれません。

	回答時間の目安
返答1	30秒
返答2	30秒
返答3	30秒
返答4	30秒
返答5	30秒
計	2分30秒

　　パート3では、質問1つにつき30秒以上話すよう心がけましょう。返答によっては多少短くても長めでもかまいません。質問はよく考えないと答えられない内容ですし、質問によっては試験官に反復や言い換えを頼む必要が出てくるかもしれません。

　　たとえば5つ質問され、それぞれに約30秒間話すとすると、返答時間は2分半になります。残りは、試験官が質問をしたり、反復したり言い換えたりするのに必要な時間、そして質問と返答の間の時間として流れます。

パート2のトピックを発展させた質問

　　パート3のトピックは、つねにパート2のテーマとリンクしています。質問は、2つのサブカテゴリーに分かれ、パート2のテーマをさらに大胆に拡大し展開することが求められます。

パート2のテーマは、パート3では以下のような関連テーマとして出題されます。

パート2 トピック	An important year 重要な年	A holiday destination 休暇旅行先	Favourite teacher 好きな先生
パート3での 発展トピック	Family history 家族の歴史 History study 歴史研究	Tourism 観光 The environment 環境	Teaching 教えること Education 教育

パート2 トピック	Piece of written work 書かれた作品	A painting 絵画	A news story ニュース
パート3での 発展トピック	Technology テクノロジー Communication コミュニケーション	Art アート Skill & ability 技と能力	Mass media マスメディア Censorship 検閲

パート2 トピック	A special journey 特別な旅行	A useful machine 有用な機械	An interesting building おもしろい建物
パート3での 発展トピック	Transport problems 輸送が抱える問題 Future transport 未来の輸送	Inventions 発明の数々 Changes in lifestyles ライフスタイルの変化	Public facilities 公共施設 Architecture 建築

問われる能力

　パート3で出される質問は、3つのパートの中で最も難しいですが、技術的・専門的な知識を必要としません。このオープン・クエスチョンでは、以下の能力がどの程度かを判定します。

- ●一般的な事実情報を提示する
- ●自分の意見・態度・気持ちを表現する
- ●場所や出来事・状況を説明する
- ●場所や出来事・状況を比較する
- ●方向性や指示を与える

- 物語、または一連の出来事を再構成して話す
- あることが、どのように、なぜなされたかを説明する
- 推測できる事態や、未来の出来事の予測を語る
- 自分が持っている信念の根拠を述べる
- 問題を割り出し、解決策を提示する
- 考えや見解の正当性を述べる
- 因果関係を論じる
- プラス面マイナス面を論じる
- 思索して、仮説を立てる
- 個人的な解釈を述べる
- 変化とその理由を説明する

　返答は、1つの質問につき10〜16語を目安にしましょう。質問によっては長めに答えてもかまいません。質問はそれぞれ異なった構文で出題され、同じ構文で2つの質問をされることはありません。質問のほとんどは現在形ですが、現在完了形や未来仮定法など、ほかの時制での質問も想定しておきましょう。

返答のテクニック

🖋 キーとなる語句をつかむ

　質問の意図を的確につかむために、以下のような表現をとくに意識して質問を聞きましょう。

... the positive or negative effects of 〜?
（〜の功罪は？）

... the advantages and/or disadvantages of 〜?
（〜の有利なところ、そして／あるいは不利なところは？）

... the difference(s) between A and B?
（AとBの違いは？）

... the best way(s) to 〜?
（〜するのに最良の方法とは？）

... the similarities between A and B?
（AとBの類似点は？）

... the importance of 〜?
（〜の重要性は？）

... the development of ～?
（～の発展は？）

... the causes and effects of ～?
（～の因果関係は？）

... the benefits of ～?
（～の恩恵は？）

... the drawbacks of ～?
（～の欠点は？）

... the banning of ～?
（～の禁止は？）

... the qualities and skills required to/for ～ ?
（～に求められる資質と技能は？）

🖉 はっきりした発音や繰り返し、言い換えを頼む

試験官の質問が聞き取れなかったり、内容が理解できない場合、以下のフレーズを使いましょう。

Could I ask you to speak more loudly, please?
（もう少し大きな声で話していただけますか？）

I'm sorry but I didn't catch that. Would you please repeat the question?
（すみません、よく聞き取れませんでした。質問を繰り返していただけますか？）

I'm sorry. Could you please rephrase the question?
（すみません、質問を言い換えていただけますか？）

I'm not quite sure what you mean. Could you rephrase the question, please?
（よく意味がわからないのですが、わかるように質問を言い換えていただけないでしょうか？）

質問でよく使われる構文を確認

パート3の質問でよく使われる構文の例を以下にあげました。このような質問が出されたと想定して、頭の中でメモをつくってみましょう。話す内容が決まったら、返答を声に出して録音し、聞き直し、間違いをチェックしましょう。

Is the trend towards living together before marriage a good thing?
（結婚する前に一緒に暮らす傾向はよいことでしょうか？）

Are traditional festivals going to become less popular in the future?
（伝統的な祭りは、将来どんどん人気がなくなっていくのでしょうか？）

Are there likely to be more positive than negative effects from the Internet in the future?
（将来、インターネットは罪よりも功のほうが増える傾向にあるのでしょうか？）

Do you think governments should allow advertisements for alcohol and tobacco on TV?
（政府は、テレビでの酒やたばこの広告を是認すべきだと考えますか？）

Do you think services such as medical care need to be improved?
（医療のようなサービスは、改善されなければならないと考えますか？）

Do you think companies would benefit by giving their employees longer holidays?
（企業は、従業員により長い休暇を与えることでいい結果が得られると思いますか？）

Do you think there are differences in the way people view the media?
（人によって、メディアについての考え方に違いがあると思いますか？）

What are the best ways to stop crime in urban areas?
（都市部における犯罪をなくすための最良の方法は何でしょうか？）

What sort of lifestyle would you describe as ideal?
（あなたが理想的だと思うライフスタイルとは、どういうものですか？）

What measures could be taken to create jobs in areas of high unemployment?
（失業率が高い地域で雇用を創出するために、どのような対策が可能でしょうか？）

What is more important, being intelligent or having basic common sense?
（知的でいることと、基本的な常識をもつことの、どちらがより重要でしょうか？）

What impact do you think modern technology has had on the way we learn?
（近代のテクノロジーが私たちの学び方にどのような影響を及ぼしてきたと考えますか？）

What effect does overseas travel have on the way we view other countries?
（海外旅行は、私たちの外国の見方にどう作用するでしょうか？）

To what extent is shopping for luxury goods taken for granted in society today?
（今日の社会で、贅沢品の購入はどの程度まで容認されるでしょうか？）

In what ways do you think (that) children's education might develop in the future?
（将来、子どもの教育はどのように発展していくと考えますか？）

How is success measured by people of your age?
（あなたの年代の人たちにとって、成功の尺度は何ですか？）

How should we encourage more people to read quality books?
(より多くの人々に質のよい読書をしてもらうため、われわれはどのように奨励すべきでしょう？)

How do you think work habits will change in the future?
(将来、労働習慣はどのように変わると思いますか？)

When do you think it will be possible to travel around the world within a few hours?
(数時間で世界一周が可能になるのは、いつだと思いますか？)

Which do you think is more enjoyable, learning new things about one's own culture or learning about another culture?
(自分の文化について新しいことを学ぶのと、ほかの文化を学ぶこと、どちらがより楽しいと思いますか？)

Why do so many people prefer sending e-mail to handwritten letters?
(なぜ、これほど多くの人々が、手紙を書くよりEメールを送るほうを好むのでしょうか？)

Can you suggest any reasons why people are more easily affected by illness nowadays?
(最近、人々が病気にかかりやすくなっているのはどんな理由によるものでしょうか。あなたの意見は？)

If teenagers commit crimes, should they go to prison?
(ティーンエージャーが罪を犯したら、彼らは投獄されるべきですか？)

Should cars be banned in city centres?
(街の中心から自動車は締め出されるべきでしょうか？)

Would you agree that television has caused people to think less than they used to?
(人々が以前より、ものを考えなくなったのはテレビのせいだという意見に賛成ですか？)

　質問のトピックを理解するには、内容語（主に名詞や形容詞で、実質的な物やことを指す語）を聞き取ることが重要です。内容語は、答えるべきことを指示する語句とともに、質問の中でもとくに重要なので、強く発音されます。以下のような単語が、典型的な内容語です。

people, schools, companies, businesses, technology, the Internet, transportation, education, mass media, communication, children, adults, career, health, retirement

質問を３つに分解する

質問の意味を理解するために、３つの部分に分解してみましょう。

①質問タイプ	②タスク	③トピック
What are 何ですか？	**the benefits of** 有利な点は	**travelling overseas?** 海外旅行の
Would you say that あなたの意見は？	**people's lives are better** 人々の暮らしがよくなったか	**because of technology?** テクノロジーのおかげで
How would you あなたはどのように	**compare** 比較しますか？	**communication patterns between men and women?** 男女間の意思疎通パターンの違いを

　分解すると、タスクとトピックの２つの部分が重要であることがわかります。質問からタスクとトピックを取り出すことができれば、パート３の質問に答えることができるはずです。

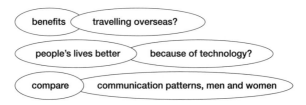

前置きや時間かせぎのフレーズ

　話し言葉では、時間をかせぐため、「あー」とか「うーん」とか声を出したり、決まり文句を使います。前置きを言いながら、アイディアを探したり、選んだり、調整もします。時間かせぎのフレーズは、パート１（p.229）でもいくつか紹介しました。それらを覚えておくと、パート３でも使うことができます。以下のようなフレーズも有用です。

Let me see ..., well, I suppose that ...
（そうですね…ええ、…かもしれません）

I'm not exactly sure how to answer that question, but (perhaps) ...
（その質問にどう答えたらよいかよくわかりませんが、[たぶん] …）

That's a rather difficult question, but (maybe) ...
（難しい質問ですが、[おそらく] …）

I'm sorry, I don't know much about this topic but ...
(残念ながら、その話題についてよく知らないのですが、…)

Hmm, I don't know. However, it might be possible that ...
(うーん、わかりませんが、…ということもありえるかもしれません)

Maybe I can answer your question by telling you about a personal experience I had.
(あなたの質問に、私の個人的な経験をお話することで、答えることができるかもしれません)

That's an interesting question which I've never really thought about before, but ...
(それはおもしろい質問ですね、これまでよく考えたことがありませんが、…)

質問で使われた表現を利用する

　初級者や自信のない人には、試験官が質問で使った表現を使って話し始めるのも、1つの方法です。たとえば、試験官が、

What are <u>the differences between games for younger and older people</u>?

という質問をした場合に、

Well, there are <u>many differences between games for younger and older people</u>. For example, ...

というように答え始めるといった具合です。
　上級者は、こうしたやり方に頼る必要はありません。これは、あくまでも返答開始の一例で、質問の流用だけが有効というわけではありません。
　以下は、質問中の表現に頼らない返答の例です。

Well, as you get older, the things you like, as well as the things you are able to do, change. Concerning games, I would say that children's games are ... whereas games for adults are often ...

　パート3でも、質問によってはYes/Noで答えるものがあります。その場合は、まずYes/Noで答え、その後で内容を展開しましょう。

ポイントや情報を発展させる

　パート1では、基本的な返答に短い付加情報を加えることで高得点を得ることができます。しかし、パート3では初めから長めの返答が期待されているので、ポイントや情報を筋道立てて発展させなければなりません。

　パート3の質問の多くは複数形でたずねられます。つまり、複数の理由や原因、利点、そしてその比較などが要求されるのです。受験者は、**持論を支える具体例や情報を1つ以上盛り込んで**話さなければなりません。複数形のsを慎重に確認し、質問に則した返答をしましょう。たとえば、

What are the advantages of living at home with parents?

　という質問では、どういう点が「有利」かと、複数形（advantages）でたずねていますから、2つ以上の例をあげなければなりません。話すのが得意な人は3つ例をあげてもいいですが、長すぎるのもよくありません。テストには時間の制限があり、試験官はスケジュールどおり進めたいと思っていますから、4つは多すぎます。以下に、例を列挙するときの構文を2例紹介します。

Well, I think there are two main advantages. First, ... Second, ...
（そうですね、私は2つの大きな利点があると思います。1つ目は…。2つ目は…）

In my opinion, there are various benefits. For example, ... Also, ...
（私の考えでは、さまざま利点があります。たとえば、…。また、…）

必ず理由や具体例を加えて答える

　理由や具体例をあげないまま、返答を終えてはいけません。試験官に Why? と聞かれたら、あなたの答えにまだ理由や具体例が出てきていない証拠です。

Q：Which do you think is better, working for a small or a large company?

A：Both have their advantages and disadvantages. However, I think it is better to work for a small company.

　この例では、たしかに意見は述べられていますが、なぜ「小さな会社のほうがよい」と思うのか理由が説明されていません。試験官にあらためて「なぜ？」と質問されないように、返答を「完成」させましょう。

266

　受験者は、定型の答えを暗記すべきではありませんし、それは不可能でしょう。勉強した質問がそっくり出題されることはまずないからです。とはいえ、質問の構造は多くの場合、きわめて一般的なもので、その構造に習熟しておけば、「自動的に」返答のアウトラインをつくることができます。そして、問われている内容を構造フレームにはめ込めば、返答は出来上がり。以下に、よく使われる返答の構造フレームを示します。

▸ Well, I think ... / In my opinion
（そうですね、思うに… / 私の意見では）

there are a number of ...　　reasons for X
（そこには多くの…があります）　（Xである理由）

a variety of ...　　　　　　advantages of X
（さまざまな…）　　　　　（Xの利点）

various ...　　　　　　　disadvantages of X
（多様な…）　　　　　　（Xの不利な点）

many ...　　　　　　　similarities/differences
（多くの… ）　　　　　　　between X and Y
　　　　　　　　　　　（XとYの類似点／相違点）

▸ One is .... Another is ....
（1つには…。もう1つには…）

▸ First, ... Second, ... Third, ...
（第1に…。第2に…。第3に…）

▸ For instance, ... And also ...
（たとえば…。また…）

A further example is ...
（さらに例をあげると…）

▸ However, ...
（しかしながら、…）

▸ On the other hand, ...
（他方では、…）

身ぶり手ぶりを交えて表現する

　対面のコミュニケーションでは、身ぶり手ぶりも重要な要素。使わない手はありません。とりわけ手ぶりは、心にあることや、話したいことを言葉にするのに役立ちます。言葉やアイディアを探しているとき、考えがまとまらないとき、強調したいときにも手を使います。以下のことを伝えたいときの手ぶりを自分なりに考えてみましょう。

‣ **small** (小さな)

‣ **big** (大きな)

‣ **The first reason is ...** (第1の理由は…)

‣ **The second reason is ...** (2つ目の理由は)

‣ **expensive** (高価な)

‣ **It's about two or three hours from here.**
（ここから、およそ2、3時間です）

‣ **delicious** (おいしい)

‣ **I'm sorry. Could you please say that once more?**
（すみません、もう一度言っていただけますか？）

‣ **terrible** (おそろしい、ひどい)

‣ **There are three advantages.** （3つ利点があります。）

日本語だったら何を話すかを考える

　パート3で問題になるのは、受験者に語るべきアイディアがないこと、あっても十分でないという点です。もちろん、これは語学能力ではなく、「アイディア」が足りないのです。「同じ質問を日本語でされたら、何て答えよう？」と自問してみましょう。日本語でなら、充実した内容の返答で30秒以上スピーチできますか？　パート3の返答力を高めるには、質問に対する返答をその場で日本語でまとめるスキルも磨くべきです。その後で英語にします。アイディアをまとめ、英語にすることができたら、次に構造を考えながら英文で書き、声に出して読んで、録音しましょう。

答えのアイディアを書き出す練習

　次の質問を読んで、話そうと思うアイディアを書き出してみましょう。

Q) How can people help to reduce pollution?

ways to reduce pollution
（汚染を減らす方法）
- ....
- ....
- ....

Q) In what ways will transportation systems change in the future?

transportation changes in the future
（将来における輸送システムの変化）
- ....
- ....
- ....

Q) Do you feel that technology causes more, or less stress for people?

more/less: why?
（ストレスが増える／ストレス減る：なぜ?）
- ....
- ....
- ....

Q) Which is more important, spending money or saving money?

spending/saving: why?
（使うこと／貯めること：なぜ?）
- ....
- ....
- ....

Q) How would you compare living in the city with living in the countryside?

city（都市部）	countryside（田舎）
-	- ....
-	- ....
-	- ....

Q) How is working for a big company different to working for a small one?

big company（大企業）	small company（小企業）
-	- ....
-	- ....
-	- ....

Q) In what ways are spoken and written language different?

spoken language（話し言葉）	written language（書き言葉）
-	- ....
-	- ....
-	- ....

Q) What are the benefits and negative effects of travelling abroad?

benefits of travelling abroad（海外旅行の利点）	negative effects of travelling abroad（海外旅行の欠点）
-	- ....
-	- ....
-	- ....

パート3　練習問題

◆質問　　　　　　🔊1-22（音声では各質問の後に回答例が吹き込まれています）

［試験官］Now I'd like to move on to Part 3.

TRAVEL

① Can you describe some of the benefits of overseas travel?
（海外旅行をする利点をいくつか述べることができますか？）

② Which do you think is more important, overseas travel or domestic travel?
（海外旅行と国内旅行、どちらが重要だと思いますか？）

③ Why do more and more people around the world travel nowadays?
（今日、世界中でますます多くの人々が旅行をするのはなぜでしょうか？）

CULTURE　　　　　　　　　　　　　　　　　　🔊1-23

① In what ways is culture important?
（文化はどういう点で重要なのでしょう？）＊ways は、複数の答えを期待している。

② To what extent does tourism protect culture?
（観光はどの程度まで文化を守っているでしょうか？）

③ Do you think other languages will disappear because of English?
（英語のせいでほかの言語が消滅すると思いますか？）

［試験官］That's the end of the test. I'd like to wish you good luck in the IELTS.

◆回答例

TRAVEL

① Well, I think travelling overseas has various benefits.
（そうですね、海外を旅することには、さまざまな利点があると思います）

First, people can relax and relieve stress.
（まず、リラックスすることができ、ストレスを開放できます）

Second, they can learn about people and lifestyles in other countries.
（第2に、ほかの国における人々やライフスタイルを学ぶことができます）

Lastly, they don't have to work or study and can spend time with their family, friends, or people they love.
（最後に、仕事や勉強から離れて、家族や友人、好きな人とともに時間を過ごすことができます）

② It's difficult to say, but maybe travelling in your own country is more important at first.
(一概に言えませんが、まずは自分の国を旅することのほうが大切です)

You should learn about your own country, and then learn about other countries.
(自国について学び、それから、ほかの国について学ぶべきです)

If you meet people from other countries, they may ask you about your country.
(ほかの国の人々に会えば、彼らはあなたの国についてたずねるかもしれません)

If you don't know much, it could be embarrassing.
(自国のことをあまり知らなかったら、恥ずかしい思いをすることでしょう)

③ Oh, there are many reasons.
(それには、理由がたくさんあります)

One reason is that people have more money, and the cost of travelling by plane has become much cheaper than before.
(1つは、人々はより多くのお金を持つようになっていて、それに飛行機での旅行代も以前よりずっと安くなっているからです)

Another reason is that people often see new places on television and so they want to visit the places.
(もう1つの理由は、人々はテレビで知らない場所を見る機会が増えているため、その場所を訪れたいと思っているからです)

CULTURE

① I believe that culture is very important in many ways.
(いろいろな意味で、文化は大変重要だと思います)

For instance, each culture has unique forms of art and music which should be maintained.
(たとえば、それぞれの文化には独自の美術や音楽があり、それらは存続すべきです)

But the main reason why I think it is important is that it gives you your identity.
(しかし、何よりも重要なのは、文化はアイデンティティを与えてくれるからです)

You learn about who you are and where you come from.
(自分が何者であるかということと自分の出自がわかります)

However, some cultures are slowly disappearing, which is quite sad.
(しかしながら、いくつかの文化が徐々に消滅しつつありますが、それはきわめて残念なことです)

② Uhm, I think it tends to have more negative effects because it changes the way local people live.
(うーん、私はむしろ、それ［観光業］は、より否定的な効果を及ぼしがちだと考えます、というのも、観光業は地元の人々の暮らしを変えてしまうからです)

For instance, they often give up traditional jobs to work in hotels and restaurants.
(たとえば、彼らは伝統的な仕事から離れ、ホテルやレストランで働くことが多くなります)

The new jobs are often better paid.
(新しい仕事のほうが、往々にして給料がいいからです)

Also, they change their habits and customs by wearing western clothes and eating western food.
(また、西洋式の服を着て、西洋風の食べ物を食べるようになり、自分たちの習慣やしきたりを変えてしまいます)

③ Yes, I do.
(はい、そう思います)

In fact, some languages became extinct when English speakers went to other countries and stayed there.
(実際、英語を母語とする人たちがほかの国へ赴き、そこにとどまったことで、いくつかの言語は消滅することになりました)

However, although I think more languages will probably disappear, I don't think that English will eventually become the only language on Earth.
(おそらく、これからもっと言語が消滅するでしょうが、それでも英語が最終的に地球上で唯一の言語になるとは思いません)

Languages are interesting, so I think many people will try to protect them.
(言語は興味深いものですから、多くの人々がそれを守ろうとすると、私は考えます)

さらなる練習のために   ◁)) 1-24

次の質問に対する答えも考えてみましょう。

① To what extent is a foreign holiday necessary for the average person?
(普通の人にとって、休暇を海外で過ごすことは、どの程度必要なのでしょう？)

② Does tourism have more benefits or drawbacks for local people?
(観光によって、地元の人々は恩恵と不利益のどちらをより多く受けるでしょうか？)

③ What measures can people take to ensure they have a safe holiday when they travel abroad?
(海外旅行で安全な休暇を過ごすために、どのような方策で備えることができるでしょうか？)

④ How difficult was it for people in your grandparents' days to travel somewhere for a holiday?
（あなたの祖父母の時代、休暇で旅行をすることはどれくらい困難でしたか？）

⑤ Is travelling an important form of education, or just a way to relax and enjoy oneself?
（旅には教育的効果がありますか？　それとも、ただリラックスしたり楽しんだりする方法にすぎませんか）

⑥ Is increased travel benefitting or destroying our planet?
（旅行の増加は地球にいいことですか？　あるいは地球を破壊していることになるのでしょうか？）

パート3で気をつけなければならないこと

☑ 必要なら、試験官に言い直しや言い換えを頼みましょう。

☑ 質問のキーワード、内容語に注意しましょう。

☑ 返答を用意する間、時間かせぎの表現を使いましょう。

☑ 動詞の時制を正確に使いましょう。

☑ 2つか3つの理由を返答に入れましょう。

☑ 1つか2つの比較を返答に入れましょう。

☑ ボディランゲージを使いましょう。

☑ 最後まで元気よく答えましょう。

スピーキングテストのための学習アドバイス

1. スピーキングに自信がない人は。

テレビ、ラジオ、インターネットを活用して、自然な英語の話し言葉、言い回しや発音を勉強しましょう。ネイティヴ・スピーカーの話し方を真似てみましょう。

2. ミスが多く、簡単な文法も間違える人は。

スピーキング・スキルの上達にはコンピュータが役立ちます。返答をワープロソフトに入力し、「グラマーチェック」と「スペルチェック」をかけましょう。あなたのミスを指摘してくれます。

3. 質問を自分で録音して、何度も聞く。

考えられる質問をたくさん録音し、それを再生して、質問の最初の単語とキーワードを聞き取る練習をしましょう。そして、「自分で吹き込んだ」質問で、答える練習をしましょう。

4. 即答練習を繰り返し、単純な誤りを減らす。

スピーキングの質問に、即答する練習を何度も繰り返しましょう。自分の返答を録音して聞けば、自分のおかしがちな単純なミスに気づき、あらためることができます。

5. パート2のために1分間プランニングを実践。

トークのプランニングを練習してみましょう。プランニング力がつけば、あなたのトークは確実に上達します。トピックカードを1枚選び、何度も何種類もプランをつくります。次に別のカードを選び、同じように何度もプランづくりの練習をしましょう。

6. パート2のために2分間スピーキングの練習。

時計を見ながら自分のトークを録音しましょう。立てたプランの各ポイントで情報をふくらませます。さらに、自分のトークを数回反復し、中ぐらいのペースで話すよう心がけましょう。

7. パート2での単純なミスを減らす。

　自分のトークを、連続して4〜5回録音します。その録音を聞いて、明らかなミスを見つけましょう。トークを聞きながら入力すれば、パソコンでグラマーチェックを受けることができます。パート2のトークの長さは約150語です。

8. パート2のトークをおもしろくする形容詞と副詞。

　名詞に形容詞をプラスする練習をしましょう。たとえば *fantastic* film! とか、film was *fantastic* といった具合です。また、動詞には副詞をプラスします。write (it) *quickly*（速く書く）とか read (it) *thoroughly*（全部読む）などです。トークがいきいきし、おもしろくなります。

9. パート3の質問には即答の練習を。

　その場でメモしたり考えたりする練習をしましょう。そのメモをもとにつくった返答を録音し、修正します。時間かせぎのフレーズも必ず覚えておくようにしてください。さらに、必要な場合は試験官にはっきりとした声で頼みましょう。質問の反復（パート1と3）や単語の説明（パート1と2）、質問を言い換えてほしい（パート3）と頼むことができます。

10. もっとテスト練習が必要な場合は。

　自分用の模擬テストをつくりましょう。3つのパートすべての質問セットを用意し、声に出して読み、それを録音します。テストの本番と同じように、質問と質問の間、パートとパートの間に時間をあけて録音します。録音を再生しながら、自分で答えてみましょう。

アカデミック版 IELTS 模試

PRACTICE TEST

WRITING TEST

Task 1

You should spend about 20 minutes on this task.

The table and graph show the world's top five countries using the Internet in 2002 and 2007, and the percentage of users by region in 2007.

Summarise the information by selecting and reporting the main features, and make comparisons where relevant.

Write at least 150 words.

TOP 5 COUNTRIES IN INTERNET USAGE

2002 Position	Users (in millions)	2007 Position	Users (in millions)
1. US	161	1. US	211
2. Japan	65	2. China	162
3. China	54.5	3. Japan	86
4. Germany	30	4. Germany	50
5. UK	27.5	5. India	42

WORLD INTERNET USERS BY REGION: 2007

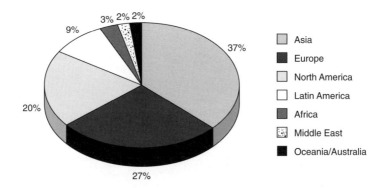

Adapted source: www.internetworldstats.com

278

Task 2

You should spend about 40 minutes on this task.

> Prepare a written argument for a well-educated reader on the following topic:
>
> *While people consume less and less traditional food, popular fast food is becoming a global diet. People and governments should make efforts to reverse this unhealthy trend.*
>
> To what extent do you agree?
>
> Write at least 250 words.
>
> You should use your own ideas, knowledge and experience and support your arguments with examples and relevant evidence.

READING TEST

Reading Passage 1

You should spend about 20 minutes on Questions 1-13 which are based on Reading Passage 1 below.

Poor Health May Be No Laughing Matter

It is often said that people don't laugh enough, with the main culprit being stress or people being too serious. Perhaps this does apply to everyone, even if only to a certain extent. So despite the stereotype persisting in the West, it's not true that the Japanese, for example, laugh mainly when they are nervous, or only laugh modestly behind their hands.

Having said that, everyone could do with laughing more, and though Japan's traditional *rakugo* performance art of comic storytelling continues to foster mirth, in 1995 a different sort of laughter-promotion organization sprang up in India, when Madan Kataria, a Mumbai physician, started the first 'laughter club.' Now there are branches all over the world.

In 2002, a study by the Kenko Kagaku Center in Osaka, showed that after people had listened to a *rakugo* story, the level of the stress hormone cortisol in their blood was lower. Another study, at the University of Maryland School of Medicine in Baltimore, found that laughter is good for the heart because it helps blood vessels function better.

Meanwhile, another US study found that people with heart disease were 40 per cent less likely to laugh in a variety of situations compared to people of the same age without heart disease. So, whereas those without heart disease might laugh if a waiter spilled something on them in a restaurant, for example, or if they arrived at a party and found someone else was wearing the exact same outfit, those people with heart disease were less likely to recognize humour or to use it to calm people down and reduce tension in uncomfortable and even dangerous situations.

Now researchers from Loma Linda University in California have shown that even the anticipation of laughter causes hormonal changes. Specifically, endorphins, the 'natural pain killers' released by the brain, increase in the blood when a humorous experience is anticipated. Researcher Lee Berk of Loma Linda reported to the American Physiological Society last week that blood taken from volunteers just before they watched a funny movie had 27 per cent more endorphins and 87 per cent more growth hormone than that taken from a group who hadn't been told they were about to be shown a funny movie. Growth hormone boosts the power of the immune system. 'From our prior studies, this modulation appears to be associated with mood-state changes, and taken together, these would appear to carry important, positive implications for wellness, disease-prevention and most certainly stress-reduction. This isn't just a study into the biology of laughter, but it could be the beginning of a "biology of hope". The physiological effects of a single one-hour session viewing a humorous video has appeared to last up to 12 to 24 hours in some individuals,' Berk says.

So we are starting to understand the physiological and hormonal reasons for the positive effects that laughter has on us, but how did it evolve? Other apes laugh, or at least they smile. Chimps bare their teeth in a smile-like grimace to show submission to a superior animal.

Biologists think that laughter evolved from social situations that were out of the ordinary. In a review last year of the evolutionary origins of laughter, Matthew Gervais and David Sloan Wilson, biologists from Binghamton University, New York, looked at how two distinct types of laughter arise. The first, they call 'stimulus-driven laughter'; the second they classify as laughter which is self-generated and strategic. In other words, the second type is the sort of laughter we produce when someone — usually someone socially superior to us — makes a very ordinary or uninspired comment. Gervais and Wilson say that when our human ancestors evolved the capacity for willful control over facial motor systems about 2 million years ago, the second, strategic type of laughter evolved from the first, stimulus-driven type. Laughter was co-opted for use in social interactions. 'Humans can now voluntarily access the laughter program and utilize it for their own ends, including smoothing conversational interaction, appeasing others, inducing favorable stances in them, or downright laughing at people who are not liked,' write Gervais and Wilson.

We can use laughter to punctuate conversation, convey feelings or ideas such as embarrassment and derision. And we can, just like other primates, burst into spontaneous laughter if the boss hiccups during a board meeting.

Questions 1-3

*Choose **THREE** letters, **A-F**. Write your answers in boxes 1, 2 and 3 on your answer sheet.*

1 Expecting laughter can:

    A cause difficulties in various situations

    B reduce stress

    C help us to understand humour

    D result in changes in hormones

    E help people enjoy long videos

    F raise the strength of the immune system

Questions 4-7

Do the following statements agree with the information given in Reading Passage 1?

In boxes 4-7 on your answer sheet write:

TRUE	*if the statement agrees with the information*
FALSE	*if the statement contradicts the information*
NOT GIVEN	*if there is no information on this*

4 Laughter clubs began in India and later spread globally.

5 People without heart disease are more likely to laugh in various situations than those with the disease.

6 Laughter can help people to enjoy movies more.

7 Both groups in Lee Berk's studies knew they would see a funny film.

Questions 8-12

Match each statement with the city it came from.

Write the correct letters **A-D** *in boxes 8-12 on your answer sheet.*

8 One kind of laughter developed from another.

9 Expecting laughter helps the brain to produce more natural pain-killing hormones.

10 Laughing is very beneficial for one's heart.

11 After listening to a funny story, the amount of one type of stress hormone dropped.

12 Watching a one-hour video can have psychological effects for half or a whole day.

List of Cities:
A Osaka
B Baltimore
C California
D New York

Question 13

Choose **ONE** *letter,* **A-D**.

13 The passage mainly discusses:
   A the reasons why people do not laugh
   B the ways in which laughter can help our health
   C the causes of heart disease
   D the risks and dangers related to laughter

Reading Passage 2

You should spend about 20 minutes on Questions 14-27 which are based on Reading Passage 2 below.

Biodiesel: Fuel for the Future?

A Oil is one of the most discussed and controversial commodities that consumers rely on daily. With rising prices and fears of a diminishing supply there is much continued interest in gasoline alternatives. Biofuels, fuels made from biological ingredients instead of fossil fuels, may provide an answer. In particular, biodiesel, one of the major biofuels, is an alternative or additive to standard diesel fuel that is made from biological ingredients instead of petroleum, or crude oil. Biodiesel is usually made from plant oils or animal fat through a series of chemical reactions. It is both non-toxic and renewable. Because biodiesel essentially comes from plants and animals, the sources can be replenished through farming and recycling.

B Part of what makes biodiesel so appealing and interesting is that it can be made from numerous natural sources. Although animal fat can be used, plant oil is the largest source of biodiesel. You've probably used some of these in the kitchen. Scientists and engineers can use oils from familiar crops such as soybean, rapeseed, canola, palm, cottonseed, sunflower and peanut to produce biodiesel. Biodiesel can even be made from recycled cooking grease! The common thread shared by all biodiesel sources is that they all contain fat in some form. Oils are just fats that are liquid at room temperature. These fats, or triacylglycerols (sometimes called triglycerides) are pretty prevalent. In addition to household vegetable oils, they're also in common things like butter and lard.

C The concept of biofuels is surprisingly old. Rudolf Diesel, whose invention now bears his name, had envisioned vegetable oil as a fuel source for his engine. In fact, much of his early work revolved around the use of biofuel. In 1900, for example, at the World Exhibition in Paris, France, Diesel demonstrated his engine by running it on peanut oil. Similarly, Henry Ford expected his Model T to run on ethanol, a corn product. Eventually, in both Diesel's and Ford's cases, petroleum entered the picture and proved to be the most logical fuel source. This was based on supply, price and efficiency, among other things. Though it wasn't common practice, vegetable oils were also used for diesel fuel during the 1930s and 1940s.

D One of the major selling points of biodiesel is that it is environmentally friendly. It has fewer hazardous emissions than standard diesel and is a renewable source of energy. Another feature of biodiesel is that it is biodegradable, meaning that it can decompose as the result of natural agents such as bacteria. According to the Environmental Protection Agency (EPA), biodiesel degrades at a rate four times faster than conventional diesel fuel. Biodiesel also contributes to an engine's lubricity, or its ease of movement. It helps to lubricate the engine itself, decreasing engine wear. This results in increased engine life. Biodiesel is also safer than conventional diesel. It is non-toxic (about 10 times less toxic than table salt) and has a higher flashpoint than conventional diesel, meaning it is less likely to accidentally combust.

E Of course, nothing is without penalty, and biodiesel does have its drawbacks. One of the problems with the fuel itself is created during the manufacturing process. The process causes an increase in nitrogen oxides in biodiesel emissions, which contribute to smog formation. Though the problem can be addressed to a certain degree by adjusting the engine itself, this is not always feasible. Another problem is biodiesel's behavior as a solvent. Although this property is helpful because of its ability to loosen deposits built up in the engine, biodiesel can cause the fuel filter in older vehicles to become jammed with the newly freed deposits. In addition to deposits within the fuel system, biodiesel also breaks down rubber components. Some parts in the older systems, such as fuel lines and fuel pump seals, may become broken down due to their rubber or rubber-like composition. Also, in some engines, there can be slight decrease in fuel economy and power. On average, there is about a 10% reduction in power. In other words, it takes about 1.1 gallons of biodiesel to equal 1 gallon of standard diesel.

F The major drawbacks to biodiesel are connected to the bigger picture, namely the market and associated logistics. Of these, the most important is cost. According to the EPA, pure biodiesel (B100) can cost anywhere from $1.95 to $3.00 per gallon, while B20 blends average about 30 to 40 cents more per gallon than standard diesel. This all depends on variables such as the feedstock used and market conditions.

G As public awareness grows, biodiesel and biofuels in general could easily find their way into more and more dinner conversations. Political support is also on the rise, and following various legislations, alternative fuel sources will be a necessity in the not-so-distant future.

Questions 14-16

Complete the flow chart below.

Choose **NO MORE THAN TWO WORDS** from the passage for each answer.

Biofuels & History

14 Diesel invented by Mr. R. ....
↓
15 Concept of using biofuels shown at exhibition in Europe in 1900 using ....
↓
16 Three to four decades later, some people used .... as diesel fuel.
↓
Public awareness of alternative fuels grows.

Questions 17-22

Reading Passage 2 has seven paragraphs, **A-G**. Which paragraph contains the following information?

Write the correct letter **A-G** in boxes 17-22 on your answer sheet.
NB You may use any letter more than once.

17 Price is the main disadvantage of biodiesel.

18 Compared to diesel fuel, biodiesel causes less harm to the environment.

19 Biodiesel is mostly made from oils found in plants.

20 The new diesel is not a perfect solution to the problem of gasoline alternatives.

21 An interesting fact about vegetable oil usage in the last century.

22 All sources of biodiesel include some kind of fat.

Questions 23-27

Complete the notes below.

*Choose **NO MORE THAN ONE WORD** from the passage for each answer.*

→ Positive aspects of biodiesel:
- for the environment, it is a **23** .... type of fuel
- emissions are less dangerous than ordinary diesel
- it is **24** .... as bacteria helps it to decompose

→ Negative aspects of biodiesel:
- making the product adds to the formation of **25** ....
- fuel filters in older cars can become stuck
- biodiesel wears away **26** .... parts inside the fuel system
- in addition to **27** .... , some engines can experience a small reduction in fuel economy

Reading Passage 3

You should spend about 20 minutes on Questions 28-40 which are based on Reading Passage 3 below.

Bamboozled by Buzzwords?

Are you baffled by words you hear or read every day? Does it sometimes seem as if language is being suffocated by technological doublespeak? Is your ability to do your job, buy a computer or read a manual being undermined because whole swaths of English are now so incomprehensible they might as well be in Sanskrit? If so, you are not alone, according to a U.S.-based word-tracking outfit called the Global Language Monitor (GLM), which recently released a list of the top 10 'most confusing, yet widely used, high-tech buzzwords.'

No. 1 on the list is not even a word, but a cluster of letters: the familiar HTTP. Most of us see this all the time at the start of Web addresses but have no idea that it stands for HyperText Transfer Protocol, which the folks at GLM don't really clarify. Thus, we are forced to consult a dictionary, which is hardly more helpful. How many ordinary people tapping out e-mail want or need to know that those four letters denote 'a protocol used to request and transmit files, especially Web pages and Web page components, over the Internet'? And yet there's no getting away from HTTP. As the word trackers point out, there are over 1 billion references to it on the Web alone.

The same goes for the runners-up on GLM's list. No. 2 is Voice Over IP or VoIP, short for Voice over Internet Protocol, which in plain English means the ability to talk on the phone over the Internet. GLM didn't help here, either, confusing literature students everywhere with its comment that VoIP is 'pronounced voip, rhyming with Detroit.' Perhaps they meant Detroip. Or VoIT. Or rhyming internally. The point is that even as VoIP becomes a major communications phenomenon its name remains a joke, condemned by its innate nerdiness. Or take buzzword No. 3: megapixel. 'A really big pixel' is GLM's helpful definition, setting up the obvious question: 'OK, what's a pixel?' As the comment implies, even learning that pixel is computerese for picture element doesn't shed much light for the man in the street. Yet the word is becoming ubiquitous. Try buying a digital camera without either knowing or pretending to know what a pixel is, mega or otherwise. Most of us simply go with the ignoramus's rule of thumb: the more pixels the better.

It all just goes to prove GLM's argument: that 'the high-tech realm remains an incubator of great ideas and, at the same time, mass confusion. The industry, with rare exceptions, has never mastered the basics of translating new products and services into everyday language.' In other words, the largely low-tech public, which includes most of us, can and do use the products of contemporary technology, but we don't know how to talk about many of them and can't understand the people who do know.

Does this matter? It shouldn't. Historically, technology and language have not always been so at odds. When telephones, cars and planes were invented, people used them perfectly well without necessarily knowing the lingo of how they worked. There were new words associated with them, of course, but somehow they were not intimidating. Switchboards, carburetors and ailerons rapidly became part of common language. Even if people had never seen the words landline, muffler or wing-flap, they could tell just by looking at them what they meant. Something changed with the advent of the computer age.

With a few shining exceptions — Internet, World Wide Web, laptop — the latest high-tech vocabulary is not nearly so user-friendly. Nor is it always a matter of fancy acronyms and neologisms. In many cases, solid English words we thought we knew have been taken over and forced into new straitjackets of meaning.

Consider Nos. 4, 5 and 6 on the GLM list: plasma, robust and WORM. Plasma now refers less often to blood products than to a kind of television screen. Robust isn't how you feel after you've taken your vitamins but how your product feels when it's running properly. (Here's GLM's definition: 'No one quite knows what it means, but it's good for your product to demonstrate robustness.') And a WORM is not only not a computer virus anymore, let alone a slithery creature of the soil, but 'a Write Once, Read Many file system used for optical disk technology.' But how many people know that?

The problem is that all these words are jostling for our attention, pushing to the cultural forefront rather than lurking in the lab and the factory like the technological jargon of yesteryear. That is why the GLM's irreverent list feels so liberating. Suddenly, it's all right to stop cringing and just say it: We neither know nor care what HTTP stands for.

Questions 28-29

*Choose the correct letter, **A, B, C or D**.*

28 The word 'pixel' means:
    A ubiquitous
    B picture element
    C light
    D man in the street

*Choose **TWO** correct letters, **A-E**.*

29 According to the passage, which **TWO** inventions could people use without knowing the language used to describe how they worked?
    A laptops
    B dictionaries
    C telephones
    D digital cameras
    E aeroplanes

Questions 30-31

*Choose **TWO** correct letters, **A-E**.*

Write your answers in boxes 30 and 31 on your answer sheet.

Which TWO choices contain items NOT related to each other?
    A telephones and switchboards
    B switchboards and cars
    C ailerons and planes
    D planes and landlines
    E carburetors and cars

Questions 32-35

Answer the questions below.

*Choose **NO MORE THAN TWO WORDS AND/OR A NUMBER** from the passage for each answer.*

32 How many references can be found to the most highly used buzzword on the Internet?

33 Apart from fostering wonderful new concepts, what problem does the world of high technology bring?

34 List the two lower-case words on the top ten buzzword list that have taken on fresh meanings:

....

....

35 What is an alternative way of writing 'Write Once, Read Many'?

Questions 36-40

Do the following statements agree with the information given in Reading Passage 3?
In boxes 36-40 on your answer sheet write:

TRUE	*if the statement agrees with the information*
FALSE	*if the statement contradicts the information*
NOT GIVEN	*if there is no information on this*

36 The most confusing but widely used and recognised term on the Web is HTTP.

37 All the top ten words in GLM's list refer to computers and technology.

38 Generally, people believe that a product is better if it has a higher number of pixels.

39 Some people can use modern technological products but cannot explain many of them.

40 According to the writer, it is a problem if people do not understand the meaning of buzzwords.

LISTENING TEST

Section 1

🔊 2-01 ~ 02

Questions 1-5

Complete the form with NO MORE THAN TWO WORDS AND/OR A NUMBER for each answer.

LOST PROPERTY OFFICE
Passenger Details & Claim Form

Lost item:	**Example** .... *Bag* ....
Owner's name:	**1** Susan ....
Contact number	
Home:	*0716 443 2015*
Mobile:	**2** ....
Departed from:	*Redbridge Station*
Time:	*3 pm*
Journey:	*Central line to Bank Station*
	Changed to **3** .... *line*
Destination:	*London Bridge Station*
Arrival time:	**4** ....
Other details:	*Leather bag contained:*
	5 .... *with £55, coins,*
	house key and ....

Questions 6-10

Circle the correct letter, A, B or C.

6 What will the lady take as proof of identity?

    A driving licence

    B photograph

    C passport

7 What form will the lady have to fill out?

    A refund form

    B reclaim form

    C return form

8 How long should it take to complete the form?

    A 5 minutes

    B 10 minutes

    C 15 minutes

9 Where is the location of the lost property office building?

Circle the correct letter, A, B or C, on the map.

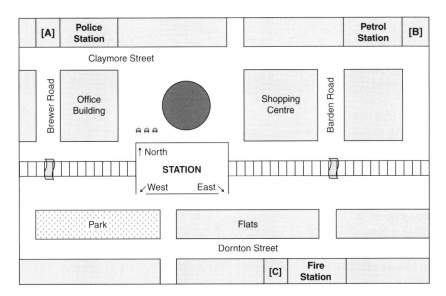

10 Which room shows the location of the lost property office inside the building?

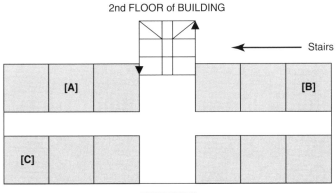

Section 2

Questions 11-14

Fill in the table using NO MORE THAN ONE WORD AND/OR A NUMBER.

Number of Films Chosen	Countries Selected	Screening Period	Viewing Times
• **11**	• Brazil • Canada • **12**	• 3rd • to • **13**	• 1 pm • **14** .... pm • 5 pm

Questions 15-16

Answer each question using NO MORE THAN ONE WORD.

Nature Trail Walk

15 What should participants pick up during the walk? ....

Charity Race

16 What is the address for downloading sponsor forms? ....

Questions 17-19

Circle THREE letters A-E.

Volunteers are needed to:

      A put up stalls and tents

      B assist a master chef

      C help with food preparation and sales

      D work in the mobile hospital

      E run games and competitions

Question 20

Circle the correct letter, A, B, or C.

Volunteers will receive:

      A free food

      B a certificate

      C a musical instrument

Questions 21-25

*Circle the correct letter, **A**, **B**, or **C**.*

21 Who will give the two presentations?

    A Dennis and Rosa together, Kim alone

    B Kim and Dennis together, Rosa alone

    C Dennis alone, Kim and Rosa together

22 The second idea involves trying to discover:

    A why people send e-mails, download music and chat online

    B the way people use computers to study

    C how people choose their computers and related devices

23 The three students all agree that:

    A the first idea is the best

    B the second idea is the best

    C both ideas are not very good

24 Who will write questions for the survey?

    A Dennis

    B Rosa

    C Kim

25 Rosa's advice about the survey is:

    A it must last about 15 minutes

    B it should not be more than 2 or 3 minutes

    C it is better to conduct it in the last week of school

Questions 26-30

*Complete the summary with **NO MORE THAN THREE WORDS AND/OR A NUMBER**.*

Rosa examined how people **26** .... She studied the way people use different levels of politeness in restaurants and shops, on the street and on public **27** .... She videotaped people as they were communicating with each other — their actions and **28** .... — and got a good mixture of both. The results of her research showed that people are usually more considerate towards others in the **29** .... They also revealed that when men speak with women of the same age their level of politeness increases. This was confirmed by another survey which said there was a **30** .... rise in male politeness.

Section 4

Questions 31-34

When did the following events take place?

    A ideas for a shallow line were rejected

    B train lines were built to areas outside the city

    C underground railway started running

    D financial help was obtained for construction of the underground

    E one system was created from mainline routes

*Write the correct letter, **A, B, C, D or E** next to questions 31- 34.*

DATE	EVENT
1863	**31** ......
1840	**32** ......
1854	**33** ......
1858	**34** ......

Questions 35-37

*Complete the labels on the diagram below. Write **NO MORE THAN ONE WORD** for each answer.*

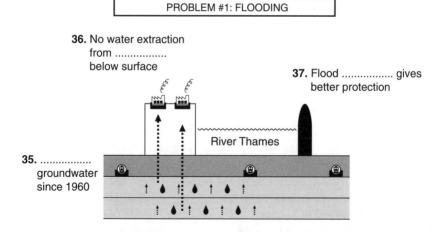

PROBLEM #1: FLOODING

36. No water extraction from .... below surface

37. Flood .... gives better protection

River Thames

35. .... groundwater since 1960

Questions 38-40

Complete the sentences below.

*Write **NO MORE THAN TWO WORDS** for each answer.*

PROBLEM #2: VENTILATION & AIRFLOW
---

38 Around the city of London there are shafts which go up to ....

39 London Underground is considering suggestions about how to ....
ventilation in the system.

PROBLEM #3: SANDS IN THE ROCK
---

40 Metal pipes in the underground structures are .... and damaged by
acidic water.

SPEAKING TEST

Part 1 🔊 2-08 〜 20

質問音声を聞いて、それぞれ、10秒以内で答えてください。トピックは3つあり、1つのトピックにつき4つの質問が出されます。

Part 2 🔊 2-21 〜 24

音声の指示に従ってスピーチをしてください。

Describe a gift you received from someone and think is important.
You should say:

- ◆ what the gift was
- ◆ who gave it to you
- ◆ why the person gave it to you

and explain why it is important to you.

Part 3 🔊 2-25 〜 31

質問音声を聞いて、それぞれ30秒以内で答えてください。質問は6つあります。

PRACTICE TEST の解答

WRITING: Task 1 のサンプルエッセイ

The table reveals the top five countries in the world using the Internet in 2002 and 2007 while the pie chart indicates the total percentage of Internet users in seven areas of the world in 2007.

America had the highest number of Internet users in 2002, at 161 million. Japan and China followed at 65 and 54 million, respectively. In 2007, America was still at the top with an increase of 50 million users. Japan's position dropped to third, but the number for China jumped by just over 100 million and it climbed to second position. Germany was in fourth place in both years. At 27.5 million, the UK had the lowest number of Internet users in 2002. Five years later, however, it was replaced by India with 42 million users.

The pie chart reveals that in 2007 just over one-third of people using the Internet in the world were from Asia, and a quarter from Europe. The figure for North America stood at 20%, and Latin America, 9%. Africa, the Middle East and Oceania/Australia all represented the smallest percentages of users at between 2 and 3% each.

(188 words)

WRITING: Task 2 のサンプルエッセイ

There is no doubt that the popularity of fast food has risen sharply in recent times. People now lead busier lives and have less time to spend on shopping for quality food and preparing nutritious meals. Although it may be difficult to stop this trend completely, it is possible for individuals and governments to reverse it in certain ways.

It is true that fast food is convenient, so unfortunately the consumption rate will probably remain high. Moreover, this kind of food is attractive because it is relatively inexpensive. However, the public as well as the government is becoming more and more concerned about the lack of people eating traditional healthy food.

Ordinary individuals can make various efforts to improve their eating habits. One way is for parents to avoid taking their children to fast food restaurants.

Instead, they should take them to local restaurants that serve home-cooked food. By doing this, children will become accustomed to this kind of food rather than fast food.

Governments can also have considerable influence over reversing the decline in the consumption of traditional food. Firstly, in schools they should ensure that children are taught about the negative effects of eating food with high levels of sugar or fat. Furthermore, they should make sure that schools always serve balanced meals containing both vegetables and fruit. Secondly, the government ought to run campaigns in the media to teach not only children, but adults, too, about the danger of convenient meals.

In conclusion, I feel that it is highly possible for both individuals and governments to improve the eating habits of people in general. If the current trend for fast food continues, health problems, especially obesity, may rise in the near future.

(285 words)

READING

1.	B ⎤		21.	C	
2.	D ⎬ 順不同		22.	B	
3.	F ⎦		23.	friendly	
4.	True		24.	biodegradable	
5.	True		25.	smog	
6.	Not Given		26.	rubber	
7.	False		27.	power	
8.	D		28.	B	
9.	C		29.	C, E	
10.	B		30.	B ⎤	
11.	A		31.	D ⎦ 順不同	
12.	C		32.	1 billion / 1,000,000,000	
13.	B		33.	mass confusion	
14.	Diesel		34.	plasma, robust	
15.	peanut oil		35.	WORM	
16.	vegetable oils		36.	True	
17.	F		37.	Not Given	
18.	D		38.	True	
19.	B		39.	False	
20.	E		40.	False	

LISTENING ☑   ☑

1.	Langbourne		21.	B
2.	022 8089 3566		22.	C
3.	(the) Northern		23.	A
4.	3:45		24.	C
5.	purse, sunglasses / purse, magazine		25.	B
6.	C		26.	act in public
7.	B		27.	transport
8.	A		28.	speech / voices
9.	B		29.	morning
10.	C		30.	24% / twenty-four per cent (percent)
11.	3 / three		31.	C
12.	India		32.	A
13.	8th July / July 8 (th)		33.	E
14.	3 / three		34.	D
15.	rubbish / litter		35.	Rising (rising)
16.	www.locov.tn.uk		36.	layers
17.	A ⎫		37.	barrier
18.	C ⎬ 順不同		38.	street level
19.	E ⎭		39.	upgrade
20.	B		40.	attacked

302

PRACTICE TEST のトランスクリプトと訳

READING
Passage 1
【パッセージの全訳】
不健康は笑い事じゃない

　人間には笑いが足りない、とよくいわれる。その主な原因となっているのが、ストレスや真面目すぎたりすることだ。おそらく、これは、程度の差はあっても、だれにでも当てはまる。西欧には、固定観念が根強く残っていて、たとえば、日本人が笑うのは緊張したときが主だとか、手を口に当てて控えめにしか笑わないなどといわれるが、これらは真実ではない。

　そうはいっても、人はもっと笑ったほうがいいのだ。滑稽な物語を話す日本の伝統的な落語の話芸は、陽気な笑いを育て続けてきているが、一方で 1995 年に、違ったタイプの笑いを推進する組織がインドで生まれた。ムンバイの医師、マダン・カタリアが最初の「笑いのクラブ」を立ち上げたのだ。今や世界中に支部がある。

　2002 年、大阪の健康科学センターが行った研究によると、人は落語を聞いた後、ストレス・ホルモン、コルチゾールの血中レベルが低くなったという。ボルチモアのメリーランド大学医学部における別の研究で、笑いが心臓にいいことがわかった。血管の働きをよくするからだという。

　同時に、アメリカでのもう 1 つの研究で明らかになったのは、心臓病をもつ人は、同年齢で心臓病をもたない人に比べると、さまざまな状況で笑うことが 40％少なかったということである。だから、心臓病をもたない人たちは、たとえば、レストランでウエイターに何かをかけられても笑ったり、パーティ会場に着いて自分とまったく同じ服を着ている人を見つけても笑ってすませるかもしれない。それに対して、心臓病がある人はなかなかユーモアを受け入れず、不愉快な状況やさらには危険な状況で、人を落ち着かせたり、緊張を和らげるためにユーモアを使う傾向が少ないというの

だ。

　現在では、カリフォルニアのロマ・リンダ大学の研究者たちが、笑いの予感だけでもホルモンが変化することを示している。とくに、エンドルフィン、すなわち愉快な経験を予期したときに脳から放出される「天然の鎮痛剤」が、血中で増えるのだ。ロマ・リンダ大学の研究者リー・バークは、先週アメリカ生理学会に以下のような報告をした。滑稽な映画を見せる直前にボランティアから採血したところ、滑稽な映画を見せられると予告されていなかったグループよりも、エンドルフィンが 27％、成長ホルモンが 87％も多かったというのだ。成長ホルモンは、免疫力を高める。「これまでの研究から、この変調は、気分の状態の変化と関係しているようだ。考え合わせると、これらが健康や病気の予防、そして間違いなく、ストレスの軽減につながる、重要で有望な作用をもっていると思われる。これは、笑いの生態研究にとどまらず、『『希望の生態学』の始まりになりうる。ただ一度 1 時間の滑稽なビデオを見ることの生理学的効果は、人によっては 12 ～ 24 時間も持続するのだ」と、バークはいう。

　私たちは、笑いがよい影響をもたらす生理学的およびホルモン上の理由を理解し始めているが、それはどのように進化したのだろう？　類人猿も笑うし、少なくともほほえむ。チンパンジーは歯をむき出しにして、自分より優位にある動物に従順を示すために、笑ったようなしかめ面をする。

　生物学者たちは、笑いは通常とは異なる社会的状況から生まれたと考えている。笑いの進化論的起源に関する昨年の考察の中で、ニューヨークのビンガムトン大学の生物学者マシュー・ジャーヴェイスとデイヴィッド・スローン・ウィルソンは、はっき

りとわかる2つのタイプの笑いがどのように生じるかを考察した。1つは、「刺激を受けての笑い」と彼らが呼ぶもので、2つ目は、自分で作り出す戦略的な笑いである。言い換えると、2つ目の笑いは、だれか——たいていの場合自分より社会的に優位なだれか——が非常に凡庸で退屈な発言をしたときに、われわれが作る類の笑いだ。ジャーヴェイスとウィルソンによると、われわれヒトの祖先が約200万年前に、顔の運動筋肉を随意にコントロールする能力を獲得したとき、2つ目の戦略的タイプの笑いが、1つ目の刺激由来タイプの笑いから進化したのだという。笑いは、社会的なかかわり合いの中で用いるために取り入れられた。「ヒトは今や、笑いのプログラムに自由にアクセスでき、笑いを自らの目的のために利用することができる。相手との会話を円滑に進めるため、他者をなだめたり、好意的な態度を引き出すため、あるいはよく思われていない人たちを笑い者にするために使っている」と、ジャーヴェイスとウィルソンは書いている。

　私たちは、会話に切れ目をつくったり、当惑やあざけりといった感情や思いを伝えるのに笑いを使うことができる。そしてもちろん、ほかの霊長類のように、退屈な会議中にボスがしゃっくりしたときに、とっさに笑い出すこともできるのだ。

Passage 2

【パッセージの全訳】

バイオディーゼル：未来の燃料？

A　石油は、消費者が毎日依存している、話題と議論の的になる生活必需品の最たるものだ。価格の上昇と供給減少に対する危惧から、ガソリンの代替物への関心はたえず高い。バイオ燃料、すなわち、化石燃料でなく、生物成分からつくられた燃料は、1つの解決策となるかもしれない。とくに、有力なバイオ燃料の1つであるバイオディーゼルは、石油や原油の代わりに生物成分からつくられ、一般的なディーゼル燃料に代わるもの、あるいはそれに添加されるものである。バイオディーゼルは、たいてい植物油か動物脂肪を原料に、一連の化学反応を経てつくられる。それは、無毒で再生可能である。バイオディーゼルは基本的に、植物や動物に由来するので、資源は農業やリサイクルで補充することができる。

B　バイオディーゼルが魅力的で興味を引きつけている理由の1つは、それがさまざまな天然資源からつくることができるという点だ。動物脂肪も使うことができるが、バイオディーゼルの最大の資源は植物油である。あなたは台所でそのいくつかを使ったことがあるはずだ。科学者とエンジニアたちは、バイオディーゼルを生産するために、大豆や菜種、キャノーラ、やし、綿実、ひまわり、ピーナツといったありふれた作物の油を使うことができる。バイオディーゼルは、リサイクルした調理油からつくることさえできる。すべてのバイオディーゼル資源に共通しているのは、それらが何らかの形で油脂を含んでいる点だ。油は、室温で液状になる油脂である。これらの油脂、あるいはトライアシルグリセロール（ときには、トリグリセリドと呼ばれる）は、どこでも使われている。家庭用植物油に加え、バターやラードのようなおなじみのものにも含まれているのだ。

C　バイオ燃料の構想は、驚くほど古くからある。ルドルフ・ディーゼルは、その発明品が今では彼の名前で呼ばれているが、自分のエンジンで使う燃料資源として植物油を考えていた。実際、彼の初期の研究の多くは、バイオ燃料の利用を中心テーマにして進められている。たとえば、1900年フランスで開催されたパリ万博で、ディーゼルは、自作のエンジンをピーナツ・オイルで動かすデモンストレーションを行っている。同様に、ヘンリー・フォードは、彼のT型フォードを、とうもろこしから生成したエタノールで動かすことを想定していた。最終的に、ディーゼルやフォードの場合、石油が登場し、それが最も妥当な燃料資源だとされたのだった。それはとりわけ、供給、価格、効率性を検討したことによる。もっとも、十分に普及していたとはいえないが、1930年代、40年代ではディーゼルの燃料として植物油も使われていた。

D　バイオディーゼルの一番のセールス・ポイントは、環境にやさしいということだ。それは、標準のディーゼルより有害な排気ガスが少なく、再生可能なエネルギー資源である。さらに、バイオ燃料のもう1つの特徴は生分解性がある、すなわちバクテリアなど自然菌などで分解するという点だ。環境保護局（EPA）によると、バイオディーゼルは従来のディーゼル燃料の4倍速く分解するという。バイオディーゼルは、またエンジンを潤滑に、その動作を容易にすることにも貢献する。なめらかに動かすことで、エンジン疲労が減る。その結果、エンジンの寿命も延びるというわけだ。バイオディーゼル燃料は、従来のディーゼル燃料より安全である。それは無毒で（食塩より10倍毒が少ない）、従来のディーゼルより発火点が高い。つまり、偶然に発火しにくいのだ。

E　もちろん、何事もいいことだらけとはいかず、バイオディーゼルにも欠点はある。燃料そのものに関する問題の1つは、燃料の製造過程で生じる問題だ。製造過程が原因で、バイオディーゼルの排気ガス中の窒素酸化物が増え、これがスモッグの生成を

助長する。この問題は、ある程度エンジン自体の調整で解消できるが、必ずしもつねに実現可能とはいえない。もう１つの問題は、バイオディーゼルの溶剤としての働きにある。この性質は、エンジン中にこびりついた沈着物を剥がすので長所ではあるのだが、そのおかげで、古い車両の燃料フィルターが剥がれた滓で詰まってしまう事態を起こす。燃料システム中の滓に加え、バイオディーゼルはゴム製部を劣化させてしまう。古いシステムで使っていたいくつかの部品、燃料パイプや燃料ポンプのシールといったものは、それらがゴムやゴムのような組成であるため、壊れてしまう可能性がある。また、エンジンによっては、燃費やパワーが多少落ちるかもしれない。平均して、パワーは 10％減少する。言い換えれば、一般的なディーゼル１ガロンですむところ、バイオディーゼルは約 1.1 ガロン必要となる。

F　バイオディーゼルの大きな欠点は、マーケットや関連するロジスティクスという、より大きな背景と結びついている。なかでも、最も重要なのがコストだ。EPA によると、純度の高いバイオディーゼル（B100）は、ガロン当たり 1.95 ～ 3 ドル、B20 ブレンドは一般的なディーゼル（オイル）よりガロン当たり 30 ～ 40 セント高い。これはすべて、原材料や市況によって変動するのだ。

G　世論が注目するにつれ、バイオディーゼルやバイオ燃料全般が、ますます、ディナーの席上で話題に上ってくるようになるはずだ。政治的な支援も盛んになり、さまざま法律が制定されるのを受けて、代替燃料資源が、遠くない将来、不可欠だとされるようになるだろう。

Passage 3
【パッセージの全訳】
専門用語に惑わされて

　日ごろ耳にし、目にしている言葉で困惑することはないか？　テクノロジー関係のややこしい表現によって、言語が窒息しているようだとは思わないか？　仕事をし、コンピュータを買い、マニュアルを読む能力が不十分で、あなたは自分を不甲斐ないと感じていないか？　何しろ、そこに並んでいる英語が、サンスクリットを読んでいるかのように理解できないのだ。そうだとしたら、そのように感じているのは、決してあなた1人ではない。アメリカに拠点を置く、単語追跡集団〈グローバル言語モニター（GLM）〉は、最近、「わかりにくいのに、広く使われているハイテク専門用語」トップ10を発表した。

　ナンバー1は、単語でさえなく、文字の集まり。おなじみのHTTPである。私たちは、ウェブサイトのアドレスの最初にくるこれをしょっちゅう見ているが、それがハイパー・テキスト・トランスファー・プロトコルを表しているとは知らないし、GLMの人たちも明確にしてくれていない。やむをえず辞書を引くことになるが、これがほとんど役に立たない。Eメールを打っている普通の人々の何人が、この4文字が、「ファイルを要求したり、送ったりするときに使われるプロトコル。とくに、ウェブページやウェブページの構成部分を、インターネットを通じて送受信する際の手順」を意味していることを、知りたいと思うだろうか、あるいは知る必要があるのだろうか？　しかし、HTTPから逃れる道はない。単語追跡者たちによると、ウェブ上だけでも10億以上のHTTPに関する参照件数があるという。

　同様のワカラン用語がGLMのリストに続く。ナンバー2は、「ヴォイス・オーヴァーIP」、あるいはVoIPで、「インターネット・プロトコルを経由した声」の短縮形だ。通常の英語の意味では、「インターネットを通じて電話で話す能力」になる。

GLMはここでも役に立たないどころか、VoIPは「Voipと発音され、デトロイトと韻を踏む」なるコメントで、文科系の学生を混乱させる。おそらく彼らは、Detroip（デトロイプ）とか、VoIT（ヴォイト）とか言って、心の中で韻を踏んでいるのだろう。要するに、VoIPが有力な通信手段になっていながら、生来のオタク的要素が災いして、いまだにその名称はジョークのタネなのである。さて、ワカラン用語ナンバー3には、メガピクセルがくる。「きわめて大きなピクセル」というのが、ためになるGLMの定義で、当然、次の質問が生まれる。「では、ピクセルとは？」注釈が暗示しているように、ピクセルとは、コンピュータ専門用語で画像を構成する画素のことだと学んでも、一般の人には意味がわからない。それにしても、この言葉は実によく登場する。メガであろうがなかろうがピクセルを知らないまま、あるいは知っているふりをしないでデジタルカメラを買ってみよう。われわれのほとんどは、ピクセルは多いほどよいと、無知の経験則に単に従うだけだ。

　これらすべてが、GLMが提示した議論を裏づける。すなわち、「ハイテク分野は、偉大なアイディアを培養していると同時に、巨大な混乱の培養器でもある。この（ハイテク）産業は、まれな例外を除き、新たな製品やサービスを、日常使っている言葉に翻訳する基本をマスターしていない」ということだ。言い換えれば、その大半がローテクから成る大衆は、われわれのほとんどがそこに含まれるのだが、現代のテクノロジー製品を使うことができるし、使っているのだが、それらの多くについてどう話したらよいかを知らず、それを知っている人々のことを理解できてもいないのだ。

　これが問題か？　いや、そんなはずはない。歴史的に、テクノロジーと言語はつねにそれほど不和だったわけではない。電話

や自動車、飛行機が発明されたときも、それらがどうやって動いているかなど専門用語も知らないまま、人々は十分に利用した。もちろんそれらの発明には新語が伴っていたが、気おされるようなものではなかった。交換台、キャブレター、補助翼は、すぐに通常の言語の一部となった。地上のケーブルやマフラー、下げ翼といった単語を今まで目にしたことがなかったとしても、それを見れば意味が了解できた。それが、コンピュータ時代の到来で、何かが変わってしまったのだ。

わずかの輝かしい例外、インターネット、ワールド・ワイド・ウェブ、ラップトップを除くと、最新のハイテク語彙は、とてもユーザーにやさしいとはいえない。しかも、これは必ずしも、おしゃれな頭字語や新語に限った問題ではない。多くの場合、われわれがその意味をわかっていると思っていた堅固な英単語が、無理矢理新しい意味に乗っ取られて押し込められてきたのだ。

GLM リストのナンバー 4、5、6について考えよう。それぞれ、プラズマ、強健な、WORM である。プラズマは、血液の産物を指すより、最近はもっぱらテレビ画面の一種である。強健なは、ビタミンをとった

後にあなたがどう感じるかでなく、あなたの製品が、正常に動いているときに、どう感じているかを表現している（GLM の定義には、「それが意味するところをだれもがよくは知らないが、あなたの製品がエラーに対して強さを発揮できていることはよいことである」とある）。そして、WORMは、もはやコンピュータ・ウィルスを指さないだけでなく、地をはうヌルヌルした生き物のことでもなく、光ディスク・テクノロジー で 使 わ れ る、「Write Once, Read Many（一度書き込んだら、何度も読み込める）ファイル・システム」のことなのだそうだ。しかし、このことをいったい何人が知っているだろうか？

問題は、これらすべての言葉が、ひところのテクノロジー専門用語のように研究所や工場でこそこそしているのではなく、文化の最前線にひしめいて私たちの注意を引こうと競い合っていることだ。だからこそ、GLM の冷笑的なリストで、解放された気分になるのだ。突然、畏縮するのをやめて、単にこう言ってもかまわない。「HTTP が何を意味するか知らないし、別に知らないからってどうだというんだ」。

LISTENING
Section 1
【トランスクリプト】

🔊 2-01

You will hear a telephone conversation between a lady and the clerk of a lost property office. First, you have some time to look at questions 1 to 5.

You will see that an example has been done for you. On this occasion only, the conversation relating to the example will be played first.

Clerk: Hello, public transport lost property office. How can I help you?

Lady: Er, hello. I want to make an enquiry about lost property. I left my bag on the train this afternoon. I am quite worried about it and I really want to get it back as soon as possible.

The lady said she left her bag on the train, so 'bag' has been written in the example. Now the test will begin. Answer the questions as you listen because you will not hear the recordings a second time. Listen carefully to the conversation and answer questions 1 to 5.

Clerk: Hello, public transport lost property office. How can I help you?

Lady: Er, hello. I want to make an enquiry about lost property. I left my bag on the train this afternoon. I am quite worried about it and I really want to get it back as soon as possible.

Clerk: Don't worry madam. I'll just have to take a few details from you first, and then we will do a search for the bag. We do get many lost items brought to our stations, and we always check the trains at the end of the day. I'm sure your bag will turn up.

Lady: I really hope so.

Clerk: Could I have your name and telephone number, please?

Lady: Yes. It's Mrs. S. Langbourne. 'S' stands for 'Susan.' And Langbourne is L-A-N-G-B-O-U-R-N-E. My phone number is 0716-443-2015. I'll give you my mobile number as well. I'm usually not at home during the day. Let me see...okay, here it is: 022-8089-3566.

Clerk: Let me just enter this into the computer. So that's Mrs. Susan Langbourne, L-A-N-G-B-O-U-R-N-E. And your two contact numbers are 0716-443-2015 and 022-8089-3566. Is that correct?

Lady: Yes, but the second number is my mobile one.

Clerk: Okay, I've got that. Now, could you tell me which train line you were on when you lost your bag?

Lady: Well, I went to visit my friend who lives near London Bridge Station, but I actually used two lines to get there: first I took the Central line to Bank Station. Then I changed onto the Northern line.

Clerk: I see. And what time were you travelling?

Lady: Uhm ... let me see. I left my house at around 3 pm I think, and got to Redbridge, that's my local station, at about 20 past three. No, that can't be right — it was a little earlier than that. Yes, I got to Redbridge at about 3 pm and arrived at London Bridge at a quarter to four.

Clerk: So you actually started your journey at 3 pm, and it took about 45 minutes to your final destination?

Lady: Yes, that's about right. I only noticed that I had left my bag on the train when I came out of London Bridge Station. I had to take a bus to my friend's house, but of course I didn't have any money. The other bag was only a shopping bag.

Clerk: The other bag? So you had two bags?

Lady: Yes, a shopping bag and a leather bag. When I stood up to get off the train, I must have picked up my shopping bag and forgotten the other one.

Clerk: Okay, I understand now. Can you describe the leather bag and its contents, Mrs. Langbourne?

Lady: Well, it's quite ordinary really. It's just a black leather bag with a square silver logo on the front, and it's about the same size as a small laptop computer. It had my purse inside, which is red, and that had about £55, some coins and my house key inside it, but thankfully nothing else. There was also a pair of sunglasses and a magazine inside the bag. Hmm ... that's all, I think.

Clerk: Okay Mrs. Langbourne, I'll look into whether or not your bag has been handed in, and of course the trains will be checked tonight. I'll contact you tomorrow morning, okay?

Lady: Thank you very much.

◁⑴⑴ 2-02

You now have some time to look at questions 6 to 10.
Now listen carefully and answer questions 6 to 10.

Clerk: Hello, Mrs. Langbourne?
Lady: Speaking.

Clerk: My name is Mark Wood. You called our lost property office yesterday. I'm calling about the bag you lost on the train.

Lady: Yes. Has it been found?

Clerk: Well, I have some good news for you, Mrs. Langbourne—in fact, a gentleman handed the bag in at one of the stations on the Central line late yesterday evening.

Lady: Oh, I'm so pleased. Was everything in the bag? I mean the purse and everything?

Clerk: I'm afraid the money and the sunglasses seem to be missing but yes, everything else seems to be here. I'll need you to come and pick up the bag in person. And you'll have to bring some form of ID with you, you know, something that has your photograph on it—either a driving licence or your passport would be fine.

Lady: Well, I don't drive, so I can bring my passport. Can I pick the bag up today?

Clerk: Yes, of course. Our office is open until half past five today.

Lady: I should be there around two o'clock, maybe three at the latest.

Clerk: Well, when you do get here I'll need you to fill out what we call a reclaim form. Then I can return your bag to you. The whole process is pretty simple and straightforward and should only take about five minutes. The lost property office is just around the corner from Pemberley Station. Do you know how to get here?

Lady: Yes, but around the corner—isn't it inside the station?

Clerk: No, I'm afraid it's not, Mrs. Langbourne. But don't worry—it's only a short walk. It'll take you less than 10 minutes from the east exit. When you leave the station, turn left and walk along by the railway tracks until you come to the tunnel that goes under them heading north. Go through the tunnel and walk straight ahead into Barden Road. Then, keep going until you get to the T-junction with Claymore Street. Turn right there, and walk for about two minutes and you'll see the building on your left, just past a petrol station. It's a kind of silver-blue building with lots of windows. You can't miss it.

Lady: The weather doesn't look too good today, so I might take a taxi.

Clerk: Well, if you do decide on a taxi, go out the north exit of the station. The taxis usually wait for passengers there.

Lady: Is it a large building?

Clerk: I would say it's about medium size. When you reach the building just come to the second floor. As you come up the stairs turn right and our actual office is the third one on the left, in the corner. Ask for me, Mark.

Lady: Right. That doesn't sound too difficult. Thank you very much. It's a pity about the money and sunglasses but I am pleased that my bag was returned. Okay, I'll see you later. Oh! And I mustn't forget to bring my passport, right?

Clerk: Yes, that's right, Mrs. Langbourne. I look forward to seeing you this afternoon. Bye.

That is the end of Section 1. You now have half a minute to check your answers.

【会話部分の全訳】

係官：もしもし、公共交通遺失物取扱所です。どうなさいました？

女性：こんにちは。落し物についてうかがいたいのです。今日の午後、電車にバッグを置き忘れました。とても心配していまして、できるだけ早く取り戻したいのですが。

係官：ご心配なく。まず、いくつかおたずねしてから、バッグの調査にかかります。駅にはたくさんの落し物が届けられますし、毎日1日の終わりに車両をチェックしています。バッグはきっと見つかるでしょう。

女性：そう願いたいです。

係官：お名前と電話番号をいただけますか。

女性：ええ。ミセス・S・ラングボーンです。SはスーザンのS。ラングボーンは、L-A-N-G-B-O-U-R-N-E。電話番号は0716-443-2015です。携帯の番号もお教えします。日中はいつも家にいないので。ええと…あったわ。022-8089-3566です。

係官：コンピュータに入力させてください。えーと、ミセス・スーザン・ラングボーン、L-A-N-G-B-O-U-R-N-Eですね。2つの連絡先の番号が0716-443-2015と022-8089-3566。それで正しいですか？

女性：はい、でも2つ目のは携帯です。

係官：わかりました。バッグを失くされたときに乗っていらしたのはどの路線でしたか？

女性：ロンドン・ブリッジ駅の近くに住んでいる友人を訪ねたのですが、そこへ行くのに2つの路線を使いました。まずセントラル線でバンク駅へ行って、それからノーザン線に乗り換えました。

係官：なるほど。乗っていらしたのは何時でしたか？

女性：そうねぇ。家を出たのが3時頃で、

レッドブリッジという地元の駅に着いたのが３時 20 分過ぎころかしら。いえ、違うわ。もう少し早かったわ。そう、レッドブリッジが３時頃で、ロンドン・ブリッジに着いたのが４時 15 分前だわ。

係官：ということは、３時に出発して最終目的地まで 45 分ほどかかったのですね。

女性：ええ、そんなところかしら。電車の中にバッグを忘れてきたことに気づいたのは、ロンドン・ブリッジ駅を出てからです。友人の家までバスに乗らなくちゃいけなくて、でも、もちろんお金がなくて。もう１つのバッグはただのショッピングバッグでしたから。

係官：もう１つ？　では、バッグを２つお持ちだったのですか？

女性：ええ、ショッピングバッグと革のバッグです。電車を下りようと席を立ったとき、ショッピングバッグを持ったのに、もう１つを忘れたんだわ。

係官：わかりました。革のバッグと、その中身について聞かせていただけますか、ラングボーンさん。

女性：ごく普通のです。黒い革のバッグで、表に四角い銀のロゴがついていて、小さなノート型パソコンくらいのサイズです。中には財布が入っていて、財布は赤です。財布には 55 ポンドほどと硬貨、そして自宅の鍵が入っていました。でも、幸いなことに、ほかには何も入っていません。あと、バッグにはサングラスと雑誌が入っていました。そうねえ……それで全部だと思います。

係官：それではラングボーンさん、あなたのバッグが届いているかどうか調べます。それと、もちろん、今晩車両を調べます。明日の朝ご連絡しますが、よろしいですか？

女性：ありがとうございます。

＊　　　＊　　　＊

係官：もしもし、ラングボーンさんですか？

女性：そうです。

係官：昨日お電話いただいた遺失物取扱所のマーク・ウッドと申します。電車にお忘れになったバッグのことでお電話しました。

女性：はい。見つかりましたか？

係官：ええ、よいお知らせです、ラングボーンさん。ある男性が、バッグをセントラル線の駅の１つに昨夜遅く届けてくださいました。

女性：ああ、うれしいわ。バッグの中のものは全部ありましたか？　財布とほかのものも？

係官：残念ながらお金とサングラスはなくなっているようですが、ほかは入っているようです。引き取りにはご本人にいらしていただくことになっています。本人確認のための身分証明書を何か持ってきていただかなくてはなりません。写真のついたものですね —— 運転免許証かパスポートがよろしいのですが。

女性：運転はしないので、パスポートを持っていきます。今日、取りに行っていいですか？

係官：はい、もちろんです。オフィスは、今日は５時半まで開いています。

女性：２時頃には行けると思います、遅くとも３時には伺います。

係官：こちらにいらしたら、返還受領用紙に記入していただきます。それから、バッグをお返しいたします。手続きはきわめて簡単明瞭で、５分ほどで終わります。遺失物取扱所はペンバリー駅のすぐ近くにあります。道順はおわかりですか？

女性：ええ、でも、駅の近くにあるんですね。中ではないのですか？

係官：はい、駅の中ではありません、ラングボーンさん。でもご心配なく、歩いてすぐです。東口から 10 分足らずですから。駅を出たら左へ曲がり、線路に沿ってトンネルまで歩きます。そのトンネルは線路の下をくぐって北へ向かいます。トンネルを抜けたら、バーデン・ロードにまっすぐに進みます。しばらく行くと、クレイモア通りとのＴ字路に着きます。そこで右へ曲がり、２分ほど歩けば、左

側に建物が見えます。ガソリンスタンドを過ぎてすぐのところです。窓がたくさんあるシルバーブルーのような色の建物です。見逃すことはありません。

女性：今日はお天気があまりよくないようなので、タクシーで行くかもしれません。

係官：タクシーでおいでになるなら、駅の北口へお出になってください。タクシーはたいてい、そこで客を待っていますから。

女性：大きな建物ですか？

係官：中ぐらいですね。建物に着いたら、3階（＊）へいらしてください。階段を上がったら右へ曲がると、私たちのオフィスは左側の3つ目、角にあります。そこで私、マークを呼んでください。

女性：わかりました。それほど難しくないですね。ありがとうございます。お金とサングラスは残念だけど、バッグが戻ってきてうれしいわ。では、のちほど。そうそう、パスポートを忘れちゃいけないのよね。

係官：はい、そうです、ラングボーンさん。では、午後にお待ちしております。

＊イギリスなのでグランドフロアが1階、ファーストフロアが2階、セカンドフロアは3階となる。

Section 2

【トランスクリプト】

🔊)) 2-03

In a moment, you will hear part of a radio programme with an events organiser talking about community events for the summer. First, you have some time to look at questions 11 to 16.

Now listen carefully and answer questions 11 to 16.

Presenter: Good morning, listeners. On today's programme, our guest is Kate Thomas, who is the special events organiser for the local council. She's going to tell us all about what's in store for the community this summer. Welcome to the studio, Kate.

Kate: Good morning, Jack. It's a pleasure to be here. And of course, I mustn't forget to say 'good morning' to the listeners, too. Well, the events have been a tremendous success every year, so in a way it does get quite difficult to maintain that. However, there's no need to worry, I think listeners will not be disappointed this year either. We have a very good line up of events for all ages and tastes.

Many of you will know that every year we have our film shows, where we select three countries and choose one film from each one. By the way, for those of you who may not know, we only choose well-known films from the countries and they must be dubbed or have subtitles in English— otherwise no one would understand them, of course. This year, we've picked films from Canada, Brazil and India. The film shows are very popular, so it's first come, first served. They'll be shown in the same venue as every year, the Community Hall

Theatre, between the 3rd and the 8th of July. And we show them in turn with the first one starting at 1 pm, the second at 3 pm, and the last one at 5 pm. So if you want to escape from the summer heat for a few hours, the theatre is the place to be!

Now, for those who prefer the outdoors, we do have our nature trail walk. This is done so that local people can learn more about the countryside that surrounds our beautiful town, and at the same time, learn to look after nature. On the walk, we encourage participants to pick up any rubbish or litter they find. This way, they can appreciate and help to keep the natural environment clean. Last year, we followed a trail through the forest, so this year we'll be walking along the riverside looking out for rubbish both by and in the water. The walk starts at 10 in the morning and will last about 3 hours. It's scheduled for Saturday, the 7th of July, but if it rains it'll be postponed until the next day.

This year, we've decided to introduce a charity race to help local groups in need. We want to raise as much money as possible, so please join in, help raise some money for the community, and get healthy at the same time! The race will be a half marathon and you can dress as you like— the funnier the better. That'll be taking place on the 13th, about a week after the nature trail walk. If you do want to run in the charity race, you'll have to get a form so that people can sponsor you for some money. You can get the forms by downloading them from the local council website, which is—I hope you all have a pen and paper at hand—okay, um ... www. locov.tn.uk. Let me give you that once again, it's www.locov.tn.uk.

🔊 2-04

You now have some time to look at questions 17 to 20.
Now listen carefully and answer questions 17 to 20.

Kate: Now, the highlight of the summer events is the one-day festival in the park, which will be on the 5th of August this year. As you can imagine, there's a lot of work involved in preparing for, and then setting everything up on the big day. It's a Sunday, like every year, and the festival always goes ahead regardless of the weather conditions, but usually this is not a problem. Nowadays, we're just about guaranteed good weather at this time of year. Anyway, we do need volunteers to help with the festival, and most of the work has to be done on the actual day of course, so everyone is kept rather busy. There's the tents to put up as well as the stalls. Also, we need people to cook, sell and serve food. But don't worry—you don't have to be a master chef since the type of food we prepare is easy-to-cook and is primarily hamburgers, hotdogs, pizzas, chips and that sort of thing. Then there are the games and competitions, which are mainly for children. For this we need volunteers to be in charge of running them, and ideally, people who currently work with or have some kind of experience with children would be perfect. Oh, and holders of a first-aid certificate would be even better although there will be a mobile hospital on site. If any of the listeners out there have special skills or talents they would like to show off, the festival might be your big chance. We'll have a central stage where you can, perhaps, get on the ladder to fame! In years gone by, we have had ordinary local people up there doing all sorts of things from juggling frying pans to dance groups. If you're a keen musician why not play a piece of your most well-rehearsed music? If you do though, your instrument must be portable. Last year I think we had, er ... let me see now, ah yes, someone playing a mouth organ, someone playing a violin and there was another person who played the trumpet. They were all very good and the audience loved all of their performances.

Finally, there's probably the least attractive part of the festival—the clearing up afterwards. Again, we do need people to help with this, and I'm sure we would all like to leave our park rubbish-free after the day has ended. Even if you can only help with one part or give a few hours of your time, that would be fine.

Everyone who participates will receive a 'Certificate of Appreciation' from the local council. We already have quite a few volunteers and people interested in performing on stage, but we do need more. If any of the listeners are interested, please contact me at the council offices on ...

That is the end of Section 2. You now have half a minute to check your answers.

【番組部分の全訳】

司会者：おはようございます、リスナーの皆さん。今日、番組にお迎えしたのはケイト・トーマスさん、自治会の特別イベントの組織委員です。彼女は、この夏、コミュニティで計画されていることについて、すべてを話してくださいます。スタジオへようこそ、ケイト。

Kate：おはよう、ジャック。お招きいた

だきうれしく思います。そしてもちろん、リスナーの皆さんにもごあいさつしなければなりませんね。ところで、イベントは、毎年大きな成功を収めてきていますから、ある意味、それを維持するのはなかなか難しいことなんです。でも、ご心配なく。今年もリスナーの皆さんを失望させることはいたしません。年齢も趣向もさまざまな皆さんに向けて、とびきりのイベントを用意していますから。

多くの方がご存じのように、毎年映画上映会がありまして、3カ国を決めて、それぞれの国から1本の映画を選んでいます。ちなみに、ご存じない方たちのためにお話ししますが、私たちはそれぞれの国の有名な映画だけを選んでいて、それには吹き替えの音声か英語の字幕がついていなければなりません。でないと、だれも理解できませんよね。今年は、カナダとブラジルとインドの映画を選びました。上映会は大変人気があるので、先着順です。上映場所は、例年と同じくコミュニティホール劇場で、期間は7月3日～8日です。3本を順番に上映しますが、1本目が午後1時から、2本目が3時から、最後の映画は5時からです。2～3時間、夏の暑さから逃れたければ、劇場はもってこいの場所です。

さて、アウトドアが好きな方たちには、自然散策があります。これは、地元の人々に、この美しい町を取り囲む田園地帯についてもっと知ってもらうためと、同時に自然を大切にすることを学んでもらうために行われます。歩きながら、参加者には目についたゴミやガラクタを拾うように奨励しています。ゴミを拾うことで、自然環境を美しく保つことの大切さを知り、その手助けができるのです。昨年は森の中の小道を歩いたので、今年は川に沿って、水辺や川の中のゴミを見つけながら歩きます。散策は午前10時にスタートし、約3時間かかります。7月7日土曜日の予定ですが、雨が降ったら、翌日に延期されます。

今年、私たちはチャリティレースの導入を決定しました。困っている地元の団体を助けるためです。できるだけお金を集めたいと思いますので、どうか参加してください。コミュニティのための募金活動にご協力いただき、同時に健康も手に入れましょう！ レースはハーフマラソンで、服装は自由。笑える格好ほどいいですね！ 実施日は13日、自然散策の1週間ほど後ですね。チャリティレースで走りたい方は、用紙を手に入れてくださいね。寄付してくださるスポンサーを募るために。申込用紙は、自治体のサイトからダウンロードできます。アドレスは――ペンと紙をご用意ください――よろしいですか？ www.locov.tn.uk です。もう一度言います、www.locov.tn.uk です。

*　　　　　*　　　　　*

Kate：そして、おまちかね、夏のイベントのハイライトは、公園での1日フェスティバル、今年は8月5日に開催されます。ご想像のとおり、お祭りの準備はもちろん、当日も設営で山ほど仕事があります。その日は例年同様日曜で、天候にかかわりなくお祭りは決行です。でも、たいていこれは問題ありません。このところ、この時期は、よい天気になるのはほとんど確実ですから。とにかく、私たちは、お祭りを手伝ってくれるボランティアを必要としています。仕事のほとんどはもちろん当日で、かなり大忙しになります。テントを張り、売店を設置します。また、食べ物を調理する人、売る人、配る人が必要です。でも、ご心配なく。熟練したシェフじゃなくていいんです。用意する食べ物は、簡単に調理できるタイプで、主にハンバーガー、ホットドッグ、ピザ、フライドポテトといったものです。また、お祭りでは、主に子ども向けのゲームやコンペがあります。ここでも、運営の責任者となってくれるボランティアが必要です。理想としては、子ども相手の仕事を現在している方か、そうした

経験をおもちの方だと完璧です。応急処置免許をおもちの方だともっとありがたいです。現場には救急車両も待機しますが。リスナーの中で、特別な技能や才能をおもちで、披露したいという方がいらっしゃるなら、お祭りは大きなチャンスになるかもしれません。中央ステージを設置いたします。ひょっとしたら、有名人への道へつながるかもしれませんよ。これまでも、地元の方たちにステージ上で、フライパン・ジャグリングからダンスグループまで、あらゆる演技をしていただきました。もし、音楽が得意なら、一番練習できている曲を披露してみませんか？ でもその場合は、持ち運びできる楽器でないといけません。去年はたしか……少しお待ちください……そう、ハーモニカの方がいらっしゃいましたね。

バイオリンの方も、トランペットを演奏した人もいましたね。皆さん素晴らしい演奏で、聴衆の方々も喜んでいました。

最後になりましたが、お祭りで最もつまらない部分、終わってからの掃除についてです。ここでも、お手伝いしてくださる方たちを必要としています。もちろん、お祭りが終わった後、公園にゴミが残っていない状態にしたいですよね。部分的にでも、あるいは数時間でもお手伝いいただけると、ありがたいです。

参加者全員に、自治会から「感謝状」が授与されます。すでに、ボランティアや、ステージでの演技に関心のある人たちがかなりおられます。でも、もっと必要です。番組をお聞きのどなたでも、興味がありましたら、自治会事務所の私までご連絡ください。……

Section 3

【トランスクリプト】

🔊 2-05

In a moment, you will hear a conversation between three university students—Kim, Rosa and Dennis—talking about presentations they have to give. First, you have some time to look at questions 21 to 25.

Now listen carefully and answer questions 21 to 25.

Kim: Hi, Dennis. I'm glad we could finally meet. Listen, we've got to talk about this joint presentation. It's not that far away, you know.

Dennis: Yes, I know. Well, now is as good a time as any.

Kim: Oh, look. Here comes Rosa. Hi, Rosa.

Rosa: Hello. What are you two up to?

Kim: We're talking about our joint presentation. Well, we haven't actually started, but we're going to —now.

Rosa: Do you mind if I sit in? I have to give a presentation to my class as well, but by myself. I might get some ideas by listening to you two. And who knows, I might even be able to help you with something.

Dennis: Great. Here, have a seat.

Rosa: So, have you decided on a theme or a topic?

Kim: Well, we have to do something related to information technology. We're thinking of two ideas at the moment. Either we'll look at the most common reasons for using the Internet among students—that is, using it for anything except study-related purposes.

Rosa: You mean sending e-mail, downloading music, chatting online with friends and family—that sort of stuff?

Dennis: Yes, that's right.

Rosa: Sounds interesting. What's the other one?

Dennis: We were also thinking about finding out about how people go about selecting their computer hardware and peripherals like printers and scanners. You know, how do they make their decisions, and what influences them. Is it just price, or design, or is it capability? A lot of computer users don't really know much about the workings or machine specifications.

Rosa: So which one do you think would be better, Kim?

Kim: Well, I think the first one would be more interesting. The second one could get a bit technical, and I try to avoid anything to do with machines and all the bits that go with them.

Rosa: Yes, I tend to agree. And what about you, Dennis?

Dennis: Well, I really wanted to learn about the reasons behind the users' choices, but maybe you're both right. I think I'll just go along with the first idea.

Kim: Okay, that's set then. Obviously we have to conduct a survey.

Dennis: Yes, but who's going to write up the questionnaire?

Kim: I don't mind doing that.

Dennis: OK, Kim. I'll leave that to you.

Rosa: If I were you, I'd be careful about the length, though. I was asked to take part in a survey last week. It was only supposed to be for a few minutes but in the end it took nearly 15 minutes and I was late for a lecture. You should try to make sure that it doesn't last longer than two or three minutes.

Dennis: Well, that would be easy to do, but people may still think it'll take longer even if you tell them it won't. Sometimes it can be a bit difficult to get them to cooperate. I mean, I must admit that if I'm busy or have to be somewhere soon I don't really like being stopped and asked questions.

Rosa: Well, why don't you call it a 'Three-minute Survey on Internet Use'? It won't sound time-consuming and people might be more cooperative. But try to make sure it won't take up more time than that.

🔊 2-06

You now have some time to look at questions 26 to 30.
Now listen carefully and answer questions 26 to 30.

Dennis: So, what about you, Rosa? What's the subject of your presentation?

Rosa: Well, I have to do something related to changing social trends, but I've already started. It was difficult to decide on a particular area to look at, but I chose to examine how people act in public.

Kim: Does that mean you'll have to wander around the streets observing people regardless of how the weather is?

Rosa: Actually, I did all that part over the last few weeks.

Kim: What exactly did you do?

Rosa: Well, I decided to look at the situations where people use different levels of politeness. You know, in shops, restaurants, on the street, and even on public transport.

Dennis: How did you gather your data? Did you just watch them and write notes? Surely you didn't interview people when they did something polite or rude? I wouldn't have thought so.

Rosa: No, of course not. I actually filmed them with my video camera. The results were quite interesting.

Kim: How did you go about filming them?

Rosa: Well, when I went to a restaurant or cafe, for example, I just sat in a corner, put my camera on the table and left it running. No one knew it was on—I mean, the screen wasn't open. I used this method on the trains, too. I just sat at the end of a carriage and held the recorder in my hand pointing down the carriage. At first I thought it wouldn't work, but actually it was all right in the end. The visuals weren't that great and I couldn't pick up all of the sounds, I mean the voices, so I couldn't record all the physical actions or speech but I did get a fairly reasonable mixture to analyse.

Dennis: Wow! It all sounds very secretive. What did you find out?

Rosa: Well, I haven't finished analysing everything yet, but some things do seem clear. At first, I thought that the majority of people would not be so polite or try to help others, but I was completely wrong. One interesting thing I found out was that people tend to be more considerate in the morning than in the evening. The incidences of people, and that includes both male and female adults, offering seats to the elderly seemed more common in the morning than in the afternoon or early evening.

Dennis: Why's that, I wonder?

Rosa: I think it's because as the day goes on, people tend to become tired and so they want to rest. Another thing I found out was that men have a tendency to say 'Please' and 'Thank you' more when they are dealing with a woman, and especially if the woman looks around the same age as the man. One other survey I looked at backed this up. It said that the frequency of polite phrases and language used by men increases by 24% when the person they are speaking to is female.

Kim: That's interesting. Is it true, Dennis?

That is the end of Section 3. You now have half a minute to check your answers.

【会話部分の全訳】

Kim：ハイ、デニス。やっと会えて、うれしいわ。私たち、合同プレゼンについて打ち合わせしなくちゃ。それほど間があるわけじゃないし。

Dennis：ああ、わかってる。そうだね、今やろうか。

Kim：あら、ローザよ。ハイ、ローザ。

Rosa：こんにちは。2人そろって、どうしたの？

Kim：合同プレゼンについて話していたの。実際にはまだ始めていないけど、今から始めるところよ。

Rosa：同席していいかしら？　私もクラスでプレゼンしなくちゃいけなくて。でも1人でするんだけど。あなたたち2人の話からアイディアがもらえるかも。それに、もしかしたら、私のほうも助言できるかもしれないし。

Dennis：いいね。さぁ、座って。

Rosa：で、テーマやトピックは決まったの？

Kim：情報テクノロジーに関して何かやらなければならないんだけど。今のところ、2つアイディアがあって。1つは、学生たちがインターネットを使う最も多い理由を調べようと思うの。つまり、勉強以外の目的なら何でも、ということだけど。

Rosa：つまり、Eメールとか、音楽をダウンロードしたり、友だちや家族とチャットしたり、ってこと？

Dennis：そう、そう。

Rosa：おもしろそうね。もう1つは？

Dennis：僕らがもう1つ考えていたのは、皆、コンピュータのハードウェアとプリンターやスキャナーなど周辺機器をどうやって選んでいるのか、調査すること。いったい、どうやって決めているのか、何が選択に影響しているのか。値段だけなのか、それともデザインか、性能か。ユーザーの多くは、機械の仕組みやスペックについて実際にはよく知らないよね。

Rosa：それで、どっちがいいと思うの？キム。

Kim：1つ目のほうがおもしろいんじゃないかと。2つ目のはちょっとテクニカルになるかな。機械のことや、それに関することは避けたいわ。

Rosa：ええ、私もわりとそうだわ。デニスはどうなの？

Dennis：僕は、とてもユーザーの選択理由を知りたかったのだけど、でも君たち2人が正しいかも。1つ目のアイディアでいいよ。

Kim：じゃあ、決まり。そうとなったら、

調査を始めなくちゃ。

Dennis：でも、質問表はだれが書くの？

Kim：私がやってもいいわよ。

Dennis：オーケー、じゃ、君にまかせる。

Rosa：私だったら、所要時間に気をつけるわ。先週、ある調査で協力を頼まれたの。2、3分のはずが、結局15分近くかかって、講義に遅刻しちゃった。2、3分以上かからないようにするべきね。

Dennis：そうだね、それは問題ないさ。でも、時間はとらせないといっても、長くかかりそうだと思われるだろうね。協力してもらうのがちょっと難しいときがあるかもしれない。僕だって正直なところ、忙しかったり、どこかへ急いでいたりしたら、呼び止められて質問されるのは嫌だもの。

Rosa：それなら、「インターネット利用に関する3分調査」って名づけたらどうかしら？　こう呼びかけたら、時間はそれほどとられないかもって感じて、協力してもらえるかもね。でも、絶対にそれ以上時間がかからないようにしなくちゃね。

$$* \qquad * \qquad *$$

Dennis：で、君はどうなの、ローザ？　君のプレゼンのテーマは？

Rosa：私は、社会のトレンド変化について何かしなくちゃいけなくて。でも、もう始めているの。どの分野を調べるか決めるのが難しかったけど、人が公共の場でどうふるまうかを検証することにしたの。

Kim：それって、天気に関係なく街を歩き回って人々を観察しなくちゃいけないってこと？

Rosa：実は、それは全部ここ数週間で済ませたの。

Kim：実際には何をしたの？

Rosa：人がさまざまな礼儀正しさの程度をどう調節するか、いろんな状況を観察することにしたの。お店やレストラン、通りや、公共の交通機関の中とか。

Dennis：どうやってデータを集めたの？

まじまじと観察してメモをとったのかい？　まさか、礼儀正しいことをした人や、無作法なことをした人をつかまえてインタビューしたわけじゃないだろう？　そんなことはないと思うけど。

Rosa：ええ、もちろん。実は、ビデオカメラで撮影したの。とてもおもしろいものが撮れたわ。

Kim：どうやって撮影したの？

Rosa：たとえばレストランやカフェに入ったら、隅の席に座って、テーブルの上にカメラを置いて、録画のままにしておくの。スクリーンが開いていなかったから、だれも、カメラがオンになっていることに気づかなかったのよ。電車でもこのやり方を採用したわ。車両の端に座って、カメラを手に持ったまま、その車両の奥に向けておくの。最初は、駄目かなと思ったけど、結局うまくいったわ。映像はそれほどよくないし、音は全部は拾えてないけど……声とか。つまり、身体の動きやおしゃべりのすべては記録できなかったけど、分析に必要なそれなりの音声と映像を得たと思うわ。

Dennis：ワォ！　すごく秘密の調査みたいだね。それで何がわかったの？

Rosa：ええ、まだ全部の分析が終わってないんだけど、いくつかははっきりしたわ。私は最初、大部分の人はそれほど礼儀正しくないし、他人を助けることもないだろうと考えていたの。でも、完全に間違っていたわ。1つおもしろかったのは、夜より朝のほうが他人に配慮しようとする傾向があることね。どうやら、成人男女ともにいえるんだけど、年配者に席を譲る行為は、午後や夕方ごろより午前中によく見られたわ。

Dennis：どうしてだろう？

Rosa：きっと、1日も終わりになると、皆疲れるのよ、だから休みたくなる。もう1つ気づいたことは、男性は、女性に接するときに、「どうぞ」とか、「ありがとう」と言う傾向があるということ、とくに、同年代らしい女性にはね。ある別

の調査がこの結果を裏づけてくれたわ。
それによると、丁寧な語句や言い回しが
男性によって使われる頻度は、女性に話

しかけるときは24%増えるっていうの。
Kim：おもしろいわ。デニス、それって本
当？

Section 4
【トランスクリプト】

🔊 2-07

You will hear part of a talk given by a professor to a group of students studying civil engineering. First, you have some time to look at questions 31 to 40.

Now listen carefully and answer questions 31 to 40.

Good afternoon, everyone. Uhm, in today's lecture, I'm going to continue where I left off last week, when I briefly introduced the topic of urban transportation projects, and in particular, the London Underground, or 'The Tube' as it's commonly known.

'The Tube' is in fact the oldest metropolitan underground network in the world. This network of extended and criss-crossing subterranean train lines has its origins way back in 19th century Victorian London, over 140 years ago with the first underground railway being operated in 1863. The system was initially made up of privately-owned lines but it underwent many developments before it became one complete underground network.

But where did the London Underground all start? Well, in the first half of the 19th century there were many new developments in mainline train services to London. However, the London terminals were located some distance outside the city, which made travelling into London a fairly inconvenient experience. From around 1840, many plans for building shallow underground railways in the

capital were suggested but few were successful. Then, in 1854 the various mainline railway lines merged to form one whole scheme and the name 'Metropolitan Railway' was adopted. The man who acted as the underground railway project's driving force was Charles Pearson, not an engineer but a solicitor, in fact.

For some years the building of the underground railway failed to progress due to a lack of funds. However, the situation changed in 1858 when money was made available and work began. Within a short period of time, many developments were made in the design of deep-level tunnels. For instance, tunnelling shields which allowed stable tunnels to be constructed deep underground were invented, and they haven't changed much—even today. The shields meant that labourers could dig and move the shield forward, progressively replacing it with pre-built sections of tunnel wall. This was quite a feat of engineering in those days.

After many delays caused by excavations falling in, sewer-related problems and by extra work required after an inspection by the Board of Trade, public service began on the 10th of January, 1863. On that day, 41,000 passengers were carried over the line. The number of passengers grew rapidly, and by 1880, 40 million passengers a year were using the railway. The company then began expanding its services into suburban areas.

As I mentioned earlier, in its long history the system underwent many developments before it became one complete underground network. Engineering skills and technology made this all possible. But the majority of today's lines were built in the first half of the 20th century in deep-level tube tunnels within the central area of London, and then extended above ground through the suburbs. And now, as you can probably imagine, it's Britain's busiest rail network.

The Underground system currently suffers from three main problems, the first being flooding. Since 1960, the groundwater of London has been continually rising. The cause of this was the closure of industries such as breweries and paper mills, which formerly extracted large amounts of water from the layers beneath the ground's surface. In 2001, London Underground had to pump 30,000 cubic metres of water out of its tunnels every day. Another potential flooding problem came from the River Thames itself, and so a series of floodgates were built inside some tunnels. However, much to the relief of the system's operators, in 1984 the Thames flood barrier was completed which gave greater protection against rising waters. This made the tunnel floodgates less of a requirement in the event of a flood, however, they do still remain in place and are tested three times a year—just in case.

A lack of good ventilation and adequate

airflow is the second major problem the system—and its passengers—have to deal with. London does have various ventilation shafts around the city that open out onto street level. These were built during the Victorian era to provide some airflow, however, today's needs are somewhat different. Summers have seen rising temperatures and London Underground is currently considering several ideas for upgrading ventilation and maybe even providing some degree of air conditioning on trains themselves. But these are all still at experimental stages and may take some time to be realised.

A third problem is related to sands in the rock. Although much of the underground train network is tunnelled into London Clay, which is soft and easy to dig into, other geology sometimes causes problems. For example, there are sands in the rock sequence that contain pyrite—otherwise known as 'fools gold'. When water with oxygen passes through these sands the result is a very acidic water which attacks and causes damage the metal pipes of underground structures.

So, what possibilities are there for solving these problems that the system faces? Well, there are a number of ...

That is the end of Section 4. You now have half a minute to check your answers.

【講義部分の全訳】
　こんにちは、皆さん。ええ、今日の講義は、先週の続きから始めようと思います。先週は、都市交通プロジェクト、とくに、「ザ・チューブ」として一般に知られているロンドンの地下鉄の話を簡単に紹介しましたね。
「チューブ」は、実際、世界で一番古い大都市地下鉄網です。広い範囲を縦横に走るこの地下の電車ネットワークの起源は、19世紀ヴィクトリア朝のロンドンに遡りま

す。140年以上前、1863年に最初の地下
鉄が開通したのでした。この地下鉄網は、
初めは複数の私鉄網から成り、1つの完全
な地下鉄網になるまでに、多くの発展を経
ました。

しかし、どこがロンドンの地下鉄の始ま
りだったのでしょう？　19世紀の前半、
ロンドンにつながる幹線鉄道には多くの新
たな発展が見られました。しかし、ロンド
ンのターミナル駅は都心から少し離れた場
所に置かれていたので、ロンドンまで行く
のはかなり不便だったのです。1840年頃
から、ロンドンに浅い地下鉄を建設する計
画が多数提案されていましたが、成功した
のはわずかでした。その後1854年に、さ
まざまな幹線鉄道が合併して1つの体系が
作られ、「メトロポリタン鉄道」と命名さ
れました。地下鉄プロジェクトの推進役と
して活躍したのが、チャールズ・ピアソン
という人物で、エンジニアではなく実は弁
護士でした。

何年かの間、地下鉄の建設は資金不足の
ため進展しませんでした。しかし、1858
年に状況は変わり、使える資金ができて、
計画が動き始めたのです。短期間に、地中
深いトンネルの設計分野で多くの進歩が見
られました。たとえば、シールドによるト
ンネル工法が考案され、地下の深いところ
でも堅固なトンネルを建設できるようにな
りました。この工法は、今日でも大きく変
わっていません。シールド工法では、労働
者たちが掘ったら、シールドを前へ動かし、
徐々にシールドを、前もって建設しておい
たトンネル壁と置き換えていくのです。こ
れは、当時の土木工学の画期的な功績でし
た。

掘削した穴の陥没や排水関連の問題、商
務省の検査後に要請された追加工事のため
に何度も遅れたものの、公共サービスは
1863年1月10日に開始されました。その
日、4万1,000人の乗客がその路線で運ば
れました。乗客の数は急速に増え、1880
年には年間4,000万人が地下鉄を利用して
いました。そして、地下鉄会社は、サービ

スを郊外まで拡張し始めました。

既に述べましたが、長い歴史の中で、そ
のシステムは、1つの完全な地下鉄ネット
ワークになるまでにたくさんの発展を経て
います。土木工法やテクノロジーが、これ
らすべてを可能にしたのでした。しかし、
今日の路線の大半は20世紀前半に、ロン
ドン中心部の地下深くに敷設されたチュー
ブ・トンネルの中に敷かれ、その後、地上
を通って郊外に広げられました。そして今
日、ご想像のように、それが英国で最も利
用客が多い鉄道網になっているわけです。

ロンドンの地下鉄は、現在、3つの大き
な問題を抱えています。1つは冠水です。
1960年以降、ロンドンの地下水は上がり
続けています。その原因は、ビール醸造所
や製紙工場などの閉鎖です。かつてこれら
の業種は、大量の水を地表近くの層からく
み上げていたのです。2001年、ロンドン
の地下鉄は、トンネルから毎日3万立方メー
トルの水をポンプでくみ上げなければな
りませんでした。もう1つ潜在的な洪水問
題があり、それはテムズ河そのものが原因
です。そのため、いくつかのトンネル内に
一連の水門が建設されたのです。しかし、
1984年にテムズ河の洪水障壁が完成し、
地下鉄の運営会社は大いにほっとしまし
た。それは水位上昇に対する備えを強化す
るものでした。これによって、洪水時にト
ンネル内水門に要求される役割は減ったも
のの、水門は設置されたままで、万一の場
合に備えて年に3回の検査が実施されてい
ます。

地下鉄——そして乗客——が対処しなけ
ればならない2つ目の大きな問題は、まと
もな換気装置と十分な空気の流れが足りな
いことです。ロンドン市中には、さまざま
な換気シャフトが設置されて、地表で開口
しています。これらはヴィクトリア朝時代
に設置され、多少の気流を取り入れること
はできていましたが、今日のニーズは変わ
ってきています。夏の気温上昇もあり、ロ
ンドンの地下鉄は現在、換気装置の改良や
車両そのものへのある程度の空調設備の設

置まで、いくつかアイディアを検討中です。しかし、これらはまだ実験段階で、実現までには時間がかかるでしょう。

　3つ目の問題は、岩石中の砂土に関係するものです。地下鉄路線の多くはロンドン粘土層にトンネルを掘ったもので、地層はやわらかく、掘るのは容易でしたが、別の地質学要素がときどき問題を起こします。たとえば、岩石層の中に砂土があり、それが黄鉄鉱を含んでいます。「金と見間違えられる」黄鉄鉱です。酸素を含んだ水がこの砂土を通ると、かなりの酸性水になり、地下の構造の金属パイプを侵食し、ダメージを与えるのです。

　では、ロンドンの地下鉄が直面しているこれらの問題を解決するにはどのような方法が考えられるでしょうか？　そうですね、いくつかの……。

SPEAKING

【トランスクリプト】

Part 1　　　　　🔊 2-08 〜 20

Good Morning. My name is Antony. Could you tell me your full name please? Thank you. And, can I check your identification please? _____ Thank you.

I'd like to start by asking you some questions about your family.

Is it all right to talk about your family?

—Do you come from a large, small, or medium-size family?
—Is your family quite traditional, or very modern?
—Do you have a lot in common with your parents?
—How often do you visit relatives?

Now I'd like to ask you about music.

—What kind of music do you like to listen to?
—When do you usually listen to it?
—Can you play any musical instruments?
—Is music important to you?

Okay. Let's turn to the topic of shopping.

—Where do you prefer to go shopping?
—What sort of things do you like to buy?
—How often do you buy things for other people?
—Why do you think so many people enjoy shopping?

Part 2　　　　　🔊 2-21 〜 24

Now I'd like to go on to Part 2. I'm going to give you a card with a topic on it. You'll have one minute to make notes about the information on the card. Then, I will ask you to speak for between one and two minutes about the topic. Here is your topic: Please describe a gift you received from someone and think is important. Okay, you now have one minute to make some notes for your talk.

Now, could you please describe a gift you received from someone and think is important?

Thank you. Erm, how often do you buy gifts for other people?

Do you enjoy looking for them?

Part 3

🔊 2-25 ~ 31

Now I'm going to move on to Part 3.

My first question is: Which do you think is better, giving gifts or receiving them?

I see. And, how has the tradition of giving gifts changed since your grandparents' days?

Okay. What kind of personal possessions do you think people should value?

And my next question: how important do you think it is to preserve tradition?

I see. In what ways might Japanese culture change in the future?

And my last question: How should we encourage young people to continue participating in cultural events?

Well, thank you very much. That is the end of the speaking test. I'd like to wish you good luck in the IELTS.

【著者・翻訳者プロフィール】

Anthony Allan（アンソニー・アラン）

イギリスのスコットランドに生まれ、ロンドンで教育を受ける。英語教授法修士号（Master of Science in TESOL）取得。1992年より東京で、子どもから大人までさまざまな英語教育の普及に尽力する。特にIELTSやTOEFL iBT対策について、25年以上専門に教えてきた経験から、日本人の弱点を考慮した効果的な教授法に定評がある。著書に『IELTS 32のドリル＋模試』『TOEFL iBT® 攻略！』（三修社）、NHKラジオ講座テキスト『基礎英語3』、『ストーリーで学ぶ：英文法の基礎』（NHK出版）、『Writing Key』（金星堂）、『Ear for English』（ピアソン・エデュケーション）、『新セルフスタディIELTSライティング完全攻略』（ジャパンタイムズ出版）など多数。文部科学省検定高校英語教科書『All Aboard!』シリーズ（東京書籍）の制作にも携わる。

片岡みい子（かたおか みいこ）

翻訳家、ライター。英語関係のコラムを執筆。著書に〈道具としての英語シリーズ〉『英語で雑談』『胸いっぱいの形容詞』（宝島社）などがある。

新 セルフスタディ IELTS 完全攻略 ［第2版］

2020年2月5日　初版発行
2024年4月20日　第6刷発行

著　者　Anthony Allan
　　　　© Anthony Allan, 2020
翻訳者　片岡みい子
　　　　Japanese translation © Miiko Kataoka, 2020
発行者　伊藤秀樹
発行所　株式会社ジャパンタイムズ出版
　　　　〒 102-0082　東京都千代田区一番町 2-2 一番町第二 TG ビル 2F
　　　　ウェブサイト　https://jtpublishing.co.jp/
印刷所　日経印刷株式会社

本書のご感想をお寄せください。
https://jtpublishing.co.jp/contact/comment/